U0593813

中央苏区
历史和精神
研究丛书

杨玉凤/主编

福建省重点出版项目

中央苏区时期
闽西经济建设
及其历史地位研究

林妹珍 著

厦门大学出版社
XIAMEN UNIVERSITY PRESS

国家一级出版社
全国百佳图书出版单位

图书在版编目（CIP）数据

中央苏区时期闽西经济建设及其历史地位研究 / 林妹珍著. -- 厦门：厦门大学出版社，2024.3
（中央苏区历史和精神研究丛书 / 杨玉凤主编）
ISBN 978-7-5615-8754-6

Ⅰ . ①中… Ⅱ . ①林… Ⅲ . ①闽西革命根据地-经济建设-经济史-研究 Ⅳ . ①F129.6

中国国家版本馆CIP数据核字(2023)第074095号

责任编辑　江珏玙
美术编辑　李夏凌
技术编辑　朱　楷

出版发行　厦门大学出版社
社　　址　厦门市软件园二期望海路 39 号
邮政编码　361008
总　　机　0592-2181111　0592-2181406(传真)
营销中心　0592-2184458　0592-2181365
网　　址　http://www.xmupress.com
邮　　箱　xmup@xmupress.com
印　　刷　厦门市竞成印刷有限公司

开本　720 mm×1 000 mm　1/16
印张　17.5
插页　1
字数　292 千字
版次　2024 年 3 月第 1 版
印次　2024 年 3 月第 1 次印刷
定价　76.00 元

本书如有印装质量问题请直接寄承印厂调换

厦门大学出版社
微信二维码

厦门大学出版社
微博二维码

序

　　中央苏区即中央革命根据地,是土地革命战争时期由毛泽东、朱德等领导创建的全国最大的革命根据地,是全国苏维埃运动的中心区域,主要由以瑞金为中心的赣西南、闽西两块苏维埃区域组成。习近平总书记在福建上杭古田同老红军、军烈属等代表座谈时深情地说:"闽西,我很熟悉。这是原中央苏区所在地,对全国的解放、新中国的建立、党的建设、军队的建设作出了重要的不可替代的贡献。"闽西苏区是中央苏区核心区,是中央苏区的半壁江山。20世纪二三十年代,以毛泽东为代表的中国共产党人在率领红四军开创赣南、闽西革命根据地的斗争过程中,创造性地将马克思主义基本原理与中国革命具体实际相结合,确立了符合中国国情的建党建军纲领,从实践和理论上探索符合中国实际的革命道路,为实现全民族抗战和争取中国革命的胜利,提供了丰富的实践经验和有力的理论保证。中央苏区成为毛泽东思想的初步形成地,红色闽西也成为毛泽东思想形成的一片沃土。

　　纵观中国革命斗争历程,中央苏区是中国共产党局部执政的起始地。红色政权建立,尤其是中华苏维埃共和国临时中央政府诞生后,中国共产党就全面领导苏区人民开展各项事业的建设,开启了局部执政的光辉历史。中国共产党为什么能够成为中华苏维埃共和国的执政党? 为什么能在中央苏区取得局部执政的地位? 原因是多方面的,既有内部原因,也有外部条件。但其中重要因素之一是中国共产党领导群众深入开展土地革命和苏区经济建设,以保障人民群众的根本利益。毛泽东曾指出:假如我们"满足了群众的需要,我们就真正成了群众生活的组织者,群众就会真正围绕在我们的周围,热烈地拥护我们。"正是因为中国共产党领导苏区人民进行了武装斗争、土地革命和根据地建设,才赢得人民信任,得到人民支持,为党在苏区执政奠定了坚实的群众基础。

　　闽西苏区是当时全国最早进行土地革命的地区之一,土地革命使广大贫雇农政治上翻了身,经济上分到土地,满足了人民群众对土地的要求。中共闽西党组织依靠群众首创"抽多补少""抽肥补瘦"的分田办法,制定正确的土地革命政纲,快速完成了闽西的土地分配工作,争取了群众,巩固了根据地。闽西土地革命斗争的经验和成果,对其他苏区产生了广泛的影响,堪称当时中国土地革命的典范。闽西各级红色政权成立后,苏区群众在中国共产党和苏维埃政府的领导下,在毛泽东思想的正确指导下,开展农业、工业、商业贸易、财政金融等方面的建设,闽西经济出现前所未有的繁荣与发展。单单是被誉为"红色小上海"的汀州一地,其手工业、公营工业就占了整个中央苏区的一半,是中央苏区的重要物资集散地。周恩来曾盛赞"汀州之繁盛,简直为全国苏区之冠"。闽西苏区成为中央苏区的经济中心,在人力、物力、财力上给中央红军以极大的支持,为中央苏区政权的建立、巩固和各项事业的发展作出了独特贡献。

　　中国共产党领导闽西苏区进行经济建设的历史是闽西革命历史的重要组成部分,因此对中央苏区时期的闽西经济建设的研究仍然是目前中共党史研究的重要内容之一。从现有研究成果看,研究议题涉及面广、内容丰富,但多数学者的研究侧重于对整个中央苏区的研究,对闽西苏区经济建设这一特殊区域的研究仅散见于中央苏区经济研究中,使其难以向人们全景式地展示闽西苏区在中央苏区的特殊地位和贡献。另外,学者们虽然也涉及闽西苏区首创的经济政策如闽西土地分配、银行金融、合作经济等方面的研究,成果也是丰富的,但对闽西苏区首创的经济政策在中央苏区的影响的研究仍有提升空间。

　　龙岩学院林妹珍教授长期致力于对中央苏区特别是闽西中央苏区的研究与教学,具有较高的学术水平。本书立足于闽西苏区经济发展的地方性史料,坚持以马克思主义的世界观和方法论,运用逻辑与历史相统一的辩证思维方法,从土地改革政策的实践创新到农业生产恢复与发展,从合作社经济的率先实施到手工业、商业的复苏,从红色金融机构的创建到苏区财政的建立和统一,系统地阐述了闽西苏区时期的经济建设发展概况。在整体上厘清闽西苏区经济建设的发展历程的同时,着重阐述闽西苏区在土地革命中的土地分配政策、合作社运动、工商业经济、金融财政等领域的创新实践,及其对中央苏区其他区域的示范作用。本书不仅从历史唯物主义的视角客观地分析闽西苏区的经济建设在革命根据地史上的重要历史贡献,并对其成功经验进行总结;同时也客观分析了在"左"倾错误影响下,闽西苏区实施土地政策经历的挫折、发展合作社经济存在的问题、工商业和红色金融在发展中的困境等,使人们对闽西苏区经济建设能有较全面的认识。

总之,本书以地方史料为依据,吸收和借鉴了学术界对中央苏区经济建设研究的成果,从纵向维度对闽西苏区时期经济建设实践做历史考察,具有一定的理论意义和实践价值。相信本书的出版,不仅能丰富对中央苏区历史的叙述,为进一步研究提供资料参考,而且作为党史党建辅助读物,有助于读者理解"中国共产党为什么能"的历史逻辑,更好地发挥党史资政育人的作用。

王盛泽

2023 年 10 月

前　言

　　经济是政权的基础。苏区①政权建立后,中国共产党就高度重视根据地的经济建设。中国共产党独立自主领导经济建设,始于中央苏区②。中央苏区即中央革命根据地,"在党创建的各个革命根据地中,中央革命根据地最具有代表性","是其中最大最重要的一个"。③ 1929 年 3 月 20 日,毛泽东在长汀县城辛耕别墅主持召开红四军前委扩大会议,确定"以赣南、闽西二十余县为范围"④的公开苏维埃政权割据的战略方针,揭开了创建中央苏区的序幕,此后,赣南、闽西的革命根据地建设如火如荼地向前发展。后由于当时"左"倾教条主义的错误领导,红军未能打破国民党的第五次军事"围剿",于 1934 年 10月,中共中央、中央红军主力被迫退出中央苏区,开始长征。从擘画中央苏维埃区域的蓝图到主力红军被迫长征,这一历史时期,中国共产党开启了"在局部地区执政重要尝试"⑤。面对国民党反动派的军事"围剿"和经济封锁,以毛

---

　　① "苏区"是中国共产党独立开展工农武装割据后建立的革命根据地,由于根据地内建立的红色政权采用的是苏俄革命政权的组织形式——苏维埃,故称"苏维埃红色区域",简称"苏区"。

　　② 余伯流著:《中央苏区经济建设》,中央文献出版社 2009 年版,第 1 页。"中央苏区主要由以瑞金为中心的赣南、闽西两块苏维埃区域组成。"引自余伯流,凌步机著:《中央苏区史》(上),江西人民出版社 2017 年版,第 9 页。

　　③ 习近平在纪念中央革命根据地创建暨中华苏维埃共和国成立 80 周年座谈会上的讲话(2011 年 11 月 4 日)。

　　④ 江西省档案馆,中共江西省委党校党史教研室:《中央革命根据地史料选编》(中),江西人民出版社 1982 年版,第 67 页。

　　⑤ 习近平在纪念中央革命根据地创建暨中华苏维埃共和国成立 80 周年座谈会上的讲话(2011 年 11 月 4 日)。

泽东为代表的中国共产党人,在领导苏区群众开展革命斗争的同时,开展了轰轰烈烈的经济建设实践,为粉碎敌人的经济封锁、支援革命战争、促进苏区政权建设和改善民生,做出了重要贡献。

一、选题的动机及意义

习近平深刻指出:"历史是最好的教科书。对我们共产党人来说,中国革命历史是最好的营养剂。"①闽西是当时中央苏区的重要组成部分。这块红色的土地,留下了毛泽东、周恩来、刘少奇、朱德、陈毅、陈云等老一辈无产阶级革命家从事伟大革命实践的深深印记。老一辈无产阶级革命家领导闽西苏区进行经济建设的历史是闽西革命历史的重要组成部分,今天重温我们党领导苏区人民进行经济斗争的伟大历史,是为了更好地获得"营养剂",增加正能量以指导当今的实践。

研究中央苏区时期的闽西经济建设历史,首先是因为毛泽东经济思想初步形成是在中央苏区时期,且闽西是毛泽东经济思想的初步形成地之一。毛泽东当年在苏区开展广泛调查研究,写就了《必须注意经济工作》《我们的经济政策》《关心群众生活,注意工作方法》《才溪乡调查》等多篇有关经济建设的经典文献。毛泽东精辟论述了经济建设的重要性,强调要处理好经济建设与革命战争的关系,"经济建设必须是环绕着革命战争这个中心任务的"②,阐述了"农业生产是我们经济建设工作的第一位"③的观点,提出了多种经营、农工贸并举的思想,明确了经济建设必须遵循客观规律,发展经济的目的是改善人民生活等思想。

对闽西苏区经济建设历史的研究,能够让人们进一步把握闽西苏区人民在毛泽东经济思想指导下的创新实践及其价值。比如,毛泽东参与制定和修改了一系列闽西土地政纲和法令;在土地分配政策方面,闽西苏区首创了"抽多补少""抽肥补瘦"的土地分配原则;中共闽西一大的土地政纲丰富和完善了党的土地革命纲领,为中央苏区土地分配政策的制定和完善做出了独特贡献;闽西苏区群众创办的中央苏区第一个劳动合作社,是毛泽东农村互助合作思

---

① 习近平:《论中国共产党历史》,中央文献出版社 2021 年版,第 24 页。
② 《毛泽东选集》(第一卷),人民出版社 1991 年版,第 123 页。
③ 《毛泽东选集》(第一卷),人民出版社 1991 年版,第 131 页。

想的创新实践;闽西建立了中央苏区第一个粮食调剂局,首创了信用合作社、开办了工农银行;被誉为"红色小上海"的福建省苏区所在地汀州,其手工业、公营工业占了整个中央苏区的一半,"汀州之繁盛,简直为全国苏区之冠"。闽西苏区在发展经济方面的实践创新,对整个中央苏区的经济建设产生了积极影响,也为新中国成立后开展大规模经济建设积累了实践经验,同样对于今天的经济建设也具有借鉴价值。它要求我们搞经济建设要从实际出发,正确处理好经济建设与其他工作的关系;要坚持党对经济工作的全面领导;要重视农业生产,解决"三农"问题,实施乡村振兴战略;要坚持人民至上,贯彻以人民为中心的发展理念,切实保障和改善民生等等。

因此,本书始终将毛泽东关于中央苏区的经济思想贯穿其中。本书对中央苏区时期闽西经济建设的研究具有一定的理论和实践意义:一方面,可以进一步丰富中央苏区史的研究成果,再现闽西苏区经济发展的概况及其在中央苏区的重要贡献,从而更好把握毛泽东经济思想形成的实践基础及基本内涵。另一方面,通过阐述闽西苏区经济建设的实践,总结中国共产党早期经济建设实践中的成功经验,对当前供给侧改革的背景下,发挥闽西特有的资源优势,加快老区经济建设,实现闽西高质量发展具有重要的历史借鉴作用。

二、研究现状述评

目前,从研究成果产生的时间看,对中央苏区时期闽西经济建设的研究大体可以分成两个阶段:

第一阶段:从 20 世纪 50 年代到 20 世纪 70 年代末,这个阶段的研究成果不多。主要有 1951 年《科学与教学》第 2 期刊发的《中央苏区兵工厂史稿》,有涉及闽西军工企业的内容;1978 年《厦门大学学报(哲学社会科学版)》第 1 期刊发的厦门大学历史系文章《红旗跃过汀江——缅怀毛主席在闽西的伟大革命实践》,其中记载了毛泽东深入汀州进行调研,指导当地群众开展手工业生产;1979 年《党史研究参考资料》连续三期刊登张鼎丞的《中国共产党创建闽西革命根据地》的材料;1979 年《福建师范大学学报(哲学社会科学版)》第 3 期发表了郑锦华的文章《第二次国内革命战争时期闽西根据地的反经济封锁斗争——纪念闽西革命根据地创建五十周年》。这个阶段关于闽西苏区的经济建设研究主要散见于一些文章中,尚无专著论及。

第二阶段:从 20 世纪 80 年代初至今,我国实施改革开放政策后,经济建设问题更令学界关注,无论是综合性的研究,还是针对某个问题的研究,每年都有一批成果面世。主要成果有:一是史料汇编,如江西人民出版社 1982 年版《中央革命根据地史料选编》(上、中、下),人民出版社 1982 年版许毅主编的《中央革命根据地财政经济史长编》(上、下)等。二是著作,专门研究闽西苏区经济的专著,仅有孔永松和邱松庆合著的《闽西革命根据地的经济建设》①。其他涉及闽西苏区经济建设的著作,主要有:孔永松和邱松庆合著的《闽粤赣边区财政经济简史》②,孔永松著的《中国共产党土地政策演变史》③,蒋伯英著的《闽西革命根据地史》(第二版)④,余伯流著的《中央苏区经济史》⑤,张侃与徐长春合著的《中央苏区财政经济史》⑥,李小平著的《中央苏区土地改革史》⑦,蒋九如著的《福建革命根据地货币史》⑧,余伯流、凌步机著的《中央苏区史》(上、下)⑨等。三是地方革命史,闽西各县市党史工作委员会组织编写的地方革命史,如《闽西人民革命史》⑩《龙岩人民革命史》《永定人民革命史》《上杭人民革命史》《长汀人民革命史》《连城人民革命史》《武平人民革命史》《漳平人民革命史》《平和人民革命史》等等,在根据地建设中有论及苏区的经济建设。四是有关闽西苏区的经济建设的学术文章及学位论文等。这个阶段的研究内容大致表现为以下几个方面:

第一,对中央苏区时期闽西经济建设进行总体阐述并分析其发展的原因。学者从历史的角度介绍了土地革命后闽西苏区经济发展的概况,分析了其发展的原因,强调正是由于正确的经济思想的指导和行之有效的经济政策的实

---

① 孔永松,邱松庆著,福建人民出版社 1981 年版。

② 孔永松,邱松庆著,厦门大学出版社 1988 年版。

③ 孔永松著,江西人民出版社 1987 年版。

④ 蒋伯英著,福建人民出版社 2019 年版。第一版于 1988 年由福建人民出版社出版。

⑤ 余伯流著,江西人民出版社 1995 年版。

⑥ 张侃,徐长春著,厦门大学出版社 1999 年版。

⑦ 李小平著,厦门大学出版社 1999 年版。

⑧ 蒋九如著,中国金融出版社 1994 年版。

⑨ 余伯流,凌步机著,江西人民出版社 2017 年修订版。第一版于 2001 年由江西人民出版社出版。

⑩ 中共福建省龙岩市委党史研究室著,中央文献出版社 2001 年版。

施,苏区潜在的巨大生产力得以充分调动。①

　　第二,对闽西苏区经济建设中某个领域的问题进行研究。比较多集中在土地改革、合作社、金融领域等问题的研究上。比如,对闽西苏区土地政策的研究,有的学者从历史的维度对闽西苏区土地革命各个阶段的政策演变进行梳理,其间有成功的实践探索,也有"左"倾错误的干扰影响,并总结其经验教训;有的学者从土地的革命与改良问题来分析 20 世纪 20—40 年代闽西地区的土地变革及两种不同性质的土地制度变革带来的社会影响。② 比如,对闽西苏区合作社的研究,学者们着重分析了其兴起的背景、发展的状况、主要特点和历史作用。③

　　第三,研究和总结闽西苏区经济建设的基本经验。学者在对闽西苏区经济建设进行历史考察的基础上,分析了苏区经济建设的主要成就。既有从苏区经济建设总体成就进行经验总结,并提出借鉴意义及启示,也有就苏区经济的某个方面进行深入研究,分析其对重塑苏区经济结构的突出贡献和历史经验,根据当下的实践提出了对新时代经济发展的启迪作用,对提振苏区经济的现实启示。④

---

　　① 许毅主编:《中央革命根据地财政经济史长编》(上),人民出版社 1982 年版,第383~482 页;孔永松、邱松庆著:《闽西革命根据地的经济建设》,福建人民出版社 1981 年版;傅如通、邓建芬:《闽西苏区经济发展原因初探》,载《福建党史月刊》2002 年第 10 期。

　　② 蒋伯英:《论闽西苏区的土地政策》,载《党史研究与教学》1993 年第 1 期;吴升辉:《试述闽西苏区土地法律制度的形成及其特点》,载《福建党史月刊》2009 年第 14 期;苏俊才:《革命与改良:以闽西土地问题为中心的考察》,载《龙岩学院学报》2019 年第 6 期;林平:《略论闽西苏区土地政策的演变》,载《党史研究与教学》1984 年第 5 期。

　　③ 王蒲华:《闽西苏区合作社运动探析》,载《福建党史月刊》1990 年第 7 期;谨言,中流:《土地革命战争时期闽西根据地消费合作社》,载《福州大学学报》1996 年第 2 期;吴锡超:《闽西苏区信用合作社历史考察》,载《龙岩学院学报》2020 年第 3 期;王盛泽、毛立红:《红色农信在闽西的诞生及其历史定位》,载《广东党史与文献研究》2019 年第 6 期;汤家庆:《闽西苏区货币的发行及其历史作用》,载《福建党史月刊》1988 年第 6 期;朱元臻:《闽西工农银行开辟红色金融战线的史实》,载《福建农林大学学报(哲学社会科学版)》2021 年第 4 期。

　　④ 余伯流:《略论中央苏区经济建设的历史经验》,载《求实》1981 年第 7 期;吴升辉:《闽西是中央苏区的半壁江山和经济中心》,载《福建党史月刊》2010 年第 22 期;傅柒生:《福建苏区经济建设的历史考察与若干经验》,载《福建党史月刊》2012 年第 24 期;朱元臻:《闽西工农银行对重塑苏区经济的贡献、经验及当代启示》,载《河北农业大学学报(社会科学版)》2022 年第 2 期。

第四,研究中共领导人在中央苏区时期的经济思想。如对毛泽东、陈云、刘少奇、邓子恢、张闻天等人经济思想的研究。[①] 比如,对中央苏区的毛泽东经济思想的研究,有的学者以《才溪乡调查》为例,分析毛泽东经济思想产生的深刻的历史背景,阐述闽西苏区是毛泽东苏区经济建设的实践地,闽西根据地的经济建设成就是毛泽东关于中央苏区经济建设思想的体现。

相较于前一阶段,这个阶段的研究无论是深度、广度还是力度,成绩都是显著的。成果有经济史料收集选编,有专门研究中央苏区经济建设的著作,还有一大批学术论文。这些研究成果,为本书研究提供了可资借鉴的参考文献和研究视角。比如,孔永松和邱松庆合著的《闽西革命根据地的经济建设》(福建人民出版社 1981 年版)为本书提供了研究思路。但对中央苏区时期闽西经济建设研究仍有进一步拓展的空间。一是从闽西苏区经济建设的总体性研究看,多数学者的研究更侧重于对整个中央苏区的研究,对闽西苏区经济建设中的农业、手工业、商业、金融等发展状况的研究则散落于各种研究苏区的著作中,这样就无法向人们全面地展示闽西苏区在中央苏区的特殊地位和贡献;二是对闽西苏区首创的经济政策研究仍可深化探讨。比如,闽西土地政策、银行金融、合作经济等,虽然学者们对以上问题有论及,但对闽西苏区首创的经济政策在中央苏区的影响研究不够深入。加大对以上问题的研究,把握闽西苏区经济建设的实践创新,能更好地总结中央苏区时期闽西经济斗争的经验与启示。

三、研究思路与内容安排

本书以闽西苏区的经济建设为研究对象,吸收了学术界已有的研究成果,

---

① 马春玲:《毛泽东领导中央苏区经济建设思想探析——以〈才溪乡调查〉为例》,载《重庆交通大学学报(社会科学版)》2013 年第 6 期;苏俊才:《毛泽东三次才溪乡调查中的合作经济思想及苏区实践》,载《古田干部学院学报》2021 年第 1 期;孔庆源:《张闻天在中央苏区时的经济思想初探》,载《成都大学学报(社会科学版)》1989 年第 4 期;李桂芳:《刘少奇在中央苏区时期的经济建设思想及实践》,载《中国井冈山干部学院学报》2009 年第 3 期;姜菲:《土地革命战争时期邓子恢的农村工作思想与实践研究》,华东师范大学硕士学位论文,2015 年;余伯流:《毛泽东在中央苏区时期的经济思想》,载《毛泽东思想研究》2008 年第 4 期。

立足于搜集和挖掘闽西苏区经济发展的地方性史料,认真梳理闽西苏区经济发展脉络,阐述闽西苏区在党的领导下如何调动各方力量,运用各种手段来发展各项经济事业,为苏区政权的巩固发展、支援革命战争、保障供给和改善人民生活提供物质基础,进而以历史唯物主义的视角分析中央苏区闽西经济建设的历史定位及现实启示。在研究过程中,本书改变以往按照农业、工业、商业、金融、财政等分块研究的体例,着重探讨土地革命中的土地政策的演进、合作社运动的开展、工商业的建立与发展、红色金融的创新、财政制度的建立与发展,将农业恢复与发展融合在土地革命和合作社运动中加以阐述,不作为单列研究。本书内容具体来说,主要包括:

第一章简述闽西苏区建立前的社会经济状况。革命前的闽西地区经济社会日益衰败,工农生活异常痛苦,这是开展土地革命运动、进行经济建设的内在驱动力。第二章梳理中央苏区时期闽西土地政策的演进过程及影响,并总结闽西苏区首创的土地分配政策,在中央苏区土地分配中起着示范作用及对后来中国土地改革的影响。第三章阐述各类合作社在闽西苏区建立与发展的情况,总结合作社运动的成就与主要经验。第四章梳理闽西苏区工业、商业创建和发展的概况,分析了"左"倾经济政策对闽西苏区工商业经济的影响,并对苏区的工商业经济进行评价。第五章研究红色金融在闽西苏区的创新实践,分析其发展过程的困境,总结其历史价值与现实启示。第六章研究闽西苏区财政的建立与发展,分析财政制度建立的必要性,总结财政建设对根据地建设的重要性。第七章主要总结了中央苏区时期闽西经济建设的历史定位及其当代启示。

本书坚持以马克思主义唯物史观为指导,在掌握史料的基础上,通过实证研究,力求做到论从史出,史论结合,得出符合历史事实的结论。但由于笔者水平有限,其中有些见解或有偏颇,或存谬误,在所难免,敬请各位读者批评指正。

目　录

第一章　土地革命战争前闽西的 经济社会状况

第一节　闽西的自然地理条件

任何历史的发展都是具体的,经济活动的历史也不例外,它总是与特定的自然地理环境存在着必然的联系。自然地理环境是人类社会生存和发展永恒的、必要的条件,是人们生活和生产的自然基础。自然地理环境的优劣状况会对劳动生产率的提高产生积极或消极的影响,因此,考察一个地区的经济活动,尤其是以传统农业为主体的经济,不能忽视自然地理环境这一客观因素。

一、行政区域

"中央苏区主要由以瑞金为中心的赣南、闽西两块苏维埃区域组成。"[1]闽西,是福建省西部地区的简称。在中央苏区时期,闽西苏区的行政区划变动较大,除了省、县、区的设置先后有过多次变动,由于敌人的军事"围剿",其行政区划也随着军事斗争的变化而变化。

闽西四大暴动后,土地革命浪潮波及闽西各县。到 1929 年 7 月前后,以上杭古田和龙岩大池、小池为中心区域的闽西革命根据地初步形成。[2] 闽西各县苏维埃政权相继建立,1930 年 3 月,闽西苏维埃政府成立。1930 年 7 月

---

① 余伯流,凌步机著:《中央苏区史》(上),江西人民出版社 2017 年版,第 9 页。
② 蒋伯英著:《闽西革命根据地史》,福建人民出版社 2019 年版,第 107 页。

9 日,邓子恢代表中共闽西特委在中共闽西第二次代表大会上的工作报告中指出:当时的闽西包括龙岩、漳平、宁洋、永定、上杭、长汀、连城、武平、归化、宁化、清流、平和等 12 个县,[①]拥有"人口二百五十万"[②]。

中华苏维埃共和国临时中央政府成立后,中央执行委员会第一次全体会议于 1931 年 11 月 27 日通过了《中华苏维埃共和国划分行政区域暂行条例》(以下简称《条例》),《条例》指出:"中国旧有行政区域,过于广大,适合于封建统治,不适合于苏维埃的民主集中制",且"因斗争发展的不平衡,战争与地势的特殊条件,苏区的发展在许多地方,有的只取得全省全县或全区之一部,有的介于数省数县或数区之间,不利于斗争的领导"。[③] 鉴于上述理由,"必须重新划分乡区县的范围"[④]。闽西苏维埃政府根据《条例》精神重新划分行政区域,到 1931 年秋,闽西包括"永定、上杭、杭武、龙岩、长汀、汀连、汀东、汀州、连城、平和、饶(平)(平)和(大)埔、宁化、清流、归化(今明溪)等县"[⑤]。

在中央政府的直接领导下,在中共福建省委和闽西苏维埃政府的共同筹备下,1932 年 3 月 18 日福建省第一次工农兵代表大会在长汀召开,选举成立福建省苏维埃政府。中共福建省委、省苏维埃政府为加强对长汀东部毗邻的宁化边界人民革命斗争的领导,决定划出长汀、宁化的边界连接区域,成立汀东县。1932 年 10 月在长汀馆前成立汀东县苏维埃政府。[⑥] 这一时期的闽西苏区也"包含有粤东边境饶平、大埔少部分地区"[⑦],此时的闽西有 12 个县,即"长汀、汀东、宁化、清流、归化、上杭、龙岩、永定、连城、武平、新泉、饶(平)(平)和(大)埔诏(安)"[⑧]。

1933 年春,随着第四次反"围剿"胜利,红军和根据地发展达到鼎盛时期,

---

　　①　其中龙岩县为今新罗区,永定县为今永定区,归化县为今明溪县,漳平县为今漳平市,宁洋县今分属漳平、龙岩和永安,平和现属于漳州市管辖。

　　②　蒋伯英主编:《邓子恢文稿(1916—1956)》,中共党史出版社 2016 年版,第 229 页。

　　③　江西省档案馆,中共江西省委党校党史教研室:《中央革命根据地史料选编》(下),江西人民出版社 1982 年版,第 192~193 页。

　　④　江西省档案馆,中共江西省委党校党史教研室:《中央革命根据地史料选编》(下),江西人民出版社 1982 年版,第 192~193 页。

　　⑤　余伯流,凌步机著:《中央苏区史》(上),江西人民出版社 2017 年版,第 9 页。

　　⑥　李敏,孔令华主编:《中央革命根据地词典》,中国档案出版社 1993 年版,第 193 页。

　　⑦　蒋伯英著:《闽西革命根据地史》,福建人民出版社 2019 年版,第 5 页。

　　⑧　余伯流,凌步机著:《中央苏区史》(上),江西人民出版社 2017 年版,第 10 页。

中央苏区由此成为全国最大的革命根据地。闽西苏区的行政区划也有了新变动,根据 1933 年 7 月人民委员会第 46 次会议通过的《重新划分行政区域的决议》的要求,闽西苏区增设彭湃县(在宁化、建宁、会昌、石城间);1933 年 8 月,人民委员会第 48 次会议,批准增设泉上(宁化、清流、归化间)、代英(在上杭、永定边界)、兆征(以汀州为中心,从长汀县、汀东县管辖的区域划出几个区)等三个县。此时的闽西苏区包括 15 个县,即"长汀、宁化、上杭、龙岩、永定、武平、兆征、汀东、连城、彭湃、泉上、代英、新泉、清流、归化等"[①]。

由于王明"左"倾错误的领导,在国民党持续大规模"围剿"下,闽西苏区大部分失守。1934 年 6 月,上杭和新泉合并,成立新杭县苏维埃政府,机关驻地为上杭旧县、才溪。[②] 1934 年 11 月,国民党占领长汀,福建省苏维埃政府迁至长汀四都,在四都成立汀西县苏维埃政府。1935 年 4 月,国民党军队攻占四都,闽西苏维埃区域的党政军机关完全瓦解,红色区域全部沦于敌手。[③] 至此,闽西苏区全部解体。

二、地理环境

闽西在地理位置上,地处闽、粤、赣三省边区结合部,东部与东南部与泉州、漳州两市接壤,北部和东北部与三明市相连,西接赣南,南邻粤东。全区山脉纵横,绵亘起伏。南武夷山雄卧于西部,呈东北—西南走向,逶迤于闽赣边界,成为汀江水系与闽江、韩江(本区内为汀江)水系的分水岭。玳瑁山横亘中部,大体呈东北—西南走向,地处连城县东部、上杭县东北部和中部、龙岩市北部、漳平市北部,是闽西地区最大的山体。博平岭绵延东部,位于雁石溪—永定河以东,从东北一直向西南方向延伸,与南武夷山呈平行状态,它蜿蜒于今漳平县南部、龙岩市东北部、永定县东南部与漳州市的华安、南靖、平和县交界地区。博平岭对本省南亚热带、中亚热带的气候分异有明显的影响,构成闽西与闽南的地理分界线。[④] 此外,闽西境内还有松毛岭、采眉岭等山体高峻的大山岭。除了松毛岭近似南北走向外,南武夷山、玳瑁山、博平岭和采眉岭,大体

---

①　余伯流,凌步机著:《中央苏区史》(上),江西人民出版社 2017 年版,第 10 页。

②　上杭县地方志编纂委员会编:《上杭县志》,福建人民出版社 1993 年版,第 556 页。

③　蒋伯英著:《闽西革命根据地史》,福建人民出版社 2019 年版,第 433 页。

④　鲍智明:《客家民系在闽西形成的自然地理环境探析》,载《福建地理》2006 年第 2 期。

呈东北—西南走向平行分布,控制闽西山区地势,呈现西北高东南低。

全境地质构造复杂,地貌多山地、多丘陵,"低山、丘陵、中山占94.8%,平地仅占5.17%"①,河谷盆地穿插于山地与丘陵之间。山间盆地是人口聚集地,是种植业的主要分布区,土壤以红壤、黄壤和水稻土为主,分别占全区土壤面积的78.17%、10.83%和7.67%②,紫色土约占3.2%,其他的如草甸土、石灰岩土、潮土合占0.13%。山地丘陵的红壤和黄壤占比高,比较适合种植茶树、杉木、松树、樟树、油桐等经济类作物。但水稻土占比低,加上复杂的地貌,可供开垦的土地极其有限。

闽西境内溪河众多,水流分别属于汀江、九龙江北溪、闽江沙溪和梅江水系。汀江干流发源于南武夷山东南侧的宁化县治平乡境内木马山北坡,在长汀县庵杰乡大屋背村入境,先后流经长汀、武平、上杭和永定四县,由永定出境流入广东省,至广东大埔县三河坝与梅江汇合后称韩江,经汕头入海③。九龙江北溪干流有雁石溪和万安溪两个源头,流经苏坂,在漳平芦芝乡小杞村出境进入漳州华安县境,九龙江向东将闽西与闽南联系在一起。此外,境内还有十多条河流,汀江水系的支流有濯田河、桃澜溪、旧县河、黄潭河、永定河,九龙江北溪水系的支流有双洋溪、新桥溪、溪南溪,闽江水系的支流有北团溪、文川溪、姑田溪,梅江水系在本区境内主要河流为武平的中山河。

闽西境内的河流由于受山地丘陵地貌结构的影响,河段礁石多,滩多流急,河床落差大。汀江是本区域内最重要的河流,其河道有大小险滩70余处,上杭境内的大姑滩落差达3米,船民惧怕过此滩,认为非"铁艄公"难过此"鬼门关"。还有上杭与永定交界处的折滩,是汀江最险之滩,水道极其曲折,一不留神就会撞船。虽说在宋代官府就发动汀州民众开辟航道,开通了汀州城沿汀江、韩江到广东潮汕的航运,④但汀江河道的惊险无处不在,民谣有"汀江会

①　龙岩地区农业资源区划办公室编:《闽西农业资源与开发》,北京广播学院出版社1996年版,第17页。

②　黄小晶主编:《龙岩地区卷》("中国改革与发展"丛书),社会科学文献出版社1995年版,第13页。

③　黄小晶主编:《龙岩地区卷》("中国改革与发展"丛书),社会科学文献出版社1995年版,第3页。

④　中共长汀县委党史工作委员会编:《长汀人民革命史》,厦门大学出版社1990年版,第2页。

撑船,闯遍天下川"之说。总体而言,闽西河流的河道小,水流急,一般只能用小木船运输货物,运力有限且运输时间长,一旦进入汛期遇到洪水,往往要在中途停靠十多天。河流的航行条件差,运输量有限,影响了本区内的商品生产与交换。

闽西邻近北回归线,属于亚热带海洋性季风气候,日照时间长,全年气候温和,冬无严寒,夏无酷暑,年平均气温为 14.2℃～20.7℃,无霜期在 300 天以上,干湿季节分明,雨量充沛,主要农产品以稻谷、甘薯、大豆、花生、油菜、烟叶为主,适宜双季稻三熟制种植模式以及发展喜温多雨的烟草等经济作物。

闽西地处山区,耕田严重不足,是以传统农业为主的社会,随着人口的增长,人多地少的矛盾势必日益突现,从而制约本地区的农业发展。同时,闽西山地分布广还影响了本地区的商业往来。本区大部分乡村相间于山地丘陵之间,有民谣称其"上山入云巅,下岭到溪涧;对村喊得应,相通走半天"。在封建社会末期,商品经济已有一定程度的发展,但由于交通不便,货物运输极为不畅,主要以挑夫肩挑为主,这种状况限制了商品经济发展的规模。因此,闽西农村自给自足的自然经济长期占主导地位。

第二节 土地革命战争前闽西经济停滞社会落后

闽西地区属于中国相对落后的区域,因为交通梗阻,山区与外地的联系较少。土地革命前的闽西人民深受帝国主义和封建主义的双重剥削,广大民众生活极其艰难,无力发展生产,农业生产停滞,工商业凋敝,整个经济社会的发展处于停滞状态。

一、经济凋敝农民破产

(一)地主对农民的重租重利盘剥,使农业生产停滞

革命前的闽西农村土地高度集中,大部分土地为少数人占有。封建的土地占有制度是生产力向前发展的桎梏,正如毛泽东所说,在经济落后的半殖民地的中国,地主阶级"代表中国最落后和最反动的生产关系,阻碍中国生产力

的发展"①。据 1927 年 6 月中国国民党中央执行委员会农民部土地委员会发表的统计报告,"当时中国农民中无土地农民和少地贫农占了农民总数的 75％,而仅占农户总数 14％ 的地主富农却占了全部土地的 81％"②。闽西的土地兼并现象更为严重。在土地革命前,据龙岩、永定、上杭、连城、长汀、武平六县土地调查的结果,85％ 至 90％ 的田地为地主阶级所有,农民所有的田地不到 15％。③ 有的县一户地主就拥有大片土地,如永定坎市的大地主卢星拱拥有近千亩土地,每年收租量达七万余斤干谷,还有金丰里南溪村地主苏振福、洪坑村的林逊之兄弟都占有土地 200 余亩,每年收租干谷达 2 万斤以上。④ 上杭古田福利村的大地主,黄永滋一户占有土地 2000 多亩。⑤ 上杭才溪总耕地面积为 26165 亩,占人口比例为 94％ 的农民仅拥有 30％ 的土地,而仅占人口 6％ 的地主、富农却拥有 70％ 的土地。大地主王六满一户占有土地 420 亩,而农民平均每户仅有 3 亩多。⑥ 漳平永福清源大地主,陈老天占地 500 亩,朗车乡地主占地 800 余亩。龙岩适中乡地主谢四春一户占地 1100 亩。龙岩后田村有 281 户人家,有土地 1080 亩,地主、封建族长仅 11 户,却拥有土地 970 亩,占全村土地的 90％。⑦

地主占据大量的土地,并非采取集约经营的方式以实现生产关系的转化,而是将土地分成小块租给无地或少地的农民耕种。为了生存,农民只能租种地主的土地,忍受重租剥削。闽西的地租率高,"田租各县最低 60％,长汀

---

① 《毛泽东选集》(第一卷),人民出版社 1991 年版,第 4 页。

② 《第一次国内革命战争时期的农民运动资料》,人民出版社 1983 年版,第 3～4 页。

③ 中共龙岩地委党史资料征集领导小组,龙岩地区行政公署文物管理委员会:《闽西革命史文献资料》(第 2 辑),1982 年,第 177 页。

④ 中共永定县委党史工作委员会编:《永定人民革命史》,厦门大学出版社 1989 年版,第 5～6 页。

⑤ 中共上杭县委党史工作委员会编:《上杭人民革命史》,厦门大学出版社 1989 年版,第 3 页。

⑥ 中共才溪镇委员会,毛泽东才溪乡调查纪念馆编:《才溪人民革命史》,北京广播学院出版社 1997 年版,第 3 页。

⑦ 龙岩市委党史资料征集研究委员会编:《龙岩人民革命史》,厦门大学出版社 1989 年版,第 2 页。

70%,连城南乡高至80%"①。各地出现了所谓倒三七、倒二八,农民终年劳动只得收获物的30%或20%,而地主坐得收获物的70%或80%。地主按照固定的租额收取"铁租",不论旱涝虫灾,年岁丰歉,要求农民每年必须向其交清当年租谷。"上冬不够,下冬补足","下冬不够就要夺田,甚至被关进监狱"。②农民辛劳一年,到了秋收季节却是"禾头割起,锅头无米"③,还要承担坐班房的风险。除了正租外,地主还以附加租的形式榨取农民的劳动果实,如"大斗收租""请租饭""草鞋费"等。永定金砂的地主赖超源收租的斗,一斗就是12升(标准斗每斗10升)。收租时,佃农须按照租佃时定下的鸡鸭酒肉菜单备餐,临走时,又得送上人均5角至1元的"草鞋费"作为收租的路费。逢年过节,地主还要向农民勒索"年节送礼",送鸡、送鸭、送猪肉或红包。农民如不奉上,地主便在农民家砸锅打碗,损坏家什,比强盗尤甚。永定坎市有一佃农,就这样被逼得在年三十晚服毒自杀。④ 地主通过各种手段,将农民一年劳动的果实刮得一干二净。

农民在缴纳高额地租后,所得不够生活开支。到青黄不接之际,或遇上疾病灾害,只得向地主借粮借银,地主乘此机会放高利贷以榨取农民。通常高利贷利率平均在2分以上,闽西各县属龙岩每月利率最低为2分,连城、武平、长汀三县均为3分,上杭、永定均2.5分,⑤各县"有的到了十分以上,本利相等"⑥。农民被迫寅吃卯粮,借债度日。如永定金砂的农民在青黄不接时向地主借1担谷,隔两三个月收成时,就要还2至3担,如果还不起,便要利上加

---

① 中共龙岩地委党史资料征集领导小组,龙岩地区行政公署文物管理委员会:《闽西革命史文献资料》(第2辑),1982年,第141页。

② 中共永定县委党史工作委员会编:《永定人民革命史》,厦门大学出版社1989年版,第6页。

③ 中共永定县委党史工作委员会编:《永定人民革命史》,厦门大学出版社1989年版,第6页。

④ 中共永定县委党史工作委员会编:《永定人民革命史》,厦门大学出版社1989年版,第7页。

⑤ 中共龙岩地委党史资料征集领导小组,龙岩地区行政公署文物管理委员会:《闽西革命史文献资料》(第2辑),1982年,第142页。

⑥ 中共龙岩地委党史资料征集领导小组,龙岩地区行政公署文物管理委员会:《闽西革命史文献资料》(第2辑),1982年,第132页。

利,连本带利滚。① 长汀有一种"九扣加三"的借债,地主借给农民 100 元,先打九折,只付给 90 元,偿还时要求农民按 100 元的本加上 3 分的利息,还本付息。② 农民借贷无门,只好"卖青苗""卖青谷""卖青烟",将地里种的农作物,先期贱卖与债主,通常是以农作物收获时的一半价款预卖。高利贷进一步加速了农民的贫困化,使其长期依附于地主而不能自拔。

农民深受地主的种种剥削,"劳苦耕田不够衣食……因此无力而且不愿意购买肥料改良农具,因而田地不能改良,生产方法不能进步,结果田地变瘠,生产力日坏一日,若与人口增殖比较,恰好成反比例"③。国民党龙岩县长林诗旦也承认:"龙岩以往因土地先天缺乏,地权分配不均,地租负担过重,以至整个农业之发展受到限制。"④可见,闽西农民在重租和高利贷的盘剥下,无力改进生产技术和加大对农业的投入,抑制了扩大再生产,阻碍了农业生产力的发展。

(二)军阀、贪官的横征暴敛,造成民不聊生

军阀官僚的横征暴敛,也加速了闽西经济社会的衰败。从 1913 年开始,北洋军阀李厚基入主福建,对福建进行了长达 14 年的黑暗统治。驻扎在闽西的各路军阀连年混战,为争夺地盘,"从 1922 年到 1925 年间,大小军阀混战竟达 30 多次"⑤,搅得闽西百姓不得安宁。各地军阀在其统治的地盘内,为筹集军饷,大肆卖官鬻爵。各县的官衔明码标价,尤以在李凤翔势力圈者为最,"闻每县自三四千元至万元者不等,且必数月一易,以其收获之丰,亦有贿买之"⑥。因此,各县的富豪巨贾竞相买官卖官,知县更换频繁,如永定高陂乡有个陈姓绅士花 3000 块大洋买了个"知县",仅上任一晚,次日就被填防的另一

①　张森超,张定安编著:《金砂人民革命史》,福建省龙岩市文化与出版局 2005 年版,第 7 页。

②　中共长汀县委党史工作委员会编:《长汀人民革命史》,厦门大学出版社 1990 年版,第 4 页。

③　中共龙岩地委党史资料征集领导小组,龙岩地区行政公署文物管理委员会:《闽西革命史文献资料》(第 2 辑),1982 年,第 132～133 页。

④　林诗旦,屠剑臣:《龙岩之土地问题》,龙岩县政府 1943 年,第 60 页。

⑤　蒋伯英著:《闽西革命根据地史》,福建人民出版社 2019 年版,第 24 页。

⑥　中共龙岩地委党史资料征集领导小组,龙岩地区行政公署文物管理委员会:《闽西革命史文献资料》(第 1 辑),1981 年,第 100 页。

个军阀赶下台。① 每换一任县长,必在其任内鱼肉百姓,增收田赋捐税,尽其力搜刮民脂民膏。

军阀与当地地主豪绅势力勾结,对民众进行经济掠夺。统治阶级为了维持其庞大繁杂的支出,不断向农民派款。1923 年,军阀赖世璜入踞龙岩,强行勒索烟款 5 万元,预征田赋钱粮至 1926 年,一年内总计掠夺 20 多万元。1925 年盘踞在龙岩的军阀张毅,一年内就搜刮各项捐税达 250 万元,其中田赋已预征到 1930 年。② 永定的军阀曹万顺,1926 年向永定各乡派捐 4 万元大洋,预借田粮 10 年(从 1924 年借至 1934 年)③。管辖汀属八县的军阀李凤翔更为凶残,"军队之狠毒,既为全省各部冠,故其搜刮苛刻,亦最为残忍"④。1925 年夏,李凤翔召集各县豪绅代表在上杭召开财政会议,宣称每年筹集款项为 180 万元。会后特发出布告,声称"汀属只须照此数供给,余外不敢再取一丝一粟"⑤。但从 1925 年秋到 1926 年上半年,李凤翔七次下令勒索捐税,数额达 230 万元。各路军阀的派款,有的是派给"殷实富户"(地主豪绅)的捐款,但地主豪绅实际并未出钱,都将所派款转嫁到农民头上,甚至有的豪绅出面承包军阀所要筹集的捐税,然后分区乡层层分包下去。不管农民大家小户,都得分摊一份,而地主豪绅非但不出一文钱,反而加大数目,从中牟利。如,军阀曹万顺驻兵上杭时,要求地方每年筹集军饷 38 万元,各乡土豪劣绅乘机勒索,屡屡加码,百姓实际负担 100 万元。⑥ 正如当时的民谣所描述的"想起无钱会发癫,讲起豪绅心就煎。勾结官厅派军饷,要派五百派一千"⑦。不仅于此,军

---

① 中共永定县委党史工作委员会编:《永定人民革命史》,厦门大学出版社 1989 年版,第 7 页。

② 龙岩市委党史资料征集研究委员会编:《龙岩人民革命史》,厦门大学出版社 1989 年版,第 4 页。

③ 中共永定县委党史工作委员会编:《永定人民革命史》,厦门大学出版社 1989 年版,第 7 页。

④ 中共龙岩地委党史资料征集领导小组,龙岩地区行政公署文物管理委员会:《闽西革命史文献资料》(第 1 辑),1981 年,第 98 页。

⑤ 中共龙岩地委党史资料征集领导小组,龙岩地区行政公署文物管理委员会:《闽西革命史文献资料》(第 1 辑),1981 年,第 98 页。

⑥ 中共上杭县委党史工作委员会编:《上杭人民革命史》,厦门大学出版社 1989 年版,第 5 页。

⑦ 摘自阮山创作的《救穷歌》。

阀还勾结地方官吏派役,县吏豪绅又乘机勒索,"十一军由平和入粤时,县吏豪绅包办挑夫,借以拘捕勒索",他们将军阀要的挑夫人数增加一倍,要求各乡照数派出,否则"少派一名罚卅元"①。暗无天日的军阀统治,使闽西群众苦不堪言。

除了军阀大肆掠夺外,还有反动政府多如牛毛的苛捐杂税。在各级政府设计的赋税征收体系中,农民不仅要缴纳正常的地丁、厘金、印花税等正税,还要缴纳名目繁多的苛捐杂税。为此,军阀勾结土豪劣绅"开放烟赌,纷立卡局,苛佃杂捐,析及秋毫"②。捐税五花八门,有"人头捐""灶头捐""田亩捐""房屋捐""防务捐""马路捐""盐捐""灯捐""牛皮捐""烟赌捐""纸槽帘捐""屠宰附加捐""烛炮税""香纸捐""门牌税""厕所税"等等,暴动前的龙岩县,捐税达40多种,"每人的负担要二十八元"③。甚至农民进城挑出粪便,"亦每担抽厘半毫"④。当时在闽西群众中流传着一句顺口溜:"自古无听屎有税,如今只有屁无捐",这就是对反动军阀官僚强取豪夺的绝妙揭露。统治阶级的横征暴敛,已达到无人不捐、无物不税的地步,使广大农民到了"求生无路,入地无门"的破产境地。

(三)帝国主义的入侵掠夺,加剧工商业凋敝

1840年的鸦片战争,西方列强用坚船利炮打开了中国的大门,其侵略的步伐由沿海沿江渐次深入中国内地,侵略势力日益渗透到偏僻的闽西山区。

为了攫取最大利润,他们凭借不平等条约所赋予的经济特权,在中国大肆倾销商品。据统计,"1927年龙岩县输出货值为大洋191.5万元,输入货值则达335.5万元,入超额144万元,相当于输出货值的70%"⑤。洋货入侵,直接冲击闽西本地的商品生产,"闽西的手工业便逐渐破产,洋布战胜土布,洋纸打

---

① 中共龙岩地委党史资料征集领导小组,龙岩地区行政公署文物管理委员会:《闽西革命史文献资料》(第1辑),1981年,第182页。

② 中共龙岩地委党史资料征集领导小组,龙岩地区行政公署文物管理委员会:《闽西革命史文献资料》(第1辑),1981年,第25页。

③ 蒋伯英主编:《邓子恢文稿(1916—1956)》,中共党史出版社2016年版,第231页。

④ 中共龙岩地委党史资料征集领导小组,龙岩地区行政公署文物管理委员会:《闽西革命史文献资料》(第1辑),1981年,第25页。

⑤ 中共福建省龙岩市委党史研究室:《闽西人民革命史(1919—1949年)》,中央文献出版社2001年版,第5页。

倒土纸，卷烟打倒了条丝"①。闽西著名的手工业品有条丝烟、竹纸、木材等。"在从前，产纸的数量，即拿连城一县来计算，每年产额有一百多万。"②闽西生产的条丝烟更是名扬海内外，"运销全国，远及南洋，民国十五年前，每年出口达五六万箱，值 200 余万元，自纸烟盛行，销路稀微……"③，但自日本的三井洋行在龙岩设代办处后，闽西的烟叶市场就被其垄断。该洋行为了获取高额利润，先是以高于市场价一至几倍的价格收买烟叶，运回日本制成"洋烟"。闽西当地的烟商无法与之竞争，只得关门歇业。在高价的刺激下，永定、龙岩、连城、武平等县农民想获得更高的收入，稻田都改种烟叶。然而，到次年收成季节，洋行拼命压价，烟农被迫低于成本价贱卖烟叶。三井洋行又将大量"洋烟"倾销到市场上，由于农民家庭手工业产品成本高，根本无法与价廉物美的大机器生产品相匹敌，当地烟厂迅速倒闭。④ 洋货倾销，不仅冲击闽西的条丝烟生产，还对闽西的土布生产、纸业生产等造成极大的影响。据《上杭县志》记载："旧时人家皆自织夏布棉布，近数十年多用外布，而机织已绝，人家嫁女间有雇工机织一二……"，"惟烟纸两项出产大宗，旧时岁入总百数十万，然自洋纸、纸烟输入势成弩末，其他所制物品只供本地之用……"。⑤ 在洋货倾销的浪潮中，闽西手工业品产量锐减。根据闽西各地 1929 年的统计，"杉减少三分之二，纸减少三分之一，烟减少二分之一"⑥。洋货大量涌入，闽西的手工业破产已成定局。

　　洋货入侵，进一步加剧了闽西商业的凋敝。西方商品入侵后，改变了闽西商业活动的原有路线。在洋货尚未入侵之前，"闽西用的布匹、药材都是从江西来的"，即"在海业未开以前，因海道不通，所以永定、龙岩货物运至江西及湖

　　① 江西省档案馆，中共江西省委党校党史教研室：《中央革命根据地史料选编》（上），江西人民出版社 1982 年版，第 278 页。

　　② 江西省档案馆，中共江西省委党校党史教研室：《中央革命根据地史料选编》（上），江西人民出版社 1982 年版，第 269 页。

　　③ 中共永定县委党史工作委员会编：《永定人民革命史》，厦门大学出版社 1989 年版，第 9 页。

　　④ 中共福建省龙岩市委党史研究室：《闽西人民革命史（1919—1949 年）》，中央文献出版社 2001 年版，第 5 页。

　　⑤ 中共上杭县委党史工作委员会编：《上杭人民革命史》，厦门大学出版社 1989 年版，第 3～4 页。

　　⑥ 中央档案馆，福建省档案馆：《福建革命历史文件汇集（1930 年）》，1985 年，第 125 页。

南者要由长汀经过,同时,江西、两湖的货物运至福建的,也要经过长汀,因此,长汀成为同赣南与东江的闽西商业中心"。① 但自从汕头、厦门、福州开辟为商埠后,商品的运输路线改变了,"洋布、西药改由汕头—韩江—汀江—长汀,或厦门—九龙江—龙岩"②运输,由此造成长汀至龙岩沿途的上万名挑夫失业。货运断绝,苦力运输工人失业,使得沿途的商店、客店、摊贩纷纷倒闭。"在长汀的河田,从前有五百多间商店,现在倒闭得只剩二三十间了",③又使约 3 万人失业。"自海禁开了以后……长汀便成了偏僻的地方,商业随着凋零。"④

二、社会混乱动荡不安

如前所述,闽西是个豪绅地主与军阀勾结横行的社会,致使整个社会生产荒废,社会问题严重,秩序荡然。据当年进步刊物《汀雷》揭露,闽西各地"军阀跋扈,地痞横行,烟馆林立,土匪猖獗,教育衰颓,农业不振,青年堕落"⑤。最主要是土匪如毛、赌祸横流、教育衰颓等几方面,使得整个社会法律秩序不能稳定,迷信流行,种种恶习大行其道。

(一)土匪猖獗,摧残工农

在封建军阀统治和帝国主义经济入侵的内外因素作用下,破产的农民和失业的手工业者生活极其困苦,他们常常在死亡线上挣扎。在生活无出路又不能坐以待毙的情况下,他们有的跑南洋,有的当土匪、当流氓、当兵。"目前过洋已不是出路,因此兵匪、流氓在数量上便特别发展"⑥,闽西破产的农民谋

①　江西省档案馆,中共江西省委党校党史教研室:《中央革命根据地史料选编》(上),江西人民出版社 1982 年版,第 286 页。

②　张侃,徐长春:《中央苏区财政经济史》,厦门大学出版社 1999 年版,第 44 页。

③　江西省档案馆,中共江西省委党校党史教研室:《中央革命根据地史料选编》(上),江西人民出版社 1982 年版,第 279 页。

④　江西省档案馆,中共江西省委党校党史教研室:《中央革命根据地史料选编》(上),江西人民出版社 1982 年版,第 286 页。

⑤　中共上杭县委党史工作委员会编:《上杭人民革命史》,厦门大学出版社 1989 年版,第 7 页。

⑥　中共龙岩地委党史资料征集领导小组,龙岩地区行政公署文物管理委员会:《闽西革命史文献资料》(第 2 辑),1982 年,第 388 页。

生乏术,只能被迫为匪。据统计,"流氓无产者在全国占总人口的5％,而在闽西则高达25％"①,"闽西就成了土匪世界"②。由此可见当时闽西农村经济破产的严重程度。永定的土匪滋盛,全省有名。"永定土匪的数量是怪惊人的,坎市、抚溪两区的人口不下三四万,土匪占了大半。"③永定男子大半是土匪,以抢劫为生,使得大片的土地荒芜无人耕种。土匪们铤而走险,购置枪械,如,抚市的土匪,有"长短枪不下三百多条,子弹又充足"④。他们掳人勒赎,通函各乡,逼令缴款。"接近龙岩的太平里、丰田里,土匪掳人勒索成为常事,往往仅有数里之路,本地人亦行不得,小乡村之小姓农民,耕牛农具被掠无以耕作,土匪初多兼营工农业,久则纯以土匪为职业……"⑤当地军阀、豪绅地主为壮大其势力,收编土匪为武装力量,利用他们到处捣乱,摧残工农,"公开掠夺农民,遇货抽捐,见地征税,甚至派伕,派款,掠夺田地,征收田亩捐、人头捐等等"⑥。土匪被军阀、豪绅地主利用,成了反动工具,与工农贫苦群众势不两立。提及土匪,工农群众切齿痛恨。

(二)赌祸横流,社会失序

赌博是一种败坏社会风气的陋习。在军阀统治期间,闽西赌博盛行,烟馆林立。各地军阀为筹集军饷,在其统治的地盘内公开设立防务局,征收防务捐(即赌博捐),准许人们开场聚赌。闽西曾盛行一种迷信赌博活动——"花会"。仅长汀县城的赌摊就达上百处,"男女老少,都可压放"⑦。花会赌博信奉"无

① 中共地委党史资料征集领导小组,龙岩地区行政公署文物管理委员会:《闽西革命史文献资料》(第2辑),1982年,第143页。

② 中共龙岩地委党史资料征集领导小组,龙岩地区行政公署文物管理委员会:《闽西革命史文献资料》(第2辑),1982年,第37页。

③ 中共龙岩地委党史资料征集领导小组,龙岩地区行政公署文物管理委员会:《闽西革命史文献资料》(第1辑),1981年,第246页。

④ 中共龙岩地委党史资料征集领导小组,龙岩地区行政公署文物管理委员会:《闽西革命史文献资料》(第2辑),1982年,第115页。

⑤ 中共龙岩地委党史资料征集领导小组,龙岩地区行政公署文物管理委员会:《闽西革命史文献资料》(第1辑),1981年,第190页。

⑥ 中共龙岩地委党史资料征集领导小组,龙岩地区行政公署文物管理委员会:《闽西革命史文献资料》(第2辑),1982年,第401页。

⑦ 中共长汀县委党史工作委员会编:《长汀人民革命史》,厦门大学出版社1990年版,第7页。

机不赌,有神必灵"要诀。赌者下注之前,"要先求神问卜,寻机觅兆"①,赌博便与迷信结合在一起。有人迷信人血可以点图赢钱,于是出现了"长汀县的排长买杀婢女,来求花会的惨剧"②。尔后,士兵也效仿,杀小孩祭鬼神。赌博的迷信意识之浓厚,可谓愚昧到十分悲惨的地步。

旧时的闽西赌祸横流,"铜宝花会,各乡各地,无论老幼男女,绅商学界,日间晚上,所谈所论,都是不离赌字"③。许多人日夜沉醉于赌场,"各人所有之金钱,将尽倾之于花会"④。赌博成风,使得"士废于学,农荒于野,工罢于场,商辍于市"⑤,而妇女置家事于不问。有的人为筹赌资,变卖家产,甚至卖儿卖女,酿成家破人亡的惨剧。有的人为此走上绝路,或为匪为盗。

(三)教育衰颓,恶习蔓延

经济是文化发展的基础。闽西的经济凋敝衰败状况决定了其文化教育的落后状况,当时有80%的闽西工农群众是文盲。由于教育不普及,当地迷信流行,恶势力蔓延。

当时的闽西教育就如刊物中所描述的那样,"吾岩僻处山隅,交通不便,文化陈腐"⑥,办学力量弱,地方政府"对于教育事业都是淡漠的"。各县仅有一所中学,其他国民学校、高等小学若干所。闽西的龙岩县相对其他县区而言,经济稍好,但全县仅"初中一所,初中体专一所,高小三四十所,专办初小的八九十所"⑦。平和县的教育更为薄弱,"只城市一中学,学生不过五六十人。各区很少学校,私塾亦不多"⑧。闽西各校的学生数不多,大校的学生数最多200至300人,小的学校仅有50至60人,不超过百人。即便学校数不多,学生人数少,因"岩地贫瘠,学款无着",仍感"岌岌难持之势"。⑨ 旧时的闽西,受教育机会不均等,男子可以受教育,女子不能受教育,有钱有势者可以受教育,"无

---

① 蒋宝德,李鑫生主编:《中国地域文化》(下),山东美术出版社1997年版,第3459页。

② 童宝藩:《告汀属民众》(1926年3月25日)。

③ 《岩声报》第二十八期(中华民国十四年十二月一日出版)。

④ 《岩声报》第八期(中华民国十三年四月一日出版)。

⑤ 童宝藩:《告汀属民众》(1926年3月25日)。

⑥ 《新龙岩季刊》第一号(1924年10月)。

⑦ 《岩声报》第六期(中华民国十三年二月一日出版)。

⑧ 中共龙岩地委党史资料征集领导小组,龙岩地区行政公署文物管理委员会:《闽西革命史文献资料》(第1辑),1981年,第181页。

⑨ 《岩声报》第一期(中华民国十二年九月一日出版)。

钱和无有势力的子弟,很难受中等教育"。因此,"青年失学者,犹比比皆是,年长者更无论矣"①。教育不普及,致使迷信流行,恶势力蔓延。民众知识薄弱,都认为"祸福之权,操自鬼神",于是想出各种"谄媚的手段去祈福禳祸",有人为此倾家荡产。闽西的农民识字甚少,深受封建的神权、礼教、家族等旧观念影响,"过去常被豪绅利用,酿成姓族械斗互相残杀"②。如,平和县的朱、曾、杨三姓,人口比例最多,此三姓豪绅穷凶极恶,仗着家族势力随意处置同姓平民,对别姓更是欺凌弱小无所不至。总之,教育落后引发严重的后果,正如当时有识之士所言,"社会之黑暗,家庭之腐败,道德之堕落,风俗之淫靡,无一不由于教育之缺乏"③。一方面是封建迷信之风盛行,人们的生命财产健康得不到保障;另一方面是小农意识深厚和民主意识淡薄,阻碍了农村落后风俗的改变,限制了闽西经济的发展。

　　总之,帝国主义势力的入侵,军阀的暴虐统治,封建地主的残酷剥削,导致革命前的闽西地区经济社会日益衰败。整个社会生产力每况愈下,社会问题严重,秩序混乱,破产工农生活异常痛苦,"所过的生活简直是非人生活"④,他们"最迫切的要求是要解决生活问题,是要解决土地问题"⑤。正是在这样的历史背景下,广大工农群众为寻求自身解放,跟随中国共产党走向革命。在1928年3—6月间,闽西爆发了震惊八闽的"四大暴动",开启了轰轰烈烈的土地革命运动。

---

　　① 《到民间去》第一期(中华民国十三年五月出版)。

　　② 中共龙岩地委党史资料征集领导小组,龙岩地区行政公署文物管理委员会:《闽西革命史文献资料》(第1辑),1981年,第181页。

　　③ 《到民间去》第一期(中华民国十三年五月出版)。

　　④ 中共龙岩地委党史资料征集领导小组,龙岩地区行政公署文物管理委员会:《闽西革命史文献资料》(第2辑),1982年,第38页。

　　⑤ 中央档案馆,福建省档案馆:《福建革命历史文件汇集》(省委文件1928年下),1984年,第129页。

第二章　中央苏区时期闽西的 土地改革

中国革命的根本问题是农民问题,而农民问题的核心是土地问题。土地问题的中心问题是土地的分派,然而,在国民党治下,政府当局并未将土地的合理分派纳入自己的政治视野。在中国革命史上,只有中国共产党特别重视解决农民的土地问题。在第二次国内革命战争时期,中国共产党领导中国人民开展了轰轰烈烈的土地革命运动。闽西是继海陆丰、井冈山之后全国最早实行土地革命的地区之一。中共闽西党组织在毛泽东同志的亲自指导下,带领广大苏区人民进行摧毁封建土地所有制、建立农民土地所有制的伟大斗争实践,逐步形成了符合苏区实际的土地革命路线,有力推动了闽西根据地的建设。

第一节　闽西土地革命兴起

近代的闽西是一个革命风云激荡的地区。五四运动后,以邓子恢为代表的一批闽西进步知识青年开始自觉学习马克思主义,他们组织"奇山书社"等进步社会团体,创办《岩声》等进步刊物,通过各种途径向群众传播马克思主义,为闽西建立党组织和进行革命运动奠定了思想基础。1925年1月,中共四大在上海召开,明确提出了无产阶级在民主革命中的领导权和工农联盟问题,决定在全国建立和加强党的组织,以适应革命发展的需要。会后,党的工作迅速深入广大群众中,党的组织从原来的大城市发展到全国各地。闽西最早的共产党员和党组织也是在中共四大后涌现出来的。1926年初夏,厦门地区党组织委派阮山、林心尧回永定,在上湖雷建立起闽西第一个党支部。

1926 年至 1927 年间,闽西各县相继建立了党组织。1927 年春,闽西地方党组织在龙岩和上杭分别成立"岩平宁政治监察署宣传人员养成所"和"汀属八县社会运动人员养成所",培养农民运动的骨干,发展力量。在此前后,郭滴人、朱积垒、张鼎丞等人先后在龙岩、平和与永定等地农村组织农会,开展"二五减租"和抗捐抗税的斗争。"四一二"反革命政变后,闽西的革命运动与全国的形势一样急转直下,白色恐怖笼罩着闽西大地。南昌起义军的入闽和"八七"会议精神传达到闽西后,闽西各县负责同志"加紧在闽西进行武装斗争、土地革命、建立政权的工作"①。1928 年初春,闽西各县的阶级矛盾进一步激化,从 3 月初开始,闽西人民率先举起武装反抗国民党反动派的旗帜,先后发动了震撼八闽的龙岩后田、平和长乐、上杭蛟洋和永定等地的工农武装暴动。

闽西四大暴动,将农民运动推进到一个新的高潮。1928 年 3 月 4 日的后田暴动揭开了闽西暴动的序幕,中共龙岩县委提出明确的土地革命目标,在暴动当晚就召集群众大会,明令收缴地主的契约和枪支,"田契借约当场查明焚毁,宣布从此旧债不还,田租不交,田地由农民分配"②。但由于中共闽西党组织对土地革命毫无经验,并未对土地的没收和分配制定出具体的政策。同样,1928 年 3 月 8 日的平和暴动也提出了土地革命的目标,要"建立苏维埃政权,实行土地分配给农民"③。但由于敌我力量悬殊,加之"主观力量未能集中而扩大"④,不仅原定的目标无法实现,就连暴动后"进行拘捕附近各乡豪绅地主,没收其财产"的行动,也"因武装缺乏,所谋都不能如愿"⑤。而上杭的蛟洋暴动没有提出明确的土地革命目标,虽然群众斗争已到高潮,但"党没有领导群众杀土豪、分田地、深入土地革命"⑥。以上三次暴动都组织发动群众从日

① 蒋伯英著:《闽西革命根据地史》,福建人民出版社 2019 年版,第 46 页。

② 蒋伯英著:《闽西革命根据地史》,福建人民出版社 1987 年版,第 30 页。

③ 中共龙岩地委党史资料征集领导小组,龙岩地区行政公署文物管理委员会:《闽西革命史文献资料》(第 1 辑),1981 年,第 183 页。

④ 中共龙岩地委党史资料征集领导小组,龙岩地区行政公署文物管理委员会:《闽西革命史文献资料》(第 1 辑),1981 年,第 176 页。

⑤ 中共龙岩地委党史资料征集领导小组,龙岩地区行政公署文物管理委员会:《闽西革命史文献资料》(第 1 辑),1981 年,第 185 页。

⑥ 中共龙岩地委党史资料征集领导小组,龙岩地区行政公署文物管理委员会:《闽西革命史文献资料》(第 2 辑),1982 年,第 147 页。

常斗争发展到武装斗争,扩大了政治影响,但因主观条件不成熟,没实现土地革命的预期目标。

在闽西四大暴动中规模最大、影响最深远的是永定暴动。1928年6月29日,张鼎丞、阮山、熊振声、卢肇西等领导了以金砂乡为中心的全县大暴动,参战农军达数千人,在闽西南各县激起了剧烈震动。"龙岩上杭平和的农民,都继续响应……他们要决心杀尽反动派,实行土地革命,建设工农兵苏维埃政权。"①上杭县委决定响应,即派邓子恢前往永定,了解攻城情况并商量杭永协作。邓子恢根据"八七"会议精神和后田、蛟洋暴动的经验教训,建议永定县委停止围城,"赶快在乡下肃清反革命分子,立即进行土地革命,废租废债,没收地主财粮分给穷人"②。永定县委接受了这些建议,决定在暴动地区编制红军部队,进行土地革命,建立苏维埃政权。张鼎丞和邓子恢首先把参加暴动的各乡农民武装集中在金砂乡的金谷寺,统一编为三个连,组建一个红军营,张鼎丞任营长,邓子恢为党代表。这支福建第一支红军部队组建后,马上分头在溪南区各乡村逮捕反革命分子,收缴地主武装,实行赤色戒严,严密监视敌人活动。同时,发动群众没收地主粮食财物,分配给贫苦农民。

与此同时,中共福建临时省委对永定暴动极为关注,多次发来指示。1928年7月15日,根据省委7月9、10两日的指示精神,上杭、永定、平和、龙岩四个县各派两人前往金砂乡古木督村,在"崇德楼"召开会议,成立闽西特委和闽西暴动委员会。中共闽西特委成立后,立刻在割据的区域溪南各乡进一步发动群众,召开群众大会,选举人民委员,先后有13个乡成立苏维埃政府,并准备分配土地。溪南乡苏政权的建立,为区苏维埃政权的建立奠定了基础。是年9月中旬,永定县委领导召开了溪南区工农兵代表大会,成立了溪南区苏维埃政府,宣传党的政治主张和施政方针,并颁布《土地法》《劳动法》《肃反条例》《婚姻条例》等新法令。溪南区苏维埃政府的建立,标志着溪南地区武装割据局面的正式形成。这块红色区域是闽西人民在中国共产党的领导下创建的福建第一块红色区域,虽然范围不大,但极大地打击了反动势力,鼓舞了人民群众并指明了奋斗的目标。福建临时省委于7月25日致信闽西特委,要求在永定割据的基础上,继续扩大割据范围,即"以之为闽西的中心,向龙岩、上杭、平

① 蒋伯英著:《闽西革命根据地史》,福建人民出版社1987年版,第40页。

② 蒋伯英主编:《邓子恢闽西文稿(1956—1971)》,龙岩学院中央苏区研究院,2016年,第91页。

和发展,造成闽西的割据局面"①。溪南红军营和溪南区、乡级红色政权的建立,为随后开展的分田运动提供了坚强有力的组织领导,永定暴动揭开了创建闽西革命根据地的序幕。

随着红四军入闽,土地革命的浪潮再次波及闽西各县。至 1929 年 7 月前后,以上杭古田和龙岩大池、小池为中心区域的闽西革命根据地初步形成。②闽西各级红色政权相继建立,没收分配地主土地的任务基本完成,各地出现"分田分地真忙"的景象。

第二节　中央苏区时期闽西土地政策的演进

土地革命就是要打土豪、分田地,废除封建剥削与债务,满足广大农民对土地的要求。解决土地问题是苏区经济建设的首要条件。能否彻底解决农民的土地问题,关键在于能否制定和执行符合中国农村实际情况的土地革命政策。这一政策包括土地没收政策、土地分配政策以及土地分配后的所有权问题,在这方面,中共闽西党组织进行了艰苦曲折的探索,逐步形成了没收地主阶级土地的政策,创造了以乡为单位,以原耕为基础,按人口平均分配土地,实行抽多补少、抽肥补瘦的分配原则,最终确立了土地农有政策。

一、中央苏区时期闽西土地没收政策的变化

制定和执行没收政策是开展土地分配的前提。没收政策的实质是革命对象问题,涉及土地革命中"打击谁、团结谁、中立谁"的问题,其核心是确定没收的对象。

永定暴动后,中共闽西党组织就发动群众在溪南区开展分田运动。对如何开展没收和分配土地这项工作,中共闽西特委没有现成的经验可以借鉴。虽然党的八七会议通过的《最近农民斗争的决议案》中就提出"没收大地主及中地主

---

① 中共龙岩地委党史资料征集领导小组,龙岩地区行政公署文物管理委员会:《闽西革命史文献资料》(第 1 辑),1981 年,第 233 页。

② 蒋伯英著:《闽西革命根据地史》,福建人民出版社 1987 年版,第 66 页。

的土地,分这些土地给佃农和无土地的农民","没收一切所谓公产的祠族庙宇等土地,分给无土地的农民",但对这些原则性的内容,中央和省委都还没有具体的纲领和政策规定。根据1929年8月22日《中共闽西特委关于武装斗争党务工作的报告》内容:"对土豪劣绅去年是只(不)可分田地,今年则在不反动条例之下酌量分田,其自耕农之地主亦没全部没收,而留予生活必需物。"①也就是说,1928年溪南区分田时,"自耕农地主"即富农或部分富裕中农的土地都全部没收,只是"今年"(1929年)才改为"没全部没收"。可见,永定溪南分田试点在没收政策方面是实行"没收一切土地",包括自耕农的土地亦全部没收。

1929年1月中旬,毛泽东、朱德在率领红四军离开井冈山向赣南闽西进军途中,就依照党的六大指示,发布了十大政纲,明确提出要"没收一切地主阶级的田地,分给无地及少地的农民"。中共中央根据党的六大精神,1929年2月3日,就农民运动的策略问题发出中央通告第二十八号,指示"土地斗争的主要方式是没收地主阶级的土地而不是没收一切土地"。福建省委于1929年3月5日转发了中央通告第二十八号的内容。1929年6月,红四军三打龙岩胜利后,为了深入广泛发动群众,开展土地革命,巩固和发展闽西红色区域,颁发了由毛泽东、朱德、陈毅署名的《红军第四军司令部政治部布告》,其中规定:"收租二百担以上的大地主家里的谷子及大公会(义仓除外)的谷子,一概没收,分与贫民,不取价钱;收租二百担以下的小地主家里的谷子,须减价出粜,规定每担谷价照原价减半(但谷米商人从外境转运来的不在此列)。"②布告明确了没收的对象和标准,规定只没收大地主的土地,对于200担田租以下的小地主的谷子不予没收,只限制其谷价。

随着军事斗争的胜利,闽西的土地革命也有了发展。为了总结革命斗争的经验,中共闽西第一次代表大会于1929年7月在上杭蛟洋召开。毛泽东出席会议,提出"深入地进行土地革命"是巩固根据地的基本方针之一。会议认为要把"实行土地革命使闽西广大的贫苦农民得到土地"作为闽西斗争的"坚实基础"和"主要目标"。③ 在总结永定溪南区土地革命经验的基础上,会议通

---

① 中央档案馆,福建省档案馆:《福建革命历史文件汇集》(闽西特委文件1928—1936年),1984年,第104页。

② 许毅主编:《中央革命根据地财政经济史长编》(上),人民出版社1982年版,第236页。

③ 中共龙岩地委党史资料征集领导小组,龙岩地区行政公署文物管理委员会:《闽西革命史文献资料》(第2辑),1982年,第145页。

过了《中共闽西第一次代表大会关于土地问题决议案》,在具体的没收政策方面规定:"暴动推翻地主阶级政权后,须立刻没收一切地主、土豪及福会公堂等田地,不论典当卖绝一概没收,归农民代表会或农民协会分配";"自耕农田地不没收,但可(所)耕田地除自食外尚有多余,经当地多数农民要求,得县、区政府批准,得没收其多余的部分"。① 中共闽西一大的土地问题决议案体现了党的六大精神,提出只没收一切地主、土豪及福会公堂等的田地,自耕农的田地不没收。

但在土地没收的实际过程中,只没收地主阶级的土地、自耕农田地不没收的政策并未得到真正贯彻,出现实际与政策不相符的状态。当时的闽西"事实上没收一切土地,焚烧一切田契,无人敢出来反对,间或我们党提出纠正口号,群众便有些不满,这是因为闽西自耕农人数与田地均极少,中农、富农合占农民总数的20%,却占有土地总数的80%"。② 贫农占闽西人口的80%,但只拥有闽西土地的20%,"他们的土地不够自己耕种,占绝大多数的贫农,是赞成没收一切土地的"③。这是小农经济条件下,农民的平均主义思想在土地问题方面的表现。中共闽西党组织也认识到"在土地斗争初期,不宜提出没收一切土地的口号"④,否则会打击富农及侵犯部分中农的利益,认为分田时"没有注意到向一般群众解释打破农民的平均主义,同时予以共产主义之教育,这是个缺点"⑤。但是在严酷的战争环境下,为了争取广大贫雇农对革命的支持,面对群众要求平分一切土地的呼声和实际行动,1930年2月25日,中共闽西特委第二次扩大会议通过的《关于土地问题决议案》还是变更没收地主阶级土地的政策为"所有田地不论水田、旱田一律没收,归苏维埃政府处理,分配与农民使用"⑥。3月,

① 中共龙岩地委党史资料征集领导小组,龙岩地区行政公署文物管理委员会:《闽西革命史文献资料》(第2辑),1982年,第133页。

② 中共龙岩地委党史资料征集领导小组,龙岩地区行政公署文物管理委员会:《闽西革命史文献资料》(第2辑),1982年,第294页。

③ 中共龙岩地委党史资料征集领导小组,龙岩地区行政公署文物管理委员会:《闽西革命史文献资料》(第3辑),1982年,第147页。

④ 中共龙岩地委党史资料征集领导小组,龙岩地区行政公署文物管理委员会:《闽西革命史文献资料》(第2辑),1982年,第294页。

⑤ 中共龙岩地委党史资料征集领导小组,龙岩地区行政公署文物管理委员会:《闽西革命史文献资料》(第2辑),1982年,第294页。

⑥ 中共龙岩地委党史资料征集领导小组,龙岩地区行政公署文物管理委员会:《闽西革命史文献资料》(第3辑),1982年,第147页。

闽西第一次工农兵代表大会通过《土地法令》,将没收一切土地的政策法律化,同年 6 月,在长汀的南阳(今属上杭)召开了红四军前委与闽西特委联席会议(即南阳会议),会议提出:"毫无疑义,'没收地主阶级土地'和'废除高利贷'两个口号是不适当了",要在南方各省的任何时候、任何地方公开正面地提出"没收一切土地""废除一切债务"的口号。① 南阳会议再次强调了"没收一切土地"的主张,这说明党的干部还难以克服绝对平均主义的思想。可见,此时闽西苏区土地没收政策与党的六大精神相悖,退回到中共六大以前的"没收一切土地"的政策中去了。

党的六届四中全会和《土地法草案》精神传达至中央苏区后,闽西逐步从没收一切土地的政策改变为没收地主阶级和公共土地的政策。1931 年 1 月,在共产国际代表米夫的支持下,王明等人打着"国际路线"的旗号,在中共六届四中全会上占据了党中央的领导地位。他们照搬当时苏联消灭富农经济的做法,在土地问题上制定了极左的政策。1931 年 2 月,他们以中共中央的名义起草了《土地法草案》,明确提出:没收一切地主阶级土地,"被没收的旧土地所有者,无权取得任何份地";富农在被没收土地后,"可以分得一块较坏的劳动分地"。② 这个"地主不分田,富农分坏田"的过左政策,最早在闽西得到贯彻。闽西苏维埃政府认为"过去闽西的土地革命,是富农的而不是贫农、雇农的土地革命,就是说,利益落在富农、地主手里,穷人依然是没有得到多大利益"③。基于这种认识,闽粤赣特委首先在 1931 年 4 月 5 日作出《没收豪绅地主财产及收回其土地的决议》,并立即在驻地虎岗实行,几天之内没收了 43 家豪绅地主的财产房屋,"重新予以分配,同时把虎岗经验向全苏区推广,列为目前一切工作的中心"④。1931 年 4 月 16 日,在永定虎岗召开的闽西土地委员扩大会议上通过了一个决议案,认为"豪绅地主及一切反动家属,同样分田,是离开了土地革命的观点,向豪绅阶级'仁慈''妥协',失了土地革命

---

① 中共龙岩地委党史资料征集领导小组,龙岩地区行政公署文物管理委员会:《闽西革命史文献资料》(第 3 辑),1982 年,第 147 页。

② 孔永松,邱松庆编著:《闽粤赣边区财政经济简史》,厦门大学出版社 1988 年版,第 81 页。

③ 中共龙岩地委党史资料征集研究委员会,龙岩地区行政公署文物管理委员会:《闽西革命史文献资料》(第 5 辑),1984 年,第 144 页。

④ 蒋伯英著:《蒋伯英文存》,中国文史出版社 2016 年版,第 433 页。

的意义"①,提出:"一切军阀豪绅地主阶级祠堂庙宇教堂及反革命派的土地及
财产,无条件的一概没收(富农或半地主出租的田地亦没收)。过去分给地主
阶级土地者,应即收回,一切财产,亦即刻没收归公。"②同年 6 月,闽西苏维埃
政府颁布了《重新分配土地的条例》第十九号布告及《关于各乡重新分配土地
的条例》紧要通令两个文件,具体安排"豪绅地主及其家属的土地彻底清查没
收","富农的土地,同样没收(没收以后,其能劳动的,另分坏田给他)"的工
作。③ 其实,在 1931 年前,闽西苏区没收土地后按照人口平分的原则,"豪绅
地主与农民一样分田"④。当中央的"左"倾的土地政策在闽西苏区贯彻后,没
收政策的改变实际上是没收已分配给地主、富农的土地,剥夺"地主的家属和
封建制度的附属品,如道士、和尚、尼姑等人中间的剥削分子"⑤已分得的土
地,他们"没有分得土地的权利,但允许他们租用土地"⑥。据此,闽西苏区开
始新一轮没收地主和富农土地的行动。

1931 年 11 月,在瑞金召开第一次全国代表大会,通过了《中华苏维埃共
和国土地法》,把地主不分田,富农分坏田的"左"倾政策用法律固定下来,强令
各地推行,"如不合本法令原则者,则需重新分配"⑦。在这种思想指导下,苏
区逐步掀起了查田运动。1932 年 2 月 8 日,中共苏区中央局指示"必须完成
查田运动,彻底解决土地问题"。⑧ 据此,福建省苏维埃政府于 1932 年 7 月颁

---

① 中共龙岩地委党史资料征集研究委员会,龙岩地区行政公署文物管理委员会:《闽
西革命史文献资料》(第 5 辑),1984 年,第 169 页。

② 中共龙岩地委党史资料征集研究委员会,龙岩地区行政公署文物管理委员会:《闽
西革命史文献资料》(第 5 辑),1984 年,第 169 页。

③ 中共龙岩地委党史资料征集研究委员会,龙岩地区行政公署文物管理委员会:《闽
西革命史文献资料》(第 6 辑),1985 年,第 108 页。

④ 中共龙岩地委党史资料征集研究委员会,龙岩地区行政公署文物管理委员会:《闽
西革命史文献资料》(第 6 辑),1985 年,第 108 页。

⑤ 中共中央文献研究室,中央档案馆编:《建党以来重要文献选编(1921—1949)》
(8),中央文献出版社 2011 年版,第 372 页。

⑥ 中共中央文献研究室,中央档案馆编:《建党以来重要文献选编(1921—1949)》
(8),中央文献出版社 2011 年版,第 372 页。

⑦ 许毅主编:《中央革命根据地财政经济史长编》(上),人民出版社 1982 年版,第 311 页。

⑧ 中共中央文献研究室,中央档案馆编:《建党以来重要文献选编(1921—1949)》
(9),中央文献出版社 2011 年版,第 87 页。

发了《检查土地条例》,提出"现在马上全闽西来举行一个检查土地的运动"。[①]
条例规定:一切地主家属所分得的土地以及房屋、财产、用具,"一概彻底检查
出来没收",富农多分的土地与好地及"多余的耕牛、农具、房产、菜园、粪缸都
要检查出来没收",商人及宗教职业者过去分的田地也"应检查收回"。在闽
西,三亩五亩小地主的土地财产被没收,用于劳动生产的猪牛羊等也接二连三
地被没收……富农分坏田以后,"富农经过耕种、施肥,把坏田改造成为好田
了,又把改良好了的田收回来,再分给他坏田"。例如:"上杭、白砂、官洋乡富
农温五满子,原分坏田,经过一年的耕作,禾苗长得好,有的就反映:'这样好的
田分给他?'于是又将其田撤回。"[②]对富农反复没收、过重打击,致使富农不敢
也不愿意去改造土地发展生产,更影响其他农民的生产积极性。1933 年 6 月
初,中央苏区的查田运动全面发动,6 月 2 日,中共中央局作出《关于查田运动
的决议》,强调要"彻底解决"中央苏区的"土地问题",要"没收地主的一切土
地""收回富农的好田"。查田运动的目标就是"不让一个地主分到土地,不让
一个富农分到好田"[③]。这些规定"断绝了地主的生计,过分地打击了富农以
至一部分可以争取的中间势力。因而严重脱离了群众"[④]。直到 1934 年 10
月,这种违背苏区实际的"左"倾土地没收政策才被迫放弃。

二、中央苏区时期闽西土地分配政策的不断完善

土地没收是土地分配的前提,只有完成这两个顺时任务,才能达到摧毁封
建地主土地所有制的目标。制定怎样的土地分配政策,表明了中国共产党对
中国农村社会经济现状的认识和对农民的态度。中央苏区时期,中国共产党
人不断实践,努力探索符合苏区农村状况和农民意愿的土地分配政策。永定暴
动后,中共闽西临时特委宣传部部长邓子恢和永定暴动总指挥张鼎丞等,就在

---

①　江西省档案馆,中共江西省委党校党史教研室:《中央革命根据地史料选编》(下),
江西人民出版社 1982 年版,第 474 页。

②　许毅主编:《中央革命根据地财政经济史长编》(上),人民出版社 1982 年版,第
318 页。

③　《第二个查田运动大会,贫农团代表大会开幕了》,载《红色中华》1933 年 6 月 29
日,第 89 期。

④　蒋伯英著:《闽西革命根据地史》,福建人民出版社 1987 年版,第 270 页。

成立区苏维埃政府的永定县溪南区进行分田试点。随着土地革命实践的发展，中共闽西党组织在总结溪南分田经验的基础上，以农民群众的利益为根本出发点，不断完善土地分配政策，创造了以乡为单位，以原耕为基础，抽多补少，抽肥补瘦，按人口平均分配土地的办法。土地分配政策包括分配对象、分配标准、分配原则及分配区域等，也就是解决没收来的土地该分配给谁，怎么分配的问题。

（一）分配对象

确定分配对象是确定谁可以分得土地、谁不能分到土地，这是土地革命中"团结谁，打击谁"的具体体现。闽西苏区在土地分配中经历了三个阶段：1928年永定溪南分田试点是"地主不分田，没收的土地只分配给农民"；1929年7月中共闽西一大到1931年前是"地主富农和雇农贫农一样分田"；1931年到1934年，实行"地主不分田，富农分坏田"的政策。

1928年永定暴动后，首先在溪南区实现工农武装割据，建立了苏维埃政权，张鼎丞、邓子恢等人领导农民开展分田分地的运动，开启了闽西土地革命的第一幕。关于永定溪南区分田政策，目前没有完整的文献记载。1929年8月22日，中共闽西特委向福建省委作《中共闽西特委关于武装斗争党务工作的报告》，指出："对土豪劣绅去年是不可分地，今年则在不反动条例之下酌量分田。"①这是闽西特委比较了一年前溪南分田办法与当年中共闽西一大制定的土地政策的分田情形，所得出的经验。溪南分田的政策是没收来的土地只分配给农民，地主不给田地。

从1929年7月到1930年底，闽西苏区的土地分配政策是"豪绅地主与农民一样分田"②。中共闽西一大在毛泽东同志的亲自指导下通过了《关于土地问题决议案》，制定了正确的土地分配政策，地主富农和雇农贫农一样分田。决议案提出：将没收的土地分配给无地或少地的贫苦农民、现役红军官兵夫以及从事革命工作者；乡村中工商学各业生活不够者，得酌量分与田地；不反动的地主及其家属无他种方法维持生活者亦酌量分田。③　1930年3月，闽西第

① 中央档案馆、福建省档案馆：《福建革命历史文件汇集》（1926—1936年），1984年，第104页。

② 中共龙岩地委党史资料征集研究委员会，龙岩地区行政公署文物管理委员会：《闽西革命史文献资料》（第6辑），1985年，第108页。

③ 中共龙岩地委党史资料征集领导小组，龙岩地区行政公署文物管理委员会：《闽西革命史文献资料》（第2辑），1982年，第133～134页。

一次工农兵代表大会通过《土地法令》，将中共闽西一大决议案内容法律化。法令特别指出"反革命者其本身及家属不分田，但已觉悟归来有事实表现经代表会认许者不在此列"。苏区政府酌情分与地主田地，在生活上给予出路，这对发展生产、稳定苏区的社会秩序，都具有积极的作用。

1931 年至 1934 年，王明"左"倾错误在中央苏区全面贯彻，实行"地主不分田，富农分坏田"的政策。也就是"地主无权分得任何份地"，富农可以分得"较坏的份地"。根据中央的精神，闽西苏维埃政府于 1931 年 4 月召开了土地委员扩大会议，在通过的《闽西土地委员会扩大会议决议案》中指出"豪绅地主及一切反动家属，同样分田给他，是离开了土地革命观点"，指出今后要贯彻"把好的田地分给雇农贫农中农"①，富农分坏田，豪绅地主及一切军阀、官僚及其家属不分田的原则。这一"左"的土地政策，扩大了打击面，增加了革命的阻力。

（二）分配标准

确定了土地分配对象后，按什么标准分配？闽西苏区对此曾有争论，一种观点认为，按劳动力分配有利于发展生产，"可以奖励劳动，改良生产，增加生产量"②。另一种观点认为，按人口平分会"失掉鼓励劳动、奖励生产的意义……但能得到更广大的群众的拥护"③。闽西苏区根据当时革命实践的需要采用不同的分配标准。

1.按人口平均分配土地

永定溪南分田试点当时采用的是按照劳动力分配的标准，但这种分配方法操作起来比较烦琐。1929 年 8 月，闽西特委向福建省委作的闽西工作报告中指出："去年分田照年岁分配使分田手续麻烦得多。"④1929 年 7 月，闽西苏区党在总结暴动后闽西土地斗争的基础上，在中共闽西一大会议上通过了《土

---

① 中共龙岩地委党史资料征集研究委员会，龙岩地区行政公署文物管理委员会：《闽西革命史文献资料》（第 5 辑），1984 年，第 170 页。

② 中共龙岩地委党史资料征集领导小组，龙岩地区行政公署文物管理委员会：《闽西革命史文献资料》（第 3 辑），1982 年，第 83 页。

③ 中共龙岩地委党史资料征集领导小组，龙岩地区行政公署文物管理委员会：《闽西革命史文献资料》（第 3 辑），1982 年，第 83 页。

④ 中央档案馆，福建省档案馆：《福建革命历史文件汇集》（1926—1936 年），1984 年，第 104 页。

地问题决议案》,决议案明确了分田的数量标准:"(1)为使农民迅速得到田地起见,应照乡村人口数目,男女老幼平均分配。(2)在有特别情形地方,得以劳动力为单位(为标准),能劳动者比不能劳动者多分一倍(十四岁至六十岁能耕种者为一劳动单位),但须农民代表会议请求得县政府批准。"①在这两种分配办法中,闽西苏区的群众更倾向于按人口平均分配,按劳动力分配办法"在各地群众大会中,90%以上的群众不接受"②。虽然这种"失掉鼓励劳动,奖励生产的意义"的按人口平均分配方式"有一些要不得",但它却是"百分之九十以上的群众要求"③。

1930年2月,中共闽西第二次特委扩大会议通过了《中共闽西特委关于土地问题决议案》,明确田地之分配"照人口平均分配"。当时,闽西规定只有"乡村中工商学各业能够生活者不分田"、"旅外不在家乡者不分田"④(但现役红军人员及从事革命工作者除外),以及反革命者不分配土地,对于不从事反革命活动的在乡地主"酌量分与田地"给其生活出路。这种分配方式涵盖了农村中绝大多数的分配对象,兼顾了农村中各阶级、阶层的利益,是较妥当的。1930年3月的闽西第一次工农兵代表大会通过的《土地法令》和1930年9月闽西第二次工农兵代表大会颁布的《修正土地法令决议案》再次强调按人口平均分配土地。

按人口平均分配土地的意义,一是"当着斗争激烈的时候,只有按人口平分土地才能争取广大贫苦群众"⑤。二是按人口平分土地,可以发动大规模人力,从而促进生产的发展。"闽西农民既得了田,且是平均分配,每人都得一份,便把从前那种怠工现象完全除去,他们愿意深耕了。"土地按人口平均分配,调动了农民耕种土地的积极性,"就发展生产来说也是按人口平均分较按

----

① 中共龙岩地委党史资料征集领导小组,龙岩地区行政公署文物管理委员会:《闽西革命史文献资料》(第2辑),1982年,第134页。

② 中共龙岩地委党史资料征集领导小组,龙岩地区行政公署文物管理委员会:《闽西革命史文献资料》(第3辑),1982年,第83页。

③ 中共龙岩地委党史资料征集领导小组,龙岩地区行政公署文物管理委员会:《闽西革命史文献资料》(第3辑),1982年,第83页。

④ 中共龙岩地委党史资料征集领导小组,龙岩地区行政公署文物管理委员会:《闽西革命史文献资料》(第3辑),1982年,第103页。

⑤ 中共龙岩地委党史资料征集领导小组,龙岩地区行政公署文物管理委员会:《闽西革命史文献资料》(第3辑),1982年,第333页。

劳力差别分为有利"。① 按人口平均分配土地,符合当时中国农村的实际情况。

　　闽西地处偏远山区,交通不便,经济文化落后,农业生产以分散经营的小农经济为主,"无论佃田耕种或耕种自己的田地,都是分割成极小的经济单位,由几百万农民群众用犁耙耕种"②。中央苏区这种分散的地方性的土地分配方式是由当时的苏区农村的社会生产力水平决定的。由于自然经济占主导地位的小农经济形态的存在,当时的农民普遍存在平均主义思想,导致在土地分配问题上必然主张按人口平均分配,而对按劳动力平分的办法反感。③ 按劳动力标准分田就会出现"凡孤、寡、老、幼、小脚妇女及一切不能耕田的人,均不够食"的现象,如,上杭县才溪乡暴动时,"上才溪男子仅占劳动力总数的11%,下才溪男子也仅占劳动力总数的35%"④。同时,"富农把耕具、肥料、种子、牛力都算作劳动力,只有富农最有劳动力,最有发展生产的条件"。这样,势必会造成富农比贫农多分得田地。按劳动力分田,忽视了近75%的绝大多数人的利益,与土地改革目标相违背。而按人口平均分配土地的政策,满足了绝大多数农民群众要求土地的愿望,赢得了农民的支持与信任。

　　2.以劳动力为主,以人口为辅的混合分田标准

　　由于"左"倾干扰和破坏,正确的按人口平均分配土地的政策发生转向。1930年9月,党的六届三中全会纠正了李立三"左"倾冒险主义错误,在土地政策方面开始认识到过去关于土地国有和禁止土地买卖的不正确,也指出了关于富农政策方面的"左"倾错误,⑤反对针对富农的过重打击(如杀死富农),但又提出"反对富农的斗争是一定要加深"⑥。1931年2月8日,中共苏区中央局发布通告第九号《土地革命与反富农策略》,贯彻了六届三中全会及中央

---

　　① 中共龙岩地委党史资料征集领导小组,龙岩地区行政公署文物管理委员会:《闽西革命史文献资料》(第3辑),1982年,第334页。

　　② 中共江西省委党史研究室等编:《中央革命根据地历史资料文库:军事系统》(9),中央文献出版社,江西人民出版社2015年版,第541页。

　　③ 中共龙岩地委党史资料征集领导小组,龙岩地区行政公署文物管理委员会:《闽西革命史文献资料》(第2辑),1982年,第293页。

　　④ 《毛泽东农村调查文集》,人民出版社1982年版,第342页。

　　⑤ 蒋伯英著:《蒋伯英文存》,中国文史出版社2016年版,第433页。

　　⑥ 中共中央文献研究室,中央档案馆编:《建党以来重要文献选编(1921—1949)》(7),中央文献出版社2011年版,第533页。

的精神,认为"以人口作标准来分配土地"的政策是"非阶级的立场,因为不分贫富老幼一样地平分土地,完全使阶级意识模糊,妨碍农村中阶级斗争的发展"①。苏区依照原来以人口分配土地的结果,还是富农多得土地,因此这一政策是"不妥当的"。因此,"三中全会及中央为纠正这一错误,特决定分土地以劳动力为标准(男女自 14 岁至 50 岁为一个劳动力单位),以人口为辅助"。要求中央苏区各地党部"应坚决执行三中全会和中央的新决定"②。但苏区各地在执行这一政策过程中发现存在诸多问题:"土地少的地方以劳动力为标准分配,许多人家不够吃";以劳动力人口为标准分配比按人口平均分配复杂难算,并且"富农可以从中作弊,以延缓土地分配";根据当时农村破产的情形,"贫农家庭不一定是人口少,富农家庭也有劳动力多的"③。因此,许多地方并未真正地执行这一政策。1931 年 4 月,苏区中央局第一次扩大会议反对"以劳动力为主,人口为辅"的分配方式,坚持按人口平分土地的正确政策。但也"有地主不分田"的错误政策,对地主的家属和封建制度的附属品,如道士、和尚、尼姑等在原则上不分配土地,只允许他们租用土地。

　　苏区中央局第一次扩大会议后,王明路线的《土地法草案》已传达到中央苏区。这个土地法规定地主不分田,富农分坏田,土地要打乱平分,"可按照家庭有劳动能力者之多寡,或同时又按人口之多寡的混合原则,进行分配"④。要求所有苏区,不分步骤,一律强制执行。当时中央苏区局打算召开全体中央局会议,来讨论这一土地法令,以"改变过去解决土地问题的路线",因为"到了前方因为军事紧张……所以对这一问题又未能讨论"⑤。但是这个草案首先在闽西贯彻执行。1931 年 6 月,闽西苏维埃政府颁发了第十九号布告《重新分配土地的条例》,指出:"我们过去分田,犯了许多错误,单纯的按人口平均分

---

　　①　中共江西省委党史研究室等编:《中央革命根据地历史资料文库:党的系统》(2),中央文献出版社,江西人民出版社 2011 年版,第 1389 页。

　　②　中共江西省委党史研究室等编:《中央革命根据地历史资料文库:党的系统》(2),中央文献出版社,江西人民出版社 2011 年版,第 1390 页。

　　③　江西省档案馆,中共江西省委党校党史教研室:《中央革命根据地史料选编》(上),江西人民出版社 1982 年版,第 379~380 页。

　　④　许毅主编:《中央革命根据地财政经济史长编》(上),人民出版社 1982 年版,第 297 页。

　　⑤　江西省档案馆,中共江西省委党校党史教研室:《中央革命根据地史料选编》(上),江西人民出版社 1982 年版,第 379~380 页。

配,富农人多,占了便宜;豪绅地主与农民一样分田,没有彻底消灭封建势力。"①要求闽西各地将所没收的土地,连同农民自己所有的一切土地,"依照劳动力及人口","马上重新分配"。提出了分田的标准:"(一)贫农雇农与中农,分三等分配:1.一岁至十岁及六十一岁以上分三分之一;2.十一岁至十五岁分三分之二;3.十六岁至六十岁分足成(即三分之三);4.六十一岁以上,劳动力强大者,可酌量增加;(二)富农一岁至十五岁及六十一岁以上者不分土地,十六岁至六十岁分足成,富农应分坏田(山田、少水、远田)。"②同月,闽西苏维埃政府颁布紧急要令《关于各乡重新分配土地的条例》,要求各乡参照执行条例精神,于1931年7月15日前将土地重新分配清楚。至此,闽西苏区的土地分配政策由原来的按人口平均分配转变成地主不分田,富农分坏田,贫农、雇农和中农以劳动力为主、以人口为辅的混合分田标准。

　　3.中农贫农雇农按照人口,富农按照劳动力的混合土地分配标准

　　1931年8月21日,苏区中央局根据中共中央下达的国际指示和中央起草的土地法草案,作了《关于土地问题决议案》。决议案依然是贯彻"地主不分田,富农分坏田"的过左政策,但它能从当时中国农村人口多、土地缺乏的客观事实和广大贫苦农民的意愿出发,充分肯定了"以人口为标准来分配土地是正确的",认为"以劳动力为标准或以人口与劳动力混合为标准,是不适当的"。③这个决议案颁布不久,中共中央于9月1日给苏区中央局发出指示信,强令中央苏区全面贯彻《土地法草案》。1931年11月,中央颁布了《中华苏维埃共和国土地法》,是"左"倾的《土地法草案》的法律化,这部法律与《土地法草案》基本相同,但对个别条文也做些修改,关于土地分配的标准问题,除了"按照家庭有劳动能力者之多寡,同时又按人口之多寡,即混合原则进行分配"外,又增加了"或以中农贫农雇农,按照人口平均分配,富农以劳动力分配"④的规定。做

---

　　①　中共龙岩地委党史资料征集研究委员会,龙岩地区行政公署文物管理委员会:《闽西革命史文献资料》(第6辑),1985年,第108页。

　　②　许毅主编:《中央革命根据地财政经济史长编》(上),人民出版社1982年版,第300页。

　　③　中共中央文献研究室,中央档案馆编:《建党以来重要文献选编(1921—1949)》(8),中央文献出版社2011年版,第525页。

　　④　许毅主编:《中央革命根据地财政经济史长编》(上),人民出版社1982年版,第311页。

这一修改,是因为在执行"以劳动力为主,以人口为辅"的混合标准重新分配土地时,严重侵犯了中农乃至贫农的利益。在闽西苏区劳苦群众反对以劳动力为标准分配土地。"对贫农、雇农和中农依照年岁分三等分配土地的决定与执行过于机械,以致一小部分小孩和年老者多的贫农和中农,不大满意。"①他们认为"以年岁大小去规定劳动力分配,以致一家老小多的人,少分了些土地。因此少分了土地的群众迫切要求按人口平均分配,而雇农也多赞成并提议苏维埃解决"②。

到1932年,闽西各地将前一轮土地分配中存在的问题,提交代表会议讨论,决定进行重新分配。如上杭才溪根据"各乡雇农工会、工会、贫农团和少先队儿童团及乡苏政府的提议,和多数群众对重新平均分配土地的要求"③,于1932年9月9日召开了才溪区苏主席团扩大会议,通过了《关于土地问题决议案》,明确了"这一次重分配不是向豪绅地主、富农去争取利益,而是向劳力多而多分得一些土地的雇农贫农中农去争利益"④。会议要求土地委员会首先要"统计全乡或全村的土地多少(红军公田除外)",根据土地数量"按照全乡人口(雇贫中农)平均分配","田好坏要均匀",而富农则是"以有劳动力的得分坏田"⑤。可见,这一时期闽西苏区的土地分配标准执行的是贫农、雇农和中农按人口平均分配,富农按劳动力标准分坏田,当然地主是不分田的。

中央苏区时期,土地分配标准的变化是源于中央苏区土地没收政策的变化。没收已分配给地主、富农的土地,必然会改变原来实行的按人口而不论阶级的分配政策。闽西苏区的土地分配政策调整变化,一方面是遵照中央的土地没收政策和分配政策;另一方面,在贯彻中央精神的同时,能从闽西苏区的实际情况出发,做出符合农民群众利益的分配方案。

(三)分配原则

平分土地,既是数量上的平分,也包含着质量上的均等,既包括土地量与质的平均,也涉及土地上青苗的归属问题。中央苏区时期,闽西在土地革命的

---

① 许毅主编:《中央革命根据地财政经济史长编》(上),人民出版社1982年版,第313页。
② 古田会议纪念馆编:《闽西革命史文献资料》(第7辑),2006年,第336页。
③ 古田会议纪念馆编:《闽西革命史文献资料》(第7辑),2006年,第336页。
④ 古田会议纪念馆编:《闽西革命史文献资料》(第7辑),2006年,第337页。
⑤ 古田会议纪念馆编:《闽西革命史文献资料》(第7辑),2006年,第337页。

实践中,逐步摸索出以原耕为基础、抽多补少、抽肥补瘦的平分原则。同时确立了由"田中谷子归原耕种农民收获"到"何时分田何时得禾"转变的分青原则。

1."抽多补少"和"抽肥补瘦"原则的确立

最早提出"抽多补少"的土地分配办法的是闽西特委。永定暴动后,中共福建临时省委指示中共闽西党组织在永定成立中共闽西特别委员会。中共闽西特委成立后,根据省委的指示,发动群众成立了溪南区苏维埃政府,并准备分配土地。闽西特委的邓子恢和张鼎丞等同志积极依靠群众的创造性,深入调查研究,提出的分田办法是"各人原耕土地抽多补少,不要打乱平分"。[①] 而"抽多补少"原则正式出现在文件中,是在 1929 年 7 月中共闽西一大制定的《关于土地问题决议案》中,决议案规定:"分田时以抽多补少为原则,不可重新瓜分妄想平均以烦手续。"[②]闽西特委实施抽多补少的原则,在极短的时间内就完成了上百万亩土地的分配工作,调动了广大农民群众的积极性。但这种分配原则侧重的是土地数量上的平分,在实际分田中其不足之处就显现出来,拥有大量肥田的地主、富农隐瞒好田,只是将瘦田脊土抽出去,广大贫农虽然按人口平分了土地,但土地的质量差,仍觉得不满。"过去田地之分配……没有做到抽肥补瘦的办法,贫农雇农所领田地都是山田或瘦田,生产异常之低。"因此,"农民虽领了田地,却很难耕种,……遂使有些田地荒芜"[③]。中共闽西一大未曾提出"抽肥补瘦"这一限制富农的政策,即未解决土地平分过程中的质量均等问题。但在此后不久的实践中,这一问题逐渐被毛泽东、邓子恢等人所认识和解决。

在闽西苏区,邓子恢在斗争实践中意识到贫农对土地肥瘦不均的强烈不满,他把从群众那里听取的合理意见与建议作了总结,并体现在 1930 年 2 月 25 日中共闽西特委第二次扩大会议通过的《关于土地问题决议案》中,决议案对"抽多补少"作了补充规定,即"分田方法以抽多补少为原则,抽出之田以肥瘦均匀为度,好田多者抽好田,坏田多者抽坏田"[④]。这一规定提出在"抽多补

---

①　蒋伯英著:《闽西革命根据地史》,福建人民出版社 1987 年版,第 43 页。

②　许毅主编:《中央革命根据地财政经济史长编》(上),人民出版社 1982 年版,第 246 页。

③　许毅主编:《中央革命根据地财政经济史长编》(上),人民出版社 1982 年版,第 128 页。

④　中共龙岩地委党史资料征集领导小组,龙岩地区行政公署文物管理委员会:《闽西革命史文献资料》(第 3 辑),1982 年,第 103 页。

少"的原则之上补充以"肥瘠均匀为度"这一新的内容,明确了"抽出之田"的质量平均,但还未解决"补入之田"的质量平均问题。1930 年 5 月,毛泽东在寻乌县做农村调查时也发现,"群众中成为问题的,就是一个肥瘦分配的斗争"。他在《寻乌调查》中指出:各乡在平分土地过程中是"照每人应得的数目实行抽多补少,确定每家田地的区划"。但由于土地肥瘦不均,"抽多的不愿抽肥,补少的不愿接瘦""这种踏验、抽补工作较为麻烦,斗争亦多在其中",这种斗争实际上是农民对地主富农的斗争,"要调配妥当,故需要相当时间"[①]。上述情况表明,1930 年上半年,毛泽东和邓子恢等同志分别在斗争实践中通过调查研究发现"抽多补少"这一分田原则的不足之处,提出并着手解决这一问题。根据邓子恢、张鼎丞后来回忆:"当时发现一般地区都实行了土地改革,没收了地主的土地财产,取消了地租债务,富农的多余土地也拿出来平均分配了。但比较普遍的缺点,是在分田时只是'抽多补少',而没有注意'抽肥补瘦',因此地主富农所留土地虽然在数量上与雇贫农相等,但质量上则比雇农好得多,这样对占农村人口大多数的雇贫农基本群众当然不利,他们的情绪也就受到影响。我们发觉了这个缺点,便于五六月间提出'抽肥补瘦'的口号,重新调整土地。这个口号立刻得到了广大雇贫农的拥护,而变成了他们实际行动,从而加强了党在农村中的阶级基础,同时也就削弱了富农经济及其在农村的影响作用。"[②]

毛泽东在寻乌完成农村调查后,于 1930 年 5 月下旬率红四军再度入闽。1930 年 6 月,毛泽东在上杭南阳主持召开红四军前委与闽西特委联席会议(南阳会议),会上闽西特委书记邓子恢介绍了闽西在土地分配中的经验做法,即在抽多补少的基础上实行抽肥补瘦,毛泽东结合自己在寻乌的亲身实践,盛赞"闽西土地解决办法最好"。在毛泽东同志的亲自指导下,南阳会议通过了《富农问题决议案》。该决议案指出:"平分土地,若单只按'抽多补少'执行,如闽西去年的经验,并在文件上写着'不得妄想平均',那么富农得了护符,把瘦田让人,自己把持肥田,贫农就不大满意,不但闽西,各地亦大都发生这种现象。这是土地斗争中一种实际的重要斗争,我们不应忽略。应该于'抽多补少'之外,还加'抽肥补瘦'一个原则,并在文件上将'不得妄想平均'改为'不得

---

① 《毛泽东农村调查文集》,人民出版社 1982 年版,第 171 页。

② 蒋伯英著:《闽西革命根据地史》,福建人民出版社 1987 年版,第 43 页。

把持肥田’。"①南阳会议正式提出分配土地应于"抽多补少"之外加上"抽肥补瘦"的原则。可见,"抽肥补瘦"是针对农村中土地分配质量不均、富农独霸肥田这一问题而提出的,这一原则的确立进一步丰富和完善了党的土地政策。

为贯彻落实土地分配中的"抽肥补瘦"原则,1930 年 9 月闽西第二次工农兵代表大会通过《修正土地法令决议案》,增补"再分田问题"一章,指出以前分田"只做到抽多补少,绝少做到抽肥补瘦的;有些地方富农田地以多报少,抽与贫农的以少计多。因此富农与贫农分得田地相差很多。这是很不公道的。所以再分田成了当前急务"。决议案特制定如下办法:"(一)凡群众多数赞成再分田的地方,即须重新分配田地;(二)未分以前,要查实短报田亩,以多报少者,处分;(三)分田时要做到抽肥补瘦,好坏搭半,其原系好坏搭半者不必抽补。"②同月,闽西苏维埃政府发布《关于重新分田问题》的第二号布告,号召"全闽西广大贫农群众起来实行抽肥补瘦,好坏搭半的重新分配土地。如有从中作梗霸占肥田不照决议重新分配或匿报田地者,当予以严厉之纪律制裁"③。随后,闽西苏区开始进行第二次土地分配,在抽多补少的基础上,按抽肥补瘦的原则重新查实,分配土地。

抽多补少、抽肥补瘦分配原则的确立,是中央苏区在土地分配政策上的重要发展,它比较全面、彻底地解决了土地分配过程中的肥瘦不均问题。1931 年 4 月,苏区中央局第一次扩大会议发布决议,承认了以毛泽东为书记的前委所制定的土地政策的正确,认为"关于土地问题,确定以人口平分,在没有平均分配好的地方要立刻执行抽多补少,抽肥补瘦,已经分配好了的地方,就要肯定土地私有,不得动摇再分"。决议肯定了"抽多补少"和"抽肥补瘦"是土地分配过程中应当遵循的正确原则。但到了 1931 年 8 月,苏区中央局态度又发生了变化。苏区中央局根据中共中央下达的国际指示和中央起草的土地法草案,全面贯彻"地主不分田,富农分坏田"的过左政策,发布《关于土地问题决议案》,对"抽多补少,抽肥补瘦"的原则进行非难。决议案一方面肯定了"在江西

① 中共龙岩地委党史资料征集领导小组,龙岩地区行政公署文物管理委员会:《闽西革命史文献资料》(第 3 辑),1982 年,第 335~336 页。

② 中共龙岩地委党史资料征集研究委员会,龙岩地区行政公署文物管理委员会:《闽西革命史文献资料》(第 4 辑),1983 年,第 188 页。

③ 中央档案馆,福建省档案馆:《福建革命历史文件汇集》(苏维埃政府文件 1930 年),1985 年,第 238 页。

闽西等地的苏维埃区域中,是实行了平均分配一切土地,执行了'抽多补少''抽肥补瘦',这是土地革命中的一个成绩"①。另一方面又认为"这种分配土地的原则,是不正确的,是非阶级的","因为在分配土地时地主及其家属仍旧分得土地,并且时常保留其原有土地的一部分,富农的土地没有没收,所分得的土地是与贫农中农同样多同样好,并且时常偷取较好的土地"。② 苏区中央局认为这种分田的结果"不能使贫农中农取得土地革命的最大利益,模糊了土地革命的阶级意义"③,与"地主不分田,富农分坏田"的政策相违背,必须改变。1931 年 11 月 10 日,中央又发出了《为土地问题致中央苏区中央局的信》,信中再次重申"地主不分田,富农分坏田"这一断绝地主生活出路和消灭富农经济的政策,强调"贫雇农分好田,主张中农和贫雇农区别对待",指责"'抽多补少''抽肥补瘦'分配原则是'富农路线',按人口平分土地是'非阶级路线'"④。此后,中央苏区各地执行中共中央的土地分配政策,抽多补少、抽肥补瘦的适用范围就限定在贫农雇农及中农,而富农分坏田,地主没有分田的资格。这种政策一直持续到中央红军撤出苏区。

2.分青原则:由"田中谷子归原耕种农民收获"到"何时分田何时得禾"的转变

土地分配不仅有数量上多少、土地肥瘦的问题,还涉及土地上的农作物的归属问题,即分青问题。分青就是分配没有成熟的庄稼,它牵涉原田主、耕田者和分得该土地者三方的利益,这是土地分配中必须解决的问题。在已耕种完毕的情况下进行土地分配,必然涉及土地上的青苗归属问题。尽管实施以原耕为基础的分田办法,但并非所有人的所分之田就是所耕之田,因此分青苗也成为重要的利益分配问题。

闽西苏区在分青问题上,最初规定的是青苗归原耕种的农民收获。1929

<hr />

① 许毅主编:《中央革命根据地财政经济史长编》(上),人民出版社 1982 年版,第302 页。

② 许毅主编:《中央革命根据地财政经济史长编》(上),人民出版社 1982 年版,第302 页。

③ 许毅主编:《中央革命根据地财政经济史长编》(上),人民出版社 1982 年版,第302 页。

④ 许毅主编:《中央革命根据地财政经济史长编》(上),人民出版社 1982 年版,第302 页。

年 7 月,中共闽西一大制定的《政治决议案》就规定"在下种之后第一道的禾只归原种农民收获,分配的效力从第二道发生"①。而同时通过的《关于土地问题决议案》再次强调了"田中谷子归原耕种农民收获……自己不种田而乱割别人禾稻者要办"②。1930 年 3 月,闽西第一次工农兵代表大会通过的《土地法令》仍坚持上述原则,"其既种下之农产物仍准其收获","田地被收回以前仍须耕作,其所做工作由新领者津贴"。③ 从以上规定可以看出,"土地分配在下种之后,本届的生产归原耕人收获",这种分田不分谷的政策是有利于富农不利于贫农的,因为分出来的田,多半是从田地较多的富农手里拿来的。因此,广大贫农极为不满意。"依这种政策在每年收一次的地方,贫农及失业群众名曰分了田,实际要等到明年秋禾才第一次收得谷子,每年收两次的地方也要下一次才收得谷子。"④青苗不分的政策未能迅速解决农民的吃饭问题,分得田的贫农仍然陷入眼前没有饭吃的窘境。同时,得田者还要"津贴耕种者所费工本",即分到田地的农民以补肥本的形式向分出土地的富农支付补偿。所以,分青问题成为分田后贫农与富农斗争的又一焦点。

1930 年 6 月,红四军前委、闽西特委联席会议通过《富农问题决议案》,决议案在总结过去分青经验的基础上,提出"何时分田何时得禾"的分青原则,"应该何时分田,即由分了的人得到田里的收获,富农虽不满意,却取得了贫农及失业群众的拥护"。同时认为,"向富农偿价然后得禾,亦是站在富农利益方面的办法,依据贫农的需要连价也无须偿他,因为贫农无钱付价"⑤。1930 年2 月,中共闽西特委第二次代表大会通过的《土地问题决议案》在检阅过去土地策略这一部分内容中指出:"分田后,田禾不归分田者所有,而归原耕种农民收获,或由分田人补以相当工资,这是保护富农、造成新富农的富农路线",认

① 中共龙岩地委党史资料征集领导小组,龙岩地区行政公署文物管理委员会:《闽西革命史文献资料》(第 2 辑),1982 年,第 149 页。

② 中共龙岩地委党史资料征集领导小组,龙岩地区行政公署文物管理委员会:《闽西革命史文献资料》(第 2 辑),1982 年,第 134 页。

③ 中共龙岩地委党史资料征集领导小组,龙岩地区行政公署文物管理委员会:《闽西革命史文献资料》(第 3 辑),1982 年,第 203 页。

④ 江西省档案馆,中共江西省委党校党史教研室:《中央革命根据地史料选编》(下),江西人民出版社 1982 年版,第 409 页。

⑤ 江西省档案馆,中共江西省委党校党史教研室:《中央革命根据地史料选编》(下),江西人民出版社 1982 年版,第 409 页。

为必须加以改正,要"防止富农资本发展"①。中央苏区的赣南等地同样重新修订了分青原则,强调"暴动分配田地,在农民业已下种之时,田中生产即归分得该田地之农民收获,原耕人不得把持"②。1931 年 11 月 15 日,江西省行动委员会扩大会议提出了"拥护分青的群众基础",认为正确的政策应该是"无偿得田,分亩分青"。③ 据此,闽西、赣南苏区的土地法中有关分青原则都从原来的"青苗不分"转变成"无条件分青"。

分青政策的改进是限制富农经济的一个重要方面,它与抽多补少、抽肥补瘦原则相结合,进一步完善了中国共产党在土地革命战争时期限制而非消灭富农的正确政策,成为迅速争取群众、改善群众生活的有效手段。④

(四)分配区域

关于土地分配中的区域标准问题,在分田过程中苏区各地提出了"以村为单位或以姓为单位"、"以乡为单位"和"以县为单位"的区域分配方式。闽西苏区最早提出了"以乡为单位、原耕为基础"的区域分配方式。

1928 年永定暴动后,在溪南里开展分田就是按照"各乡农民原耕种的土地,归各乡农民分配"的方法。这种以乡为单位、以原耕为基础的分配方法随后在闽西苏区推广。1929 年 6 月,邓子恢在龙岩领导分田试点,根据他回忆,当时分田政策是"根据 1928 年永定溪南里的经验,决定以乡为单位,将全乡农民原来所耕土地按人口平均分配"⑤。随后,闽西苏区的上杭、长汀、连城和武平等各县都按此办法分配土地。"以乡为单位、原耕为基础"即本乡农民分其本乡土地,按照其在本乡耕种田地总合起来进行分配,但在分田实践中发现存在着问题:"(1)乡村界限分不清楚,(2)农民在别乡所种之田一旦被丢而换过新田感觉不便,田少乡农民多在别乡耕耘之田放去无田可耕,必使农民(发)生反感。"⑥ 这

---

① 中共龙岩地委党史资料征集领导小组,龙岩地区行政公署文物管理委员会:《闽西革命史文献资料》(第 3 辑),1982 年,第 421 页。

② 中共中央文献研究室,中央档案馆编:《建党以来重要文献选编(1921—1949)》(7),中央文献出版社 2011 年版,第 760 页。

③ 《毛泽东农村调查文集》,人民出版社 1982 年版,第 275 页。

④ 李小平:《中央苏区土地改革史》,厦门大学出版社 1999 年版,第 161 页。

⑤ 蒋伯英著:《闽西革命根据地史》,福建人民出版社 1987 年版,第 69 页。

⑥ 中央档案馆,福建省档案馆:《福建革命历史文件汇集》(1926—1936 年),1984 年,第 103 页。

种分配方式在实施过程中使田少之乡的农民无田可耕种,农民不满,引起不少纠纷。于是,中共闽西一大在总结暴动后闽西的土地斗争经验的基础上,制定了《关于土地问题决议案》。这个决议案对分田区域标准做了更改:"(1)以乡为单位,由某乡农民将他们(在本乡)及邻乡可(所)耕田地总合起来共同分配。(2)以数乡为单位,如有三四乡(互相毗连者)内中几乡田多、几乡田少,若以乡为单位分配,其田少之乡不能维持生活,又无他种生产可以补救者,则以三四乡合为一个单位去分配,但田少之乡若有其他生产如纸业等不在此列。以上两个办法标准,第一种是普遍的,遇有特别情况,经农民代表会议要求得县政府批准者,亦可用第二种办法。"①决议案提出了"以乡为单位原耕总合起来分配"和"以数乡为单位"分配土地的办法,实践证明,前者分配标准更容易操作,被农民群众所认可。1930年2月的中共闽西特委《关于土地问题决议案》取消了以数乡为单位的标准,提出"数乡合组一乡政府者照原有乡村范围分配"②,强调了"分田范围以乡为单位,由该乡农民在本乡及别乡所耕之田总合起来,共同分配"③。这种分田方法产生了积极的效果,将农民"在本乡及外乡所耕之地,总合起来共同分配,这样一切困难与一切纠纷都没有了"④,得到农民群众的认可与支持。

"以乡为单位,按原耕总和分配"是闽西苏区在分田实践中总结出来的经验,这种办法并不是将没收的土地全部打乱后平分,而是以原耕为基础,抽多补少,避免打乱平分引起纠纷,具有多方面的好处:"一是坚持'以原耕为基础'进行分田,才能有效地保护中农的利益,不致侵犯中农,尤其是富裕中农的利益,才能贯彻团结中农的政策。实践证明:打乱平分,势必抽动到中农的土地侵犯中农的利益,影响到同中农的团结。二是实行'抽多补少、抽肥补瘦'的原则,可确保贫农、雇农所分得的土地在数量上和质量上差不多,不致吃亏。三

---

① 中共龙岩地委党史资料征集领导小组,龙岩地区行政公署文物管理委员会:《闽西革命史文献资料》(第2辑),1982年,第134页。

② 中共龙岩地委党史资料征集领导小组,龙岩地区行政公署文物管理委员会:《闽西革命史文献资料》(第3辑),1982年,第102页。

③ 中共龙岩地委党史资料征集领导小组,龙岩地区行政公署文物管理委员会:《闽西革命史文献资料》(第3辑),1982年,第102页。

④ 中央档案馆,福建省档案馆:《福建革命历史文件汇集》(1926—1936年),1984年,第104页。

是以全乡人口总数,除全乡人口原来所耕田地总数的分配办法,简单易行,可使分配土地工作在十天或半个月内分配完毕。"①总之,这种土地分配方法回应了广大贫苦农民的要求,解决了分田过程中产生的纠纷,使土地分配政策更趋合理与完善。

三、中央苏区时期闽西土地所有权政策的演化

土地问题的核心是土地所有权问题。中央苏区时期,中国共产党在领导土地革命的斗争中,逐步完成了土地国有政策向农有政策的转变。

(一)中共对土地所有权问题的"两可"认识及在闽西苏区的实践

中国共产党自成立之初便开始关注农民问题。1922 年 6 月 15 日,中国共产党发表《对于时局的主张》,明确提出将"肃清军阀,没收军阀官僚的财产,将他们的田地分给贫苦农民"②。1923 年 5 月,共产国际发出《关于中国问题决议草案》,即给中国共产党第三次代表大会的指示,要求中国共产党"在中国进行民族革命和建立反帝战线之际,必须同时进行反对封建主义残余的农民土地革命"③,要"没收地主土地,没收寺庙土地并将其无偿分给农民"④。由于这个指示在 7 月才送达中共中央,有关精神未能在党的三大文件中体现出来。1925 年 1 月,党的四大已经把"中国地主重租"视为激发农民斗争的第一个原因,并提出"反对封建的经济关系"⑤的任务了。

"五卅运动"后,中国共产党深切认识到农民是无产阶级最可靠的同盟军,以及解决农民问题的重要性。1925 年 10 月,中共中央执行委员会扩大会议在北京召开,会议第一次明确提出了"没收地主土地"的主张,指出"应当没收

---

① 孔永松:《中国共产党土地政策演变史》,江西人民出版社 1987 年版,第 57 页。

② 中共中央文献研究室,中央档案馆编:《建党以来重要文献选编(1921—1949)》(2),中央文献出版社 2011 年版,第 98 页。

③ 中共中央党史研究室第一研究部编:《共产国际、联共(布)与中国革命文献资料选辑(1917—1925)》(第二卷),北京图书馆出版社 1997 年版,第 456 页。

④ 中共中央党史研究室第一研究部编:《共产国际、联共(布)与中国革命文献资料选辑(1917—1925)》(第二卷),北京图书馆出版社 1997 年版,第 456 页。

⑤ 中共中央文献研究室,中央档案馆编:《建党以来重要文献选编(1921—1949)》(2),中央文献出版社 2011 年版,第 222 页。

大地主、军阀、官僚、庙宇的田地交给农民"①。随后发布了《中共中央执行委员会扩大会议告农民书》，分析了农民受剥削压迫的表现，认为"解除农民的困苦，根本是要实行'耕地农有'的办法，就是谁耕种的田地归谁所有"②。1926年11月，中共中央拟定《中国共产党关于农民政纲的草案》规定："没收大地主、军阀、劣绅及国家宗祠的土地，归给农民。"③可见，早期的中国共产党十分关注农民的土地问题，在土地所有权方面主张土地归农民所有。

在土地所有权问题上，中共深受共产国际的影响。中共五大完全接受共产国际第七次大会关于中国问题的决议，通过的《土地问题决议案》就明确指出"共产党将领导农民从事于平均地权的斗争，向着土地国有、取消土地私有制度的方向，而努力进行"，认为"土地国有确系共产党对于农民问题的党纲上的基本原则"。④大革命失败后，中共召开的"八七"会议确立了土地革命和武装反抗国民党的总方针。关于土地革命的地权问题，中国共产党中央执行委员会在《告全党党员书》中指出："土地革命，其中包含没收土地及土地国有——这是中国革命新阶段的主要的社会经济的内容。"⑤同时，"八七"会议通过的《最近农民斗争的决议案》提出："没收大、中地主的土地和农村中公产的祠族庙宇等土地……对于小田主则减租"，认为"本党不提出没收小田主土地的口号，是为着要使乡间广大的小私有财产者之分子中立"。⑥当时的中国共产党认为"在目前既可保留土地私有制，也可实行土地国有政策"⑦。中国

① 中共中央文献研究室，中央档案馆编：《建党以来重要文献选编（1921—1949）》(2)，中央文献出版社 2011 年版，第 513～514 页。

② 中共中央文献研究室，中央档案馆编：《建党以来重要文献选编（1921—1949）》(2)，中央文献出版社 2011 年版，第 504 页。

③ 中共中央文献研究室，中央档案馆编：《建党以来重要文献选编（1921—1949）》(3)，中央文献出版社 2011 年版，第 444 页。

④ 中共中央文献研究室，中央档案馆编：《建党以来重要文献选编（1921—1949）》(4)，中央文献出版社 2011 年版，第 191 页。

⑤ 中共中央文献研究室，中央档案馆编：《建党以来重要文献选编（1921—1949）》(4)，中央文献出版社 2011 年版，第 421 页。

⑥ 中共中央文献研究室，中央档案馆编：《建党以来重要文献选编（1921—1949）》(4)，中央文献出版社 2011 年版，第 443 页。

⑦ 温锐，谢建社：《中央苏区土地革命研究》，南开大学出版社 1991 年版，第 59 页。

共产党在党的六大《政治决议案》中将"没收一切地主阶级的土地,耕地归农"[1]作为中国革命现阶段的政纲之一。而党的六大的《土地问题决议案》则对土地革命的地权问题,提出"苏维埃政权巩固后,即当实现土地国有",认为只有"革命完全胜利后,在全国或重要省份中建立了巩固的苏维埃政权之后",才能去"消灭土地私有权"[2]。在此之前,并不消灭土地私有制,农民至少可以保留自己原有土地的私有权。这规定应该说是基本正确的。

但是,党的六大的《农民问题决议案》中却又指出:平分土地"可以直接动摇私有制"[3],我们应该支持平分土地;应该将"没收的土地归农民代表会议(苏维埃)处理,分配给无地及少地农民使用"[4]。由苏维埃政府平分土地交给农民使用,其前提是否定一切土地原主的所有权,包括农民原来所有的少量土地所有权,其结果则是直接废除土地私有制,全部归苏维埃政府所有。[5]

中共对土地所有权的两可态度,使中央苏区在分配土地中执行的地权政策有所差异。1929年4月,红四军从福建省长汀回师赣南,在兴国颁布了《兴国土地法》。《兴国土地法》是在《井冈山土地法》的基础上修改制定的,规定了"没收一切公共土地及地主阶级的土地归兴国工农兵代表会议政府所有,分给无田地及少田地农民耕种使用",土地分配后"禁止买卖"[6]。《兴国土地法》明确了土地公有的政策,此后,赣南苏区制定的土地法都沿用被没收的土地归苏维埃政府公有的政策。而闽西苏区实施的地权政策与赣南苏区稍有区别,在永定暴动后溪南区分田到1929年7月中共闽西一大召开,仍然坚持土地农有方针。

"八七"会议精神传达到闽西后,闽西各县负责同志"加紧在闽西进行武装斗争、土地革命、建立政权的工作"[7]。1928年初春,闽西各县的阶级矛盾进一

---

① 中共中央文献研究室,中央档案馆编:《建党以来重要文献选编(1921—1949)》(5),中央文献出版社,2011年版,第379页。

② 中共中央文献研究室,中央档案馆编:《建党以来重要文献选编(1921—1949)》(5),中央文献出版社2011年版,第423页。

③ 中共中央文献研究室,中央档案馆编:《建党以来重要文献选编(1921—1949)》(5),中央文献出版社2011年版,第426页。

④ 中共中央文献研究室,中央档案馆编:《建党以来重要文献选编(1921—1949)》(5),中央文献出版社2011年版,第422页。

⑤ 温锐,谢建社:《中央苏区土地革命研究》,南开大学出版社1991年版,第61页。

⑥ 许毅主编:《中央革命根据地财政经济史长编》(上),人民出版社1982年版,第234页。

⑦ 蒋伯英著:《闽西革命根据地史》,福建人民出版社1987年版,第26页。

步激化,从 3 月初开始,闽西人民率先举起武装反抗国民党反动派的旗帜,先后发动了震撼八闽的龙岩后田、平和长乐、上杭蛟洋和永定等地的工农武装暴动。永定暴动则是闽西四大暴动中规模最大、影响最深远的一次暴动,它揭开了创建闽西革命根据地的序幕。永定暴动后,福建临时省委也致信指示闽西特委和永定县委:"在已经割据各乡,马上没收土地,分配土地,建立乡或区苏维埃。"[①]1928 年 9 月中旬,永定溪南区苏维埃政府成立。红色政权建立后,闽西特委就着手讨论废租废债和分田办法。对如何开展没收和分配土地这项工作,中共闽西特委没有现成的经验可以借鉴。邓子恢与张鼎丞等人以"满足贫苦农民的经济要求,以达到争取群众大多数的目的"[②]为出发点,深入农民群众,开展了广泛的调查研究。在金砂乡召集了雇农、贫农、中农、农会干部等代表开座谈会,了解溪南区人口情况(贫雇农占绝大多数,中农次之,富农、地主占极少数),所以必须满足绝大多数贫雇农的土地要求,以争取绝大多数群众。在座谈会上,针对分田的原则和具体办法,代表们广开言路,想出了许多好办法。邓子恢和张鼎丞归纳和总结了大多数人的意见,制定土地分配政策,确定具体办法。关于土地所有权问题,在溪南区分田试点时就确定土地归农民所有的政策。当时将没收来的土地分给无地或少地的农民,分配方案确定并将其张榜公布,"说明每人分得土地多少,土地在什么地方"[③],公布之后召开群众大会通过。这样,"就正式宣布各人分得土地的所有权"[④]。1929 年 6 月,毛泽东、朱德、陈毅共同签署了《红军第四军司令部政治部布告》,向闽西人民宣传党和红军的宗旨与任务,公布中国共产党的土地革命政策。其中在地权方面规定:"从今年起,田地归耕种的农民所有,不要再交与田东。"[⑤]从红四军司令部政治部布告的内容可以看出,当时的地权政策沿用了溪南分田时的土地

①　中共龙岩地委党史资料征集领导小组,龙岩地区行政公署文物管理委员会:《闽西革命史文献资料》(第 1 辑),1981 年,第 233 页。

②　许毅主编:《中央革命根据地财政经济史长编》(上),人民出版社 1982 年版,第 240 页。

③　许毅主编:《中央革命根据地财政经济史长编》(上),人民出版社 1982 年版,第 240 页。

④　许毅主编:《中央革命根据地财政经济史长编》(上),人民出版社 1982 年版,第 240 页。

⑤　中共龙岩地委党史资料征集领导小组,龙岩地区行政公署文物管理委员会:《闽西革命史文献资料》(第 2 辑),1982 年,第 112 页。

农有政策。可见,这一时期闽西苏区实施的地权政策有别于同一时期赣南苏区的地权政策。

(二)中共土地国有政策在闽西苏区的实践

1.闽西苏区土地公有的提出

党的六大以后,农村革命根据地在各地迅速扩大,土地革命普遍展开。1929年7月前后,闽西红色区域初步形成。为加强对正在蓬勃发展的革命运动的领导,7月20日在毛泽东同志亲自主持下中共闽西一大在上杭蛟洋开幕。会议通过了一系列决议案,会议通过的《关于土地问题决议案》中并未明确土地国有,但规定了"没收一切地主、土豪及福会公堂等田地,不论典当卖绝一概没收,归农民代表会或农民协会分配",要求"所有地主、土豪及福会公堂田契据,限期缴交各区、乡政府,当众焚毁"。同时规定"自耕农的田地不没收",其"田契不烧"。① 这些对自耕农田地与契据的规定,体现了闽西苏区在某种程度上对自耕农土地所有权的承认与保护。但决议又规定了如果多数农民群众要求,经苏维埃政府批准,也可以没收自耕农的田地、焚毁其契据。在实际分田过程中,闽西苏区"没收一切土地平分的政策,自耕农的土地所有权保护已成为空话"②,说明这时的地权政策开始发生变化,实际上转向实行土地国有了。

1930年2月25日,中共闽西特委颁布的《关于土地问题决议案》中规定"所有田地不论水田、旱田一律没收,归苏维埃政府处理,分配与农民使用""没收后田地禁止出卖典押"。③ 决议案明确提出土地国有的地权政策。同月,永定和龙岩的第二次工农兵代表大会分别通过了《土地问题决议案》和《田地问题决议案》,决议案都依据闽西特委关于地权国有的规定,宣布土地归苏维埃政府公有,"所有田地,不准买卖典押或私相授受"④。3月,中共福建省委第二次代表会议强调:"农村革命的主要任务,是在土地国有的口号下,没收一切地

① 许毅主编:《中央革命根据地财政经济史长编》(上),人民出版社1982年版,第246页。

② 李小平:《中央苏区土地改革史》,厦门大学出版社1999年版,第163页。

③ 中共龙岩地委党史资料征集领导小组,龙岩地区行政公署文物管理委员会:《闽西革命史文献资料》(第3辑),1982年,第102页。

④ 中共龙岩地委党史资料征集领导小组,龙岩地区行政公署文物管理委员会:《闽西革命史文献资料》(第3辑),1982年,第64页、第139页。

主阶级土地归农民","农民要在土地国有的口号下,没收一切地主阶级土地交给乡苏维埃处理,分配于无地或少地的农民"。① 1930 年 3 月的闽西第一次工农兵代表大会通过的《土地法案》和 1930 年 9 月闽西第二次工农兵代表大会颁布的《修正土地法令决议案》都强调"所有田地,不论水田旱田,一律没收归苏维埃政府处理,分配与农民使用"②。这些内容反映了闽西苏区在土地所有权方面已普遍实施土地国有的政策。

图 2-1 1930 年 6 月长汀苏维埃政府布告

"……所有田地,无论水田、旱田、公田、私田属于地主属于农民一概没收归苏维埃政府公有……分田方法须抽多补少,抽肥补瘦……私人不得把持……一切山场没收归苏维埃政府公有,山中矿产归人民自由开采,或组织合作社经营。"(如图 2-1 所示)

2.闽西苏区地权从农有到国有转变的原因

第一,共产国际的指示。共产国际是"各国共产党联合组成的世界政党"③,参加共产国际的各国共产党是共产国际的一个支部。根据共产国际章程,"共产国际各支部必须遵守并立即贯彻执行"④共产国际的决议和指示。中共作为共产国际的一个支部,自然也不例外。在大革命后期,共产国际建议中共要深入发动农民群众开展土地革命,这无疑是正确的。但他们不甚了解

---

① 李小平:《中央苏区土地改革史》,厦门大学出版社 1999 年版,第 163 页。

② 中共龙岩地委党史资料征集领导小组,龙岩地区行政公署文物管理委员会:《闽西革命史文献资料》(第 3 辑),1982 年,第 202 页;中共龙岩地委党史资料征集研究委员会,龙岩地区行政公署文物管理委员会:《闽西革命史文献资料》(第 4 辑),1982 年,第 184 页。

③ [英]珍妮·德格拉斯编:《共产国际文件》(第 2 卷),世界知识出版社 1964 年版,第 165 页。

④ [匈]贝拉·库恩编,中国人民大学编译室译:《共产国际文件汇编》(第 1 册),生活·读书·新知三联书店 1965 年版,第 76 页。

中国的国情,在土地所有权方面,依据俄国无产阶级的经验,主张中国无产阶级也实行"土地国有化"。1926 年 11 月 30 日,斯大林在共产国际执委会第七次扩大全会中国委员会会议上作《论中国革命的前途》报告时,就强调指出:"我以为归根到底应该引导到土地国有化。无论如何,我们不能弃绝土地国有化这样的口号。"①12 月 16 日,会议根据斯大林的建议通过了《中国问题决议案》,明确提出:"中国共产党应当承认'土地国有'为无产阶级的农村政纲之基本要求。"②共产国际的这些观点被早期的中国共产党全部接受,并落实在中共五大到六大的《土地问题决议案》之中。早期的中共必须遵守共产国际的决议和指示,不仅仅由于中国共产党在组织关系上隶属于共产国际,而且还因为当时的中共面临着经费短缺的情况。中国共产党从建党伊始,就受到共产国际巨大的经济援助。"仅 1928 年下半年,共产国际就拨给中国共产党经费 128205 美元。1929 年,拨给经费 205128 美元。"③所以,中国共产党全盘接受共产国际的决议和指示是在情理之中。在共产国际的指示下,中共六大强调"土地国有,乃消灭国内最后的封建遗迹最坚决最彻底的方法"④。这一精神陆续传达到各地,各苏区"在 1930 年以前的土地法令都是规定苏维埃公有,分配给农民使用,这是国家所有权,农民只有使用权"⑤。中共闽西一大后,土地国有政策在闽西苏区各地实施。

第二,中共的认识。土地革命初期,中国共产党还处在幼年时期,由于理论水平和实践经验的不足,对中国革命的特点和规律都不甚了解。中共六大虽然确定了中国革命的性质是"资产阶级性民权革命",但对中国革命的长期性认识不足,认为现在就应"消灭土地私有制,消除两极分化,消灭资本主义自由发展的条件,为社会主义革命作准备"⑥。中共六大在批判"左"倾盲动主义

---

① 《斯大林选集》(上卷),人民出版社 1979 年版,第 491 页。

② 中共中央文献研究室,中央档案馆编:《建党以来重要文献选编(1921—1949)》(4),中央文献出版社 2011 年版,第 30 页。

③ 杨奎松:《共产国际为中共提供财政援助情况之考察》,载《社会科学论坛》2004 年第 4 期,第 14 页。

④ 中共中央文献研究室,中央档案馆编:《建党以来重要文献选编(1921—1949)》(5),中央文献出版社 2011 年版,第 423 页。

⑤ 许毅主编:《中央革命根据地财政经济史长编》(上),人民出版社 1982 年版,第 290 页。

⑥ 温锐,谢建社:《中央苏区土地革命研究》,南开大学出版社 1991 年版,第 61 页。

错误时,对当前实行的土地国有产生了怀疑,但对中国土地革命的斗争缺乏全面的分析,照搬苏联解决农民问题和土地问题的经验,以为中国农民的斗争,主要也是"力争经营使用土地的自由"[1],不是争土地所有权。

第三,农民的态度。闽西暴动推翻了地主阶级政权,广大无地或少地的农民分到了土地或增加了土地,同时还免受重租重息重税的剥削,"田契换上耕田证,土地还家喜连连"[2]。农民对自己是拥有土地的所有权还是使用权并没有更多的想法,他们认为田既然分给了自己,今后就属于自己耕种。中共闽西一大后,实现了按人口平分土地,得田的农民愿意精耕细作,农业生产得以恢复和发展。1930 年,闽西早稻丰收,"龙岩、连城比上年增加二成,上杭、永定、长汀增加一成"[3]。农民对分田后的收获由衷感到喜悦,再加上土地革命初期土地还未出现反复平分的现象,对没收的土地归苏维埃政府所有的消极作用并不了解。因此,农村中绝大多数农民是拥护土地革命的,对当时的土地国有政策是不抵触的。

3.实行土地国有政策给闽西苏区带来的消极后果

1929 年后,闽西的土地革命蓬勃发展,出现"分田分地真忙"的景象。封建土地制度被彻底摧毁,土地还家,闽西苏区的广大农民实现了千百年来的"均田"梦想。土地革命初期的土地政策最大限度地调动了农民的革命热情,农村生产力空前解放。随着土地革命进程的推进,闽西的土地分配政策出现多次调整,土地国有政策为多次分田提供了政策依据。中共闽西一大规定了"分田时以抽多补少为原则,不可重新瓜分妄想平均以烦手续"[4],到 1930 年 6 月的南阳会议提出"应该于'抽多补少'之外,还加'抽肥补瘦'一个原则",将"不得妄想平均"改为"不得把持肥田",且规定了"何时分田何时得禾"等。[5] 1930 年 9 月闽

---

① 中共中央文献研究室,中央档案馆编:《建党以来重要文献选编(1921—1949)》(5),中央文献出版社 2011 年版,第 410 页。

② 孔永松,邱松庆著:《闽西革命根据地的经济建设》,福建人民出版社 1981 年版,第 29 页。

③ 许毅主编:《中央革命根据地财政经济史长编》(上),人民出版社 1982 年版,第 378 页。

④ 许毅主编:《中央革命根据地财政经济史长编》(上),人民出版社 1982 年版,第 246 页。

⑤ 中共龙岩地委党史资料征集领导小组,龙岩地区行政公署文物管理委员会:《闽西革命史文献资料》(第 3 辑),1982 年,第 336 页。

西第二次工农兵代表大会通过《修正土地法令决议案》特别强调:"凡群众多数赞成再分田的地方,即须重新分配田地。"①不可否认,这些规定是中共闽西党组织为了满足占农村人口绝大多数的贫雇农的愿望与要求而做出的调整,但政策变化或有多数群众认为分田不均,就得按新的要求重新分配土地,这样就直接"动摇土地革命后政府明确给农民的土地使用权"②。土地使用权是指"依法对一定土地加以利用和取得收益的权利。"③农民耕种田地就想获得土地带来的经济效益,多次分田,使农民无法保证在其所耕种土地上得到收益。列宁认为,"农民在全世界都是实际主义和现实主义者"④。当农民在反复重分土地的实践中,认识到分配的土地并非自己所有,就导致了这样的结果:"一次两次三次的重新分配田地,使农民不敢下种下肥,妨碍了耕作,减少了生产,同时使农民对革命怀疑,脱离了群众。"⑤正是因为没收的土地归苏维埃政府所有,政府可以用行政命令的方式不断更改土地使用权属,致使农民怀疑革命。

可见,这种不符合苏区农村具体情况的土地国有政策的实施,挫伤了农民生产的积极性,妨碍了苏区农业生产的发展,同时影响了广大农民参加革命的热情,给根据地的巩固和发展带来困难。

（三）土地农有政策在闽西苏区的确立

土地国有而导致的问题不仅在闽西苏区的革命实践中显现出来,在同为中央苏区的赣南一样也存在。毛泽东同志在吉水、吉安等地的社会调查发现,地权不稳严重影响了农民生产的积极性,苏区农民普遍抵制土地国有政策。解决土地所有权问题,已成为土地革命深入开展的核心问题。

1.闽西苏区土地农有政策确立的曲折过程

中国共产党地权政策从"国有"到"农有"的转变始于1930年8月共产国际批评李立三"左"倾政策⑥。中央苏区解决地权政策问题则发端于1930年

---

① 中共龙岩地委党史资料征集研究委员会,龙岩地区行政公署文物管理委员会:《闽西革命史文献资料》(第4辑),1983年,第188页。

② 温锐,谢建社:《中央苏区土地革命研究》,南开大学出版社1991年,第66页。

③ 陶德清,徐云鹏:《新编经济体制改革辞典》,湖北教育出版社1995年版,第162页。

④ 《列宁全集》(第36卷),人民出版社1985年版,第190页。

⑤ 中共龙岩地委党史资料征集研究委员会,龙岩地区行政公署文物管理委员会:《闽西革命史文献资料》(第5辑),1984年,第169页。

⑥ 孔永松:《中国共产党土地政策演变史》,江西人民出版社1987年版,第69页。

10月的峡江会议①。峡江会议作了《对于土地问题决议》，决议认为，土地国有"这在目前是一个宣传口号""如果机械地宣布国有，则违反了农民现时要分土地的私有要求，是没有好影响的"。② 11月15日毛泽东出席江西省行委扩大会议，提出"新租田制"的主张，认为应该准许那些不能耕田的人把田租与富农和中农耕种。③ 同月，闽西苏区的龙岩县行委召开第三十次常委会制定了"租田制"，即经苏维埃政府许可，"生活痛苦无法维持的贫农、老弱残废的及红军家属（贫苦的），可出租田地给他人耕种"④。同年12月，闽西苏维埃政府土地委员会各县土地科长联席会议制定的《决定分田及租田的新办法》中规定，凡符合出租条件，履行出租手续的农民，遵照租田条例，"都可以自由出租"⑤。1930年12月20日，中共上杭县委扩大会议召开，会议指出"过去苏维埃不准租田，但农民秘密实行租田"这一"异常矛盾的事实"，认为苏维埃政府"不应禁止租田"，应制定带有限制性的租田政策，如租田要"由苏维埃政府批准贫农团通过，租额要比较少"⑥等。12月30日，上杭县东山区苏维埃转发闽西政府关于租田条例的布告⑦，布告详细规定了出租条件、批准出租的机构、出租数量、出租期限和出租田地的土地税等内容，禁止私自出租。租田制"相当解决贫农生活及红军家属生活，救济老弱残废"⑧，得到了苏区群众的认可，解决了战争环境下苏区劳动力不足、耕牛农具短缺的问题，使农业生产得以恢复与发展，

---

① 李小平：《中央苏区土地改革史》，厦门大学出版社1999年版，第166页。

② 中共江西省委党史资料征集委员会，中共江西省党史研究室编：《江西党史资料》（第6辑），罗坊会议前后专辑，1988年04月，第183页。

③ 《毛泽东农村调查文集》，人民出版社1982年版，第281页。

④ 中共龙岩地委党史资料征集研究委员会，龙岩地区行政公署文物管理委员会：《闽西革命史文献资料》（第4辑），1983年，第410页。

⑤ 中共龙岩地委党史资料征集研究委员会，龙岩地区行政公署文物管理委员会：《闽西革命史文献资料》（第4辑），1983年，第438页。

⑥ 中共龙岩地委党史资料征集研究委员会，龙岩地区行政公署文物管理委员会：《闽西革命史文献资料》（第4辑），1983年，第452页。

⑦ 中国社会科学院经济研究所中国现代经济史组：《第一、第二次国内革命战争时期土地斗争史料选编》，人民出版社1981年版，第490页。

⑧ 中共龙岩地委党史资料征集研究委员会，龙岩地区行政公署文物管理委员会：《闽西革命史文献资料》（第4辑），1983年，第410页。

更重要的是,允许农民出租土地,这是对"土地国有的初步否定"①。

1931年2月8日,中共苏区中央局在通告第九号《土地问题与反富农策略》中指出:在目前阶段"土地国有只是宣传口号,尚未到实现阶段",认为"农民是小私有者,保守私有是他们的天性",②土地革命"必须使广大农民在革命中取得他们唯一热望的土地所有权"③。在苏区中央局的决议中,这是中国共产党人首次提出地权农有的主张,这源于毛泽东等人的实践探索和对中国国情的正确认识。苏区中央局的通告颁布不久,毛泽东给江西省苏维埃政府发出题为《民权革命中的土地私有制度》的指示信,信中对土地农有政策作了详细的规定:过去分好了的田"即算分定……这田由他私有,别人不得侵犯,以后一家的田,一家定业,生的不补,死的不退,租借买卖,由他自主;田中出产,除交土地税于政府外,均归农民所有;吃不完的,任凭自由出卖,得了钱来供给零用,用不完的,由他储蓄起来,或改良土地,或经营商业,政府不得借词罚款,民众团体也不得勒捐"④。准许土地出租,租金由各处议定。这封指示信明确了农民对土地的私有权,还规定了农民经营土地和处置土地的收益权。指示信下达后,中央苏区各地颁布决议和布告,规定土地归农民所有。

1931年4月,闽西苏维埃政府颁布《土地委员扩大会议决议》规定:"农民领得田地即为自己所有,有权转租或变卖抵押,苏维埃不禁。""田地山林分配给农民之后,死亡的不收回,新生的不再补。"⑤该决议第一次以法律文书的形式确立土地权属的问题,规定了"农民分得之田,政府应登记清楚,并由县政府发给土地所有证"⑥。土地所有证是闽西苏维埃政府保护农民土地私有的合法凭证,确定农民分得的田地归他所有,其他任何人不得侵占,体现了所有者

①　孔永松:《中国共产党土地政策演变史》,江西人民出版社1987年版,第72页。

②　中共江西省委党史研究室等编:《中央革命根据地历史资料文库:党的系统》(2),中央文献出版社、江西人民出版社2011年版,第1389页。

③　中共江西省委党史研究室等编:《中央革命根据地历史资料文库:党的系统》(2),中央文献出版社、江西人民出版社2011年版,第1387页。

④　中共江西省委党史研究室等编:《中央革命根据地历史资料文库:军事系统》(9),中央文献出版社、江西人民出版社2015年版,第666页。

⑤　中共龙岩地委党史资料征集研究委员会,龙岩地区行政公署文物管理委员会:《闽西革命史文献资料》(第5辑),1984年,第170页。

⑥　中共龙岩地委党史资料征集研究委员会,龙岩地区行政公署文物管理委员会:《闽西革命史文献资料》(第5辑),1984年,第169~170页。

对土地的"排他性"和"独占性",打消了农民因地权不稳而产生的种种顾虑,有利于发展生产。

但是,毛泽东同志关于土地农有的政策在中央苏区实施不久就遭遇"左"倾错误的干扰。苏区中央局四月扩大会议后,王明路线的《土地法草案》已传达中央苏区。这个过左的土地政策规定:"地主不分田,富农分坏田",要求土地没收后打乱平分,"不区别新老苏区的情况,不分步骤,一律强制执行"。①这个草案首先在闽西贯彻执行。1931 年 6 月,闽西苏维埃政府颁发了《重新分配土地的条例》的布告,布告指出:"土地经此次重新分配之后,生者不再分,死者不收回,所分土地,可以出租或买卖(由本政府颁布出租及买卖的条例),要在五年之后,依照实际情形,再行重新分配。"②受"左"倾错误的影响,闽西苏区在贯彻"重新分配土地"的前提下,只承认农民对土地拥有五年的所有权。即便这有限的所有权,也遭到中共中央的批评。在 1931 年 7 月《中央致闽粤赣苏区省委的信》中,中共中央认为"土地革命的发展,决不能断定在五年以内没有什么大的变动,苏区内部的阶级斗争也决不容许我们坐视等待"。因此,中共中央批评闽西苏区的这条规定是"很机械不妥当的",是"不需要的"③,强令要求苏区中央局在中央苏区全面贯彻《土地法草案》。最早提出土地农有的苏区中央局,在 1931 年 8 月通过的《关于土地问题决议案》取消了 2 月决议对土地农有的规定,同时提出"土地国有的口号应当在群众中做广大宣传"。④闽西苏区贯彻中共中央和苏区中央局的指示精神,到 1932 年各县又开始新一轮的土地重新分配工作。土地再次重分,造成地权的不稳,是对业已确立的土地农有政策的否定。

中央苏区时期,土地农有政策被中共中央接受并在全苏区执行,是 1933 年 6 月中央苏区全面开展的查田运动。土地没收分配之后进入检查阶段,这

---

①　许毅主编:《中央革命根据地财政经济史长编》(下),人民出版社 1982 年版,第 297 页。

②　中共龙岩地委党史资料征集研究委员会,龙岩地区行政公署文物管理委员会:《闽西革命史文献资料》(第 6 辑),1985 年,第 109 页。

③　中国社会科学院经济研究所中国现代经济史组:《第一、第二次国内革命战争时期土地斗争史料选编》,人民出版社 1981 年版,第 493 页。

④　许毅主编:《中央革命根据地财政经济史长编》(上),人民出版社 1982 年版,第 305 页。

是搞好土地建设的重要环节。闽西苏区的查田运动始于 1932 年 6 月。福建省苏维埃政府根据苏区中央局的指示于 6 月 6 日召集土地部长会议,决定在老苏区开展查田工作,7 月 13 日正式颁布《检查土地条例》,提出"现在马上全闽西来举行一个检查土地的运动"①。查田运动实施一年,到 1933 年 6 月,闽西苏区 80％以上的地区没有开展查田工作。闽西苏区群众经过一次次的没收与重新分配土地,产生了厌倦与不满的情绪,就抵触查田。以毛泽东为首的中央政府清楚地认识到,土地农有政策的反复、地权不稳已使农民怀疑土地革命,影响了生产的发展。而查田运动的全面铺开必然引起苏区广大农民的恐慌,尽快确立土地农有政策势在必行。1933 年 6 月 1 日,中华苏维埃共和国中央政府发布《关于查田运动的训令》,责成土地部发布确定土地农有的布告,在《关于实行土地登记》这一布告中明确了实行土地登记的意义,土地登记后,苏维埃政府统一向农民发放土地证,"用这个土地证去确定农民的土地所有权,确定某块土地归某人所有,他人不得侵占,政府不得无故没收"②。这个布告的发布,使土地农有政策真正取代土地国有政策,标志着中共对土地所有权认识上的质的飞跃。

关于登记土地、土地农有的布告发布以后,中央苏区查田运动全面展开。在整个查田运动中,毛泽东参与领导了查田运动,及时纠正查田中的过左行为,一再强调"查田的目标是'查阶级',而不是再分田",要求各级政府一定要分清分田与查田,以"稳固农民的土地所有权,使他们不起'分田不定'的恐慌"。③ 闽西苏区接受与贯彻毛泽东提出的方针与策略,土地重分现象基本停止。

2.土地农有政策在闽西苏区确立的原因

第一,共产国际对中国的指示。共产国际鉴于李立三的"左"倾错误给土地革命造成不良影响,于 1930 年 7 月 23 日,共产国际执行委员会政治秘书处在《关于中国问题的决议案》中提出了批评,决议案中指出"暂时不要禁止土地买卖"④,

① 江西省档案馆,中共江西省委党校党史教研室:《中央革命根据地史料选编》(下),江西人民出版社 1982 年版,第 474 页。

② 中共江西省委党史研究室等编:《中央革命根据地历史资料文库:政权系统》(7),中央文献出版社、江西人民出版社 2013 年版,第 761 页。

③ 许毅主编:《中央革命根据地财政经济史长编》(上),人民出版社 1982 年版,第 330 页。

④ 中共江西省委党史研究室等编:《中央革命根据地历史资料文库:党的系统》(2),中央文献出版社、江西人民出版社 2011 年版,第 957 页。

应该"没收地主土地归农民"①。8月,共产国际东方部在《关于中国苏区土地农民问题决议案草案》中又强调:"禁止土地的买卖租押"这些办法"在目前革命阶段是过早的办法"。② 共产国际在中国苏区土地所有权政策的认识发生改变,认为过去关于土地国有和禁止土地买卖的做法是不正确。根据共产国际的指示,1930年9月的中共六届三中全会就提出"目前革命阶段,尚未到整个取消私有制,不禁止土地买卖"③。六届三中全会虽然没有明确提出宣布土地农有,但提出应废除禁止土地买卖的规定,"这就为动摇土地苏维埃公有制政策打开了一个缺口"④。苏区中央局根据中共六届三中全会的精神,于1931年2月通过的决议提出土地农有的主张。随后,这一主张在中央苏区各地得以贯彻。虽然土地农有政策在中央苏区实施过程中出现反复,但从土地国有到土地农有的改变最先是共产国际对中国的指示。

第二,中共中央领导的认识。1933年1月,以博古为首的临时中央迁入中央苏区。当时的中共中央领导人虽然还没有完全从左的教条下摆脱出来,但他们在苏区了解到"过去田归苏维埃所有,农民只有使用权的空气,十分浓厚,并且四次五次分了又分,使得农民感觉田不是他自己的,自己没有权来支配,因此不安心耕田"⑤。造成有的农民不愿意要土地,尤其在老苏区出现了"荒田荒地"现象,甚至还有"很多好田仍然荒着"。⑥ 他们在亲自投入苏区的土地革命实践中,目睹了超前土地公有政策的贯彻,对苏区经济建设造成的困难,使得其思想认识发生了变化。于是他们最终接受毛泽东等人有关地权政策的正确主张。

第三,查田运动的需要。1932年2月,苏区中央局提出为提高土地生产

① 中共江西省委党史研究室等编:《中央革命根据地历史资料文库:党的系统》(2),中央文献出版社、江西人民出版社2011年版,第958页。

② 中央档案馆:《中共中央文件选集》(第六册)(1930年),中共中央党校出版社1983年版,第259页。

③ 中共江西省委党史研究室等编:《中央革命根据地历史资料文库:党的系统》(2),中央文献出版社、江西人民出版社2011年版,第1387页。

④ 温锐,谢建社:《中央苏区土地革命研究》,南开大学出版社1991年版,第70页。

⑤ 许毅主编:《中央革命根据地财政经济史长编》(下),人民出版社1982年版,第380页。

⑥ 江西省档案馆,中共江西省委党校党史教研室编:《中央革命根据地史料选编》(上),江西人民出版社1982年版,第446页。

力,保证革命战争胜利,号召苏区各地"完成查田运动,彻底解决土地问题"[①],但各地却迟迟开展不起来。"福建全省查田的成绩还只当得博生一县的成绩"[②],闽西苏区的"宁化、长汀、武平全县以及上杭、永定、新泉三县的大部分,查田运动都未完全发动起来。"[③]中央苏区查田运动迟缓的原因是多方面的,但很重要的原因是农民群众的抵触。查田使农民进一步产生重分土地的错觉,查田运动前的多次重分土地,已经严重影响农民生产的积极性,减弱了其对革命的热情。中共中央认识到,只有确定地权才可安定人心,使农民"不起分田不定的恐慌"[④],才能保证查田运动的全面铺开。查田运动的当务之急成为中央苏区土地农有政策确立的直接原因。

闽西苏区土地农有政策的确立历经曲折,出现多次反复,苏区党一方面遵从中共中央和苏区中央局的指示精神,另一方面也在为探索符合苏区农村实际的土地政策而不懈实践。

土地革命斗争实践,使中国共产党逐步完成了土地国有政策向农有政策的转变,土地农有政策的确立给根据地建设带来了积极的效应。

第三节　中央苏区时期闽西土地政策的历史价值

中国共产党领导闽西苏区人民进行彻底的土地革命,在实践中不断探索,制定和实施了符合农民群众要求的土地政策,产生了积极的效应。

一、彻底的土地革命促进了闽西根据地的建设

土地革命是苏区开展经济建设的首要条件。农民手中没有土地,农村生

---

① 中共中央文献研究室,中央档案馆编:《建党以来重要文献选编(1921—1949)》(9),中央文献出版社 2011 年版,第 87 页。

② 蒋伯英著:《闽西革命根据地史》,福建人民出版社 1987 年版,第 273 页。

③ 蒋伯英著:《闽西革命根据地史》,福建人民出版社 1987 年版,第 270 页。

④ 许毅主编:《中央革命根据地财政经济史长编》(上),人民出版社 1982 年版,第 330 页。

产力的解放、工农业生产的发展就无从谈起。闽西进行彻底的土地革命,摧毁了封建土地所有制,制定了正确的土地政策,建立了新型的土地占有关系,极大调动了农民生产和革命的积极性,促进闽西根据地的建设。

(一)经济绩效:促进苏区生产的发展和农民生活的改善

1.闽西苏区农业生产的发展

1930 年,龙岩早稻收割,"每穗平均在一百八十粒以上,往年每穗只有一百五十粒左右"①,土地亩产量提高了,闽西长汀涂坊"分田后,每担谷田普遍比过去增产了一二十斤"②,整个闽西一般说来比上年可增长 20%③。苏区农业生产连年喜获丰收,"一九三三年的农产,在赣南闽西区域,比较一九三二年增加了百分之十五(一成半),而在闽浙赣边区则增加了百分之二十"④。苏区的土地农有政策确立后,农民生产的热情更加高涨。毛泽东同志在《我们的经济政策》中写道:"经过分配土地后确定了地权,加以我们提倡生产,农民群众的劳动热情增长了,生产便有恢复的形势了。"⑤土地农有政策使农民安心耕作,他们愿意尽自己所能去改良土地,原来荒废的田地也恢复耕种,还开发了新的土地。1934 年 1 至 5 月,闽西苏区开垦了 18948 担荒地,其中"宁化、汀东、上杭及长汀的濯田、红坊、水口等许多区乡,不但完成了开荒计划,而且超过了计划,不但消灭了荒田,而且开发了许多荒土荒坝"⑥。同时,各级苏维埃政府采取各种促进农业生产的措施,"红色区域的农业,现在显然是在向前发展中"⑦。

2.闽西苏区农民生活改善

农业生产各方面因素的改变,也直接改善了农民的生活状况。土地革命后,闽西各县人均土地占有状况发生巨大变化,如"上杭县才溪乡上才溪村分田之后,佃农人均占有土地 1.72 亩,从无地到有地;贫农人均占有土地 1.65

---

① 张侃、徐长春:《中央苏区财政经济史》,厦门大学出版社 1999 年版,第 93 页。

② 以 4 担等于 1 亩计,一亩田差不多增产了 80 多斤。

③ 张侃、徐长春:《中央苏区财政经济史》,厦门大学出版社 1999 年版,第 94 页。

④ 《毛泽东选集》(第一卷),人民出版社 1991 年版,第 131 页。

⑤ 《毛泽东选集》(第一卷),人民出版社 1991 年版,第 131 页。

⑥ 中共龙岩地委党史资料征集研究委员会:《闽西革命根据地史》,华夏出版社 1987 年版,第 157 页。

⑦ 《毛泽东选集》(第一卷),人民出版社 1991 年版,第 131 页。

亩,比原来增加1.1亩;中农人均1.71亩,比原来增加12.7%"[1]。闽西各县人均土地占有情况如表2-1所示。

表2-1 闽西各县人均土地占有情况表(山田、洋田合计)[2]

单位:担[3]

县名		龙岩	上杭	永定	长汀	连城
每人土地占有数	最多	18	13	12	8	4
	最少	4	5.2	4~8	4	

农民增加了土地,家庭收入也提高了。同时,"凡是建立了苏维埃政权的地方,都取消了地租和高利贷剥削,取消了苛捐杂税"[4],农民劳动的成果都由农民自己掌握,"实现了不缴租,不完粮,不还债"[5]。1933年11月下旬,毛泽东来到闽西,开展为期10多天的才溪乡调查,他欣喜地看到闽西苏区人民生活的变化:"米,暴动前,贫农雇农平均每年只有三个月吃米饭,其余九个月均吃杂粮,青黄不接时要吃'羊蹄子',更有吃糠的。现在,有了六个月的米饭吃,配合六个月的杂粮,一年就够了……吃饭改良了百分之一百(三个月米饭与六个月米饭之比)。肉:暴动前,贫农雇农平均每人每年吃肉约一元(大洋),现在为二元。衣:暴动前平均每人每两年才能做一套衫裤,暴动后平均每年能做一套衫裤。"[6]总之,革命后的苏区农民生活状况总体得到改善。

(二)政治绩效:扩大红军,巩固政权

1.拥护苏维埃的领导,积极参与政权建设

农民阶级通过认识中国共产党的土地政策,并从中获得利益,他们的政治倾向也越来越明显:"无论三岁小孩,八十老人,都……拥护苏维埃及拥护共产

---

① 张侃,徐长春:《中央苏区财政经济史》,厦门大学出版社1999年版,第69页。

② 江西省档案馆,中共江西省委党校党史教研室:《中央革命根据地史料选编》(上),江西人民出版社1982年版,第302页。

③ 折算率:一亩相当于四担二十二桶。

④ 中华人民共和国财政部《中国人民负担史》编辑委员会:《中国农民负担史》(第三卷),中国财政经济出版社1988年版,第70页。

⑤ 中共龙岩地委党史资料征集领导小组,龙岩地区行政公署文物管理委员会:《闽西革命史文献资料》(第3辑),1982年,第147页。

⑥ 《毛泽东农村调查文集》,人民出版社1982年版,第348页。

党的主张。"①具有初步阶级意识的农民大量加入共产党。1929 年 5 月打下龙岩永定后,"红四军党员发展到 1329 人",其中农民 626 人,占 47％②。到 1933年 3 月至 9 月,红军中的党团员成分已经达到 55％以上③,且呈不断上涨的趋势。

虽然中央苏区农民对苏维埃这个舶来品不熟悉,但通过中国共产党土地政策,认识到这个政权是切切实实为老百姓利益服务的。因此农民积极参与苏维埃的政权建设。中华苏维埃共和国临时中央政府成立后,中国共产党领导下的苏维埃政权组织过三次国家级的选举(第一次 1931 年 11 月—1932 年2 月;第二次 1932 年 9 月—1932 年底;第三次 1933 年 8 月—1934 年 1 月)。毛泽东在才溪乡调查报告中充分肯定了"上下才溪的选举是一般成功了的……成为苏区选举运动的模范"④。才溪群众积极参加乡苏的选举活动,选民中除"病的,放哨的,在合作社工作出外办货的,女子坐月的,共约百分之二十没有到"⑤外,80％的选民参加了投票选举,"老人也撑着棍子到会"。到会的选民认真行使自己的权利,在候选人的名字下填注意见,"注'好'、'不好'等字的多,注'同意'或'消极'的也有。有一人名下注着'官僚'二字"⑥。苏区群众如此关注选举权和被选举权,说明农民是真心拥护苏维埃政权的。

2.参加红军,保卫苏维埃政权

土地斗争实践使"群众得到了土地革命的利益",为了保卫革命果实,巩固苏维埃政权,中央苏区的农民"对红军是极端拥护"⑦,他们踊跃参加红军。从1932 年 2 月至 1934 年 7 月间,中央苏区发动了 3 次大规模扩红运动,总人数约 16 万余人,占中央苏区总人口的 5.3％(若按劳动年龄人口比,占比将更

---

① 江西省档案馆,中共江西省委党校党史研究室编:《中央革命根据地史料选编》(上),江西人民出版社 1982 年版,第 355~356 页。

② 中央档案馆编:《中共中央文件选集》(第 5 册),中共中央党校出版社 1989 年版,第 685 页。

③ 中共江西省委党史研究室等编:《中央革命根据地历史资料文库:军事系统》(12),江西人民出版社 2015 年版,第 3081 页。

④ 《毛泽东农村调查文集》,人民出版社 1982 年版,第 338 页。

⑤ 《毛泽东农村调查文集》,人民出版社 1982 年版,第 337 页。

⑥ 《毛泽东农村调查文集》,人民出版社 1982 年版,第 337 页。

⑦ 中共江西省委党史资料征集委员会,中共江西省党史研究室编:《中央苏区第二次反"围剿"》(江西党史资料第十八辑),1991 年,第 131 页。

大）。但有的乡农民实际参军的比例更高,如上杭才溪乡,"上才溪全部青年壮年男子(十六岁至五十五岁)五百五十四人,出外当红军、做工作的四百八十五人,占百分之八十八。下才溪全部青年壮年男子七百六十五人,出外当红军、做工作的五百三十三人,也占了百分之七十"①。长汀县仅 1934 年 1 月至 4 月,就扩大红军 3214 名,超过中革委计划 864 名②。闽西苏区甚至出现全家参军的感人情景,如永定太平区林修富全家八兄弟连同嫂侄共 12 人,先后参加革命。据《红色中华》及有关资料统计,闽西苏区仅第五次反"围剿"战争中扩大红军共达 3 万余人。毛泽东说:"这样大数量地扩大红军,如果不从经济上、生产上去彻底解决问题,是决然办不到的。"正是中国共产党领导农民群众进行彻底的土地革命,实现了"耕者有其田"的愿望,苏区群众才会以极大的热情参加红军,支援革命战争。

二、闽西苏区的土地分配政策在中央苏区的示范作用

"闽西的土地斗争比赣西南开展得更早,经验也更丰富,尤其是邓子恢有很好的创造。"③从 1929 年 6 月龙岩开始分田试点至 1930 年初已取得"彻底胜利",闽西红色区域内上百万亩的土地分配工作得以完成,大约 80 万农民获得了土地。④ 而赣西南的土地分配较晚,"自'二七'会议后在江西才开始了土地革命,破坏了封建制度,分配了土地"⑤。从土地分配的实际情况看,闽西苏区的分田较赣南苏区进展得快。

闽西能在很短的时间内完成土地的分配任务,主要是中共闽西党组织创造性地制定了符合农民群众的土地分配政策。

(一)首创"抽多补少"的原则,加速苏区土地分配进程

1928 年永定暴动后,邓子恢等人就领导农民群众在永定溪南区金砂乡开

---

① 《毛泽东农村调查文集》,人民出版社 1982 年版,第 341 页。

② 中共龙岩地委党史资料征集研究委员会:《闽西革命根据地史》,华夏出版社 1987 年版,第 197 页。

③ 余伯流,凌步机著:《中央苏区史》,江西人民出版社 2001 年版,第 245 页。

④ 蒋伯英著:《闽西革命根据地史》,福建人民出版社 2019 年版,第 111 页。

⑤ 江西省档案馆,中共江西省委党史教研室:《中央革命根据地史料选编》(上),江西人民出版社 1982 年版,第 379 页。

展分田运动,在深入群众广泛征求建议的基础上,提出分田以乡为单位,本乡农民分其本乡的土地。按各人原耕土地抽多补少,不要打乱平分。"这一分配方法,是溪南区的创造。"①1929 年 6 月,邓子恢在龙岩领导土地的没收和分配工作,他根据永定溪南里的经验,结合龙岩的具体情况制定分田政策:"决定以乡为单位,将全乡农民原来所耕土地按人口分配……,分配办法则是采取按原耕抽多补少办法,不要打乱平分。"②按人口平分,采取抽多补少的办法,简化了分田手续,加快了土地革命进程,到 1930 年 2 月中共闽西特委召开第二次扩大会议时,闽西的土地分配任务基本完成。

　　赣西南苏区借鉴闽西苏区快速分田的经验,加快土地革命的进程。赣西南苏区的分田运动是在"二七"会议后才全面铺开的。当时的《上海报》对赣西南的土地斗争做了这样报道:"赣西南红色区域的土地问题,在今年'二七'以前,除永新、莲花、宁冈、东固外,都没有解决。吉安北路的内外延,割据了三年,还未分田。"③可见,在 1930 年 2 月的"二七"会议前赣西南的分田工作进展迟缓。"二七"会议批判了以江西省巡视员江汉波为代表的在土地问题上所犯的只作宣传、不分土地的机会主义错误,使得"分配土地,建立政权各项中心工作,都因此停顿在半生半死的状态中"④,联席会议强调平分快分土地是当务之急。赣西南特委依据"二七"会议精神,"根据闽西及前委在各地调查的结果,定了一本土地法(已寄来中央)"⑤。这"一本土地法"是指《赣西南苏维埃政府土地法》,这部土地法借鉴闽西苏区的分田经验,规定了田地分配应"以乡为单位",按照"抽多补少为原则,不得采取绝对平均主义重新瓜分"⑥。由于

---

　　①　孔永松,邱松庆编著:《闽粤赣边区财政经济简史》,厦门大学出版社 1988 年版,第 44 页。

　　②　中共龙岩市委党史资料征集研究委员会编:《龙岩人民革命史》,厦门大学出版社 1989 年版,第 99 页。

　　③　许毅主编:《中央革命根据地财政经济史长编》(上),人民出版社 1982 年版,第 259 页。

　　④　许毅主编:《中央革命根据地财政经济史长编》(上),人民出版社 1982 年版,第 251 页。

　　⑤　许毅主编:《中央革命根据地财政经济史长编》(上),人民出版社 1982 年版,第 253 页。

　　⑥　许毅主编:《中央革命根据地财政经济史长编》(上),人民出版社 1982 年版,第 255 页。

有了正确的土地路线和政策,在"二七"会议和赣西南"一大"后,赣西南的土地斗争蓬勃开展。"半年之内,武装迅速扩大了,土地进行了分配,苏区也迅速扩大了……各县苏维埃政权也很快地建立起来了"①。

(二)实施"抽肥补瘦"原则,解决苏区土地分配肥瘠不均的问题

在解决土地分配的数量后,中共闽西党组织又提出应解决土地分配中的质量问题。1930 年 6 月的"南阳会议"进一步完善了土地分配办法,规定:"应该于'抽多补少'之外加上'抽肥补瘦'一个原则。"②据此,闽西苏区在抽多补少的基础上,按抽肥补瘦的原则重新查实分配土地。毛泽东肯定了闽西"抽肥补瘦"限制富农的做法,并"决定在所有苏区推广"③。1930 年 8 月,中国革命军事委员会颁布的《苏维埃土地法》规定:"为求迅速破坏封建势力并打击富农起见,分田须按抽多补少、抽肥补瘦的原则,不准地主富农瞒田不报及把持肥田。"④同年 10 月 19 日和 10 月底,红一方面军总前委和江西省行委先后召开峡江会议和罗坊会议,要求各乡必须按人口和按"抽多补少,抽肥补瘦"的原则,重新分配土地,"在那富农把持肥田的区域,要迅速再来一个质量上的平分土地"⑤。11 月,江西省苏维埃政府主席曾山签发通告,重申彻底平分土地的要求,"如未按照抽肥补瘦或瞒地或政府留用了公田,凡政府负责的分了好田的地方,应得此通知后,限 5 天内将所有土地重新按照抽肥补瘦的方法分配"⑥。1930 年秋,赣南苏区各县按抽多补少、抽肥补瘦原则对原先分配的土地进行重新调整。各县第二次分田在 1930 年底基本结束,少数地方到 1931

---

① 许毅主编:《中央革命根据地财政经济史长编》(上),人民出版社 1982 年版,第115 页。

② 中共龙岩地委党史资料征集领导小组,龙岩地区行政公署文物管理委员会编:《闽西革命史文献资料》(第 3 辑),1982 年,第 335～336 页。

③ 中共赣州地委党史工作办公室编著:《赣南人民革命史》,中共党史出版社 1998 年版,第 121 页。

④ 中共中央文献研究室中央档案馆编:《建党以来重要文献选编(1921—1949)》(7),中央文献出版社,2011 年版,第 760 页。

⑤ 中共赣州地委党史工作办公室编著:《赣南人民革命史》,中共党史出版社 1998 年版,第 121 页。

⑥ 中共江西省委党史研究室,中共吉安市青原区委等编:《东固·赣西南革命根据地史料选编》(1),中央文献出版社 2007 年版,第 620 页,

年秋冬甚至 1932 年春才完成分田工作。"农民对第二次分田的结果非常满意。"①

（三）以乡为单位，原耕总和分配方式，避免了分田中的诸多纠纷

关于分田区域标准的确定，闽西苏区在实践中不断探索完善。中共闽西"一大"通过的《土地问题决议案》提出了"以乡为单位，由某乡农民将他们在本乡及邻乡所耕田地总和起来共同分配"的原则，这是总结永定溪南分田只以本乡农民在本乡耕种田地总和分配引起矛盾纠纷的教训而进行的重新修订。

赣西南苏维埃政府通过借鉴闽西经验及前委在各地的调查结果，制定了《赣西南苏维埃政府土地法》。此土地法规定了"分田以乡为单位，由某乡农民将他们在本乡及邻乡所耕田地总和起来，共同分配"②的分田区域标准，但在实际分田中，赣西南各县没有按此标准执行，有的地方是"以村为单位或以姓为单位"，有的地方"以县为单位"。毛泽东在 1930 年 5 月至 10 月对赣南苏区东塘等地的实地调查中发现："赣西南分了土地的有几十县。高级政府颁布的土地法是以乡为单位去分配，一般高级机关的工作人员大家也以为是照着乡为单位去分配的，哪晓得实际情形完全两样，普遍的是以村为单位去分配，以乡为单位分配的很少。"③他分析了"以村为单位"分配土地的区域标准存在诸多弊端："（一）大村不肯拨田于小村。（二）单位太多，区政府不易督促，暗中生出许多弊端。（三）一村之内，容易被地主富农以姓氏主义蒙蔽群众，不彻底平田，彻底打土豪。"④在分田过程中，就出现"一切大姓分好田，小姓分坏田""被非阶级分子利用姓氏来包办分田"⑤的情形。毛泽东在充分调查的基础上得出结论："以村为单位，这种利于富农不利于贫农的分配法，是应该改变的"，"正当的办法应该是：以乡为单位"。⑥ 同时，毛泽东肯定了闽西苏区"原耕总

---

① 中共赣州地委党史工作办公室编著：《赣南人民革命史》，中共党史出版社 1998 年版，第 122 页。

② 许毅主编：《中央革命根据地财政经济史长编》（上），人民出版社 1982 年版，第 254 页。

③ 《毛泽东农村调查文集》，人民出版社 1982 年版，第 254 页。

④ 《毛泽东农村调查文集》，人民出版社 1982 年版，第 276 页。

⑤ 本书编写组：《第二次国内革命战争时期土地革命文献选编(1927—1937)》，中共中央党校出版社 1987 年版，第 574 页。

⑥ 《毛泽东农村调查文集》，人民出版社 1982 年版，第 254 页。

合分配"法,"以乡为单位,按全乡人口总数,除全乡人口原来所耕田地的总数(全乡人口原来在本乡耕的和原来在外乡耕的合计起来),抽多补少,抽肥补瘦,移得田动的移田(田多的村,把田推一部分给田少的村),移田不动的移民(隔远了,无法移田,只好移民)"[①]。1931 年春,江西省、县、区苏维埃主席会议通过关于《土地问题提纲》的决议,要求各地以乡或等于乡的行政村为单位分配土地。[②] 江西省苏维埃政府于 1931 年 5 月发布了《关于土地问题的布告》,重申土地分配要以乡为单位。[③] 此后,赣南苏区的土地改革始终坚持这一正确的土地分配政策。

三、彻底的土地革命对闽西保田斗争的深刻影响

从 1934 年中央主力红军长征到新中国成立的这段时期内,原分配给苏区农民的土地大部分被地主豪绅夺回去了,但在闽西革命根据地的大片农村,土地革命成果仍保留在农民手中。根据新中国土地改革前调查,闽西有 15 个区、83 个乡、14.6 万人口,约有 20 万亩的土地一直保留在农民手中。[④] 闽西创造了全国绝无仅有的奇迹。这样的奇迹是闽西地方党组织领导闽西人民进行艰苦卓绝的保田斗争的结果。

1934 年至 1937 年的三年游击战争时期的斗争,中共闽西党组织迫使国民党在合作抗日的协议中保证"土地革命时期所分配的土地,应保持原状,未分配土地的地区应实行减租减息"[⑤],从而确认了闽西农民对土地的所有权。在闽西三年的"抗日合作"时期,中共闽西党组织与国民党进行了有理有据的合法斗争,挫败国民党顽固派"全面收租"的阴谋。1941 年 1 月,国民党制造

---

① 《毛泽东农村调查文集》,人民出版社 1982 年版,第 279 页。

② 本书编写组:《第二次国内革命战争时期土地革命文献选编(1927—1937)》,中共中央党校出版社 1987 年版,第 397 页。

③ 本书编写组:《第二次国内革命战争时期土地革命文献选编(1927—1937)》,中共中央党校出版社 1987 年版,第 397 页。

④ 苏俊才:《中国现代土地关系史上的一个特殊篇章:也谈 20 世纪 40 年代闽西地区土地关系的演变》,载《党史研究与教学》,2006 年第 2 期,第 42 页。

⑤ 龙岩市委党史资料征集研究委员会编:《龙岩人民革命史》,厦门大学出版社 1989 年版,第 260 页。

了"闽西事变",疯狂地密捕、暗杀闽西的党员同志,同时,闽西顽固派把夺田黑浪推到顶峰。中共闽西党组织领导农民群众粉碎了国民党"扶植自耕农"的夺田阴谋,使国民党在闽西的最后一个夺田计划失败。闽西的保田斗争之所以能取得胜利,原因是多方面的,但关键是有中共闽西地方党组织的坚强领导和广大人民的支持,其中很重要的一方面是彻底的土地革命给闽西根据地带来的深刻影响。苏区时期开展的土地革命,制定和实施了符合农民群众要求的土地政策,实现了"耕者有其田"的梦想,中国共产党彻底分田的做法得到广大群众的衷心拥护。当国民党当局支持地主豪绅反攻倒算、逼租夺田时,闽西群众以高昂的斗志在中共闽西地方党组织的领导下,与国民党顽固派和地主豪绅进行针锋相对的保田斗争。即使在党组织被迫上山隐蔽斗争的岁月里,各地秘密农会坚持发动群众抗租保田,斗争始终没有停止过,打破了国民党顽固派一次次的夺田阴谋,使土地革命分田果实一直保留在农民手中。闽西保田斗争的胜利,反映了中国共产党在闽西开展的土地革命产生了深远的影响,土地政策深得民心。

总之,中国共产党领导的土地革命是史无前例的伟大创举,其制定的土地政策、工作方式方法都要在艰苦而细致的革命实践中摸索、完善与发展,其间出现的理论偏差、政策失误、工作不当也是在所难免。但总体而言,中国共产党领导苏区农民摧毁了封建土地制度,逐步形成了符合苏区实际的土地政策,这一政策不仅在中央苏区时期产生了积极效应,而且极大地影响了中国的土地改革。单是"抽多补少,抽肥补瘦"这一分配政策,"影响所及,不仅中央苏区,而且为各革命根据地普遍采用,甚至一直延续到中国民主革命结束。在解放战争和中华人民共和国成立之初的土地改革期间,这项政策依然是中国共产党土地改革的一项重要内容,发挥了很大的作用"[1]。

---

① 蒋伯英著:《邓子恢与中国农村变革》,福建人民出版社 2004 年版,第 55 页。

第三章　中央苏区时期闽西
合作社运动

　　中国共产党领导苏区群众开展土地革命,如何组织农民群众发展生产改善生活,创办和发展壮大合作社组织是中国共产党在革命战争时期开展经济建设的重要一环。在中央苏区时期,闽西苏区党积极探索,组织群众开展合作社运动,促进了苏区经济发展,支援了革命战争,巩固了苏维埃政权。

第一节　闽西苏区创办合作社的历史背景

一、闽西苏区创办合作社的外部因素

（一）殖民性经济冲击乡村经济

　　鸦片战争后,西方殖民主义者凭借各种政治经济特权,开始对中国进行经济侵略。"外国通通视中国为他的销货场"[①],西方列强把通商口岸作为商品输出据点,利用中国原有的商业流通网络,将资本主义国家廉价商品倾销到中国各地,攫取巨大的经济利益。

　　1929—1933年波及全球范围的资本主义世界经济危机爆发,各帝国主义国家为了转嫁其国内危机,更是将中国看成是倾销其剩余产品的"销货场",这就严重破坏了我国土特产品价格的正常市场秩序。地处山区的闽西经济也同

---

　　①　中共龙岩地委党史资料征集领导小组,龙岩地区行政公署文物管理委员会:《闽西革命史文献资料》(第1辑),1981年,第203页。

样难逃这样的命运。"资本主义国家的工业品强制地输入,尤其是日本的。"①
比如,日本的三井洋行在龙岩设有代办处②,这个代办处主要从闽西低价收购
烟叶后运回日本,制成"洋烟"再倾销到闽西。由于"帝国主义的商品比手工业
制品以及土著工业的制品成本更低,货色更精良,此种商品深入内地,使福建
十足的农业封建社会更加容易破产"③。当时闽西的"一种重大的事变"④就
是:"无论什么偏僻的乡村,都有许多种洋货侵入,对于手工业厉行袭击,特别
是烟纸两业的失败,影响手工业,同时影响农业,巨额的收入减少,失业的人数
增多,完全是受外国纸烟的影响。"⑤闽西的手工业"受洋货的排斥,日形停
滞",出产品"有一落千丈之势"⑥。

　　总之,西方国家的商品倾销,进一步冲击了闽西原本脆弱的传统农业和手
工业经济的发展。"手工业者当不起帝国主义商品的进迫,不破产失业的也穷
困至不堪度日。"⑦闽西当时的手工业属于农民家庭手工业,手工业者多数是
半农半工,手工业的衰败直接影响农业生产和商品流通,引起农业的衰败和商
品流通受阻,导致民众生活更加困苦。要改变这种境况,必须打破封建的经济
制度和经济结构,对生产要素进行重组,实现经济转型。

　　(二)国民党的经济封锁造成苏区经济发展极为困难

　　红色政权的诞生,日渐引起国民党反动派的惊恐,他们加紧对革命根据地
的军事"围剿"。国民党认为其对苏区"围剿"失利的原因是"交通物质封锁不

---

　　① 中共龙岩地委党史资料征集领导小组,龙岩地区行政公署文物管理委员会:《闽西
革命史文献资料》(第 1 辑),1981 年,第 430 页。

　　② 孔永松,邱松庆著:《闽西革命根据地的经济建设》,福建人民出版社 1981 年版,第
3 页。

　　③ 中共龙岩地委党史资料征集领导小组,龙岩地区行政公署文物管理委员会:《闽西
革命史文献资料》(第 1 辑),1981 年,第 437 页。

　　④ 中共龙岩地委党史资料征集领导小组,龙岩地区行政公署文物管理委员会:《闽西
革命史文献资料》(第 1 辑),1982 年,第 184 页。

　　⑤ 中共龙岩地委党史资料征集领导小组,龙岩地区行政公署文物管理委员会:《闽西
革命史文献资料》(第 1 辑),1982 年,第 184 页。

　　⑥ 中共龙岩地委党史资料征集领导小组,龙岩地区行政公署文物管理委员会:《闽西
革命史文献资料》(第 3 辑),1982 年,第 189 页。

　　⑦ 中共龙岩地委党史资料征集领导小组,龙岩地区行政公署文物管理委员会:《闽西
革命史文献资料》(第 1 辑),1981 年,第 437 页。

严,实为军事上最大之影响"①,蒋介石在他的训词中提出:"将'匪'区严密封锁是我们(指国民党)一个最重要的战略。"②国民党在对苏区进行军事"围剿"的同时实行严密经济封锁,"企图建立纵深二百六十里的封锁网","来破坏苏区的经济生活"。③ 为此,国民党当局颁布了《封锁推行办法》,把靠近中央苏区的白区(即国民党统治区)划为"封锁区域",各水陆交通要隘设管理所。国民党福建省政府也炮制所谓《闽省封锁推进办法》,成立"封锁苏区管理所""封锁督察处"等机构,在水陆交通要隘设"检查卡"。禁止食盐、汽油、洋油、电料、药品器材以及可供制造军用品之材料等运往苏区,而闽西苏区生产的纸、木、烟、茶等土特产品绝对禁止输出。

福建省反动政府"划定靠近根据地的漳平、南靖、平和、永安、华安、宁洋、大田、德化等二十八个县为封锁区域,并设闽江、漳江、汀江水道督察处,埔(广东大埔)杭(上杭)永(永定)封锁督察处。在海澄、石码、水潮、雁石、新圩、东江桥、河田、中屋村、朋口、白砂、旧县等处设检查卡。封锁区域内对食盐、火油实行公卖"④。

广东反动政府也严密封锁闽粤边境,控制汀江。他们规定"凡汀江上的船只只准顺流外驶,不准回汀。往宁化、清流、连城、永定、广东的陆路要严格设站检查,不准药品、盐、煤油和其他工业品运往汀州内地。同时,也不准汀州出产的土特产外运,断绝贸易往来和商品交换"⑤。整个闽西苏区处在国民党的严密经济封锁中,隔绝了与外界的往来,导致苏区经济发展极为困难。

二、闽西苏区创办合作社的内部因素

闽西苏区创办合作社的内部因素,主要是苏区境内的工农业产品"剪刀

---

① 《南昌行营通令政字第 11 号》,南昌:江西省档案馆,档案号:J016-3-2159。

② 江西省档案馆,中共江西省委党校党史教研室:《中央革命根据地史料选编》(下),江西人民出版社 1982 年版,第 608 页。

③ 江西省档案馆,中共江西省委党校党史教研室:《中央革命根据地史料选编》(下),江西人民出版社 1982 年 1 版,第 609 页。

④ 孔永松,邱松庆著:《闽西革命根据地的经济建设》,福建人民出版社 1981 年版,第 55 页。

⑤ 中央苏区工运史征编协作小组编著:《中央革命根据地工人运动史》,改革出版社 1989 年版,第 176 页。

差"问题严重。

闽西暴动后,各地相继成立苏维埃政权,土地分配任务基本完成。但是,在红色区域内,发生了"很严重的经济问题"①,即工农业品价格"剪刀差"现象。在上杭、永定等地,粮食价格狂跌,猪肉、鸡蛋等其他农产品也都飞快地跌价,而工业品的价格却不断上涨。"米价大池每元四斗多,古田二斗多,虎岗三斗多,北三、四区二斗,龙门、龙岩一斗五、六,肉价各地多系五两,鸡蛋等等都是跌价;另一方面城市工业品反而涨价(尤其是盐、糖、洋油等涨得快),工人工资更一般的提高(岩城一般提高四成,农村间也提高二成)。这样农产品与工业品的价格相差太远,恰如剪刀口一样,越张越开,这便是所谓剪刀(差)现象。"②

形成"剪刀差"现象的原因是多方面的,一方面是国民党对红色区域实行物资封锁、交通封锁,几乎隔绝了闽西与外界工业区域的往来,加上本地工业落后,致使工业品奇缺而涨价,而本地的农产品也因经济封锁无法输出而滞销。另一方面,闽西暴动后,农村中的高利贷被废除了,新的借贷关系还未建立,农民告贷无门,资金周转困难。农民"在此收获时节,无钱发给工资,结果只有贱卖粮食以资救济"③。工农业产品价格的"剪刀差"现象日趋扩大,农民终年劳苦,生活却没有改善。"这种剪刀现象实际上仍是剥削农民。农民以多量农产品,只换取少量工业品。比如做一件衫裤,要洋布一丈二尺。以二毛钱一尺的洋布计算,要去小洋二元四角,若拿二元四角钱到大池可买米一石以上,可知大池农民粜出一石米,才买得一件衫裤布料,这是何等滑稽的一回事。……这种剥削简直比任何方法还要厉害,农民受了这种剥削,必然要穷困下来。"④"剪刀差"现象致使农民怠工,不愿意耕种田地,影响苏区农业生产。这种状况必然使农民的购买力日益低下,造成商场冷落、百货滞销,影响苏区工业生产,造成整个闽西社会经济无法正常运转。这种现象如果任其发展还

---

① 中共龙岩地委党史资料征集领导小组,龙岩地区行政公署文物管理委员会:《闽西革命史文献资料》(第 2 辑),1982 年,第 208 页。

② 中共龙岩地委党史资料征集领导小组,龙岩地区行政公署文物管理委员会:《闽西革命史文献资料》(第 2 辑),1982 年,第 208 页。

③ 中共龙岩地委党史资料征集领导小组,龙岩地区行政公署文物管理委员会:《闽西革命史文献资料》(第 2 辑),1982 年,第 209 页。

④ 中共龙岩地委党史资料征集领导小组,龙岩地区行政公署文物管理委员会:《闽西革命史文献资料》(第 2 辑),1982 年,第 208 页。

会减弱农民群众的革命热情,影响苏维埃政权巩固。

面对严峻的经济形势,闽西特委认为"受军阀的经济封锁,商人的购买怠工以致物价高贵,金融停滞",造成"群众痛苦尚不能彻底解除",因此"合作社的组织是目前闽西群众最急切的需要"①。要求"各级政府工作,应针对群众要求,为群众解决痛苦,在目前应努力帮助建立合作社组织,并提倡农产品展览会,奖励生产,经营对外输出,以解决剪刀现象"②。

总之,中共闽西党组织把建立和发展合作社看成是应对西方商品倾销、打破国民党经济封锁、解决"剪刀差"现象的重要途径,是苏区经济战线的主要环节。

第二节　闽西苏区各类合作社发展概况

"中央苏区合作社的创办,源于闽西苏区"③,闽西特委书记邓子恢首倡了合作社并予以实践。

由于敌人的经济封锁和奸商的捣乱,闽西苏区的工农产品"剪刀差"极为严重,农民终年劳苦,生活却没有改善。为此,闽西特委于 1929 年 9 月发出《关于剪刀差问题》的第七号通告,分析"剪刀差"产生的原因及危害,并确定了中共闽西党组织的"剪刀差"政策,提出了开办农民银行、筹集资金收购粮食、创办合作社等主张。1929 年 10 月,邓子恢以中共闽西特委的名义给福建省委作"中共闽西特委党务报告",报告又提到创办合作社事宜,认为应"加紧经济建设事业工作,如合作社等"④。1929 年 11 月,闽西特委召开第一次扩大会议,会议决议要求:各级政府应针对群众要求,"应努力帮助建立合作社组织"⑤,

---

① 《邓子恢文集》编辑委员会:《邓子恢集》,人民出版社 1996 年版,第 29 页。

② 中共龙岩地委党史资料征集领导小组,龙岩地区行政公署文物管理委员会:《闽西革命史文献资料》(第 2 辑),1982 年,第 325 页。

③ 余伯流:《中央苏区经济史》,江西人民出版社 1995 年版,第 266 页。

④ 中央档案馆,福建省档案馆:《福建革命历史文件汇集》(闽西特委文件 1928—1936 年),1984 年,第 151 页。

⑤ 中共龙岩地委党史资料征集领导小组,龙岩地区行政公署文物管理委员会:《闽西革命史文献资料》(第 2 辑),1982 年,第 325 页。

决议强调创办合作社的必要性。1930 年 3 月,闽西第一次工农兵代表大会在龙岩召开,成立了闽西苏维埃政府(邓子恢任主席兼经济委员会主任),在发布的闽西第一次工农兵代表会议宣言中,中共闽西党组织又一次提出了解决这一问题的指导思想,统筹闽西社会经济之发展与调节,使纸、木、烟能够输出,外来生活必需品源源而来,调节粮食金融,以解决群众之生活问题[①],大会审议通过了《合作社条例》,于 1930 年 5 月颁布各地予以施行。从此,闽西苏区的合作社运动更加广泛地开展。

合作社组织是由工农群众集资组成的,是抵制资本家的剥削和怠工、保障工农群众利益的有力武器,成为发展苏维埃经济的一个主要方式[②]。在中央苏区时期,闽西创办的合作社种类多样,按合作社的业务范围划分,主要有消费合作社、生产合作社、粮食合作社、信用合作社等。

一、粮食合作社

(一)粮食合作社的创办

粮食调剂局是由闽西苏维埃政府组织的行政机关,但在实际运转中也存在着一些缺点与错误,比如,强制向新旧富农借款,"侵犯中农引起中农恐慌",调剂局只收购贫农雇农的稻谷,将中农排除在利益保护之外,脱离了中农。同时,粮食调剂局"不是群众力量来组织,只是政府包办",因此,邓子恢在总结闽西苏区粮食调剂局的经验教训之后,提出了创办粮食合作社的主张:

"根据过去这些经验,我们现在想出一个办法,便是粮食合作社的办法。这个合作社是群众的经济组织,由中农、贫农、雇农群众自动入股,集中股本。向社员收买谷子,谷价要比市价高一些,收买来的谷子,存储到明年,又用比市场价便宜一点的价格粜给社员,多余的则运往米价高的地方去卖,结算后赚得的钱,除留存公积金外,其余按照各社员所粜谷子多少为比例分配。"[③]

粮食合作社是利用苏区群众自愿入股的股金,在收获时节以高于市价的价钱向社员收购谷子,将买入的谷子统一储存,到次年青黄不接时再以略低于

---

① 蒋伯英主编:《邓子恢闽西文稿(1916—1956)》,中共党史出版社 2016 年版,第 191 页。
② 中国社会科学院经济研究所中国现代经济史组:《革命根据地经济史料选编》(上),江西人民出版社 1986 年版,第 87 页。
③ 《邓子恢文集》编辑委员会:《邓子恢文集》,人民出版社 1996 年版,第 41 页。

市价的价格卖给社员。同时,合作社将盈余的粮食运往粮价高的地方出售,所赚的钱扣除留公积外,按社员粜谷多少为比例进行分配。粮食买卖的数量及价格均由社员大会确定。比如,上才溪粮食合作社成立时群众按照每股股金大洋一元入股,共筹集 215 元。当时谷子市价是每元一斗七升,合作社向社员买进是每元一斗五升,比市价贵二升购买。到了春荒时节,合作社以每元一斗四升五合(除去损耗五合)价格售给群众,又比市价便宜。①

(二)粮食合作社在发展过程中存在的问题

闽西苏区粮食合作社在发展过程中曾出现经营不善的诸多问题:一是货价不合理,如"汀州的粮食合作社、列宁书局,大洋坝、旧县、涂坊合作社的货价比私人商店的货价还要更贵,主要是他们办的货要依靠商人而不去想办法开辟自己贩卖货物的路线"②。同时,多数合作社对社员与非社员买物实行无差别价格的制度,这样"不能刺激一般群众在有利的条件下踊跃加入合作社的热情"③。二是经营制度不合理,赊账盛行,"如四都合作社一万多毛本钱,欠账四千毛。白沙横江乡合作社千多毛本钱,有一个人就欠了一百二十九毛半的账,而且欠了八九个月"。致使这些合作社难以运转,损害了其他社员的利益。三是办事人贪污腐化,由于办事人的不负责或是贪污,有的合作社连本钱都吃光了,"旧县粮食合作社本钱有一千四百六十元,现在只有七十多元了"④。四是违背合作社建社原则,存在官僚主义现象。有的合作社不召开社员大会,认为区委、区苏是他们上级机关,忽视社员的主体地位,"像汀州市粮食合作社就根本忘记了自己的社员,合作社的监察委员会竟不由社员选举,而由风马牛不相关的其他组织(当然在某种意义上),如工会、政府、列宁书局等委派代表来组织,这实在可以说是官僚主义的典型"⑤。以上这些问题的存在,损害了农

---

①　中共上杭县委党史工作委员会编:《上杭人民革命史》,厦门大学出版社 1989 年版,第 89 页。

②　中国社会科学院经济研究所中国现代经济史组:《革命根据地经济史料选编》(上),江西人民出版社 1986 年版,第 129 页。

③　中国社会科学院经济研究所中国现代经济史组:《革命根据地经济史料选编》(上),江西人民出版社 1986 年版,第 129 页。

④　中国社会科学院经济研究所中国现代经济史组:《革命根据地经济史料选编》(上),江西人民出版社 1986 年版,第 129 页。

⑤　中国社会科学院经济研究所中国现代经济史组:《革命根据地经济史料选编》(上),江西人民出版社 1986 年版,第 129 页。

民群众的利益,影响粮食调剂目标的实现。1933 年 8 月,福建省工农民主政府召开第四次执委扩大会,强调指出各种合作社要健全管理委员会、审查委员会等,①以规范粮食合作社的运转,完成粮食调剂任务,保障军需民食。

(三)粮食合作社的建立并非取代粮食调剂局

粮食合作社不同于政府机构的粮食调剂局,是群众自己集资兴办的经济组织。虽然二者机构性质不同,但它们在经营业务上形成一定的互补与合作。粮食调剂局通过粮食合作社帮助农民发展生产,提供生产所需的肥料、种子、农具等,粮食合作社则帮助粮食调剂局运输、调剂粮食,为政府和红军提供粮食供给。粮食合作社"是粮食调剂局的群众基础的组织,经过粮食合作社,调剂局可与群众发生密切的联系"②。

1932 年夏天,邓子恢就任中央财政部长后,决定将闽西建立粮食调剂局与粮食合作社的经验,向全苏区推广。③ 同年 8 月,中央政府发出关于《发展粮食合作社运动问题》的第七号训令,号召全苏区动员起来,建立和发展粮食合作社,要求各县做到在规定的期限内组建好各乡的粮食合作社组织。1932年 8 月 30 日,邓子恢发表了题为《发展粮食合作社运动来巩固苏区经济发展》的文章,详尽论述了成立粮食合作社的意义和作用、任务及成立的途径方法等。

由于粮食合作社具有广泛的群众基础,群众加入这个组织可以增加比较效益,摆脱了工农业产品剪刀差带来的痛苦,同时,社员还可以从合作社的经营盈利中获得分红,群众的生活得到改善,从而促进生产积极性的提高。在各级苏维埃政府的努力推动下,粮食合作社有较大的发展。如,1933 年 2 月,"上才溪粮食合作社股金增加到 418 元,下才溪由原股 137 元增加到 337 元。仅才溪区就"组织了十个粮食合作社,资本多的百余元,少则六七十元;粮食调剂局亦有十个,在区设一个总站"④。到 1933 年 10 月,"闽西有粮食合作社

① 许毅主编:《中央革命根据地财政经济史长编》(下),北京:人民出版社 1982 年版,第 160 页。
② 中央国民经济部:《粮食调剂局与粮食合作社的关系》,载《红色中华》,1934 年第 94 期。余伯流著:《中央苏区经济建设》,中央文献出版社,2009 年版,第 104 页。
③ 余伯流,凌步机著:《中央苏区史》(下),江西人民出版社 2017 年版,第 838 页。
④ 福建省龙岩市双拥工作领导小组办公室等编:《闽西中央苏区双拥工作史料汇编》(上册),中共党史出版社 2018 年版,第 432 页。

189 个,股金 29282 元,至 1934 年 1 月发展到 10 万社员,10 万元股金"[1]。

据统计,"到 1934 年 2 月,全中央苏区粮食合作社达 10712 个,社员 24 万人,股金 24 万多元"[2]。

二、消费合作社

消费合作社是中央苏区合作社商业的重要组成部分,其办社宗旨是"为便利工农群众贱价购买日常所用之必需品,以抵制投机商人之操纵"[3],合作社既收购又销售,收购苏区当地生产的土特产品,运到边界与白区的商人、群众交换,换回苏区缺乏的食盐、西药、洋油等物资[4],是一种保障供给、搞活流通、抵制奸商剥削的群众性的集体经济组织。

(一)闽西苏区消费合作社的成立及运行机制

1929 年 9 月 30 日,为打破敌人的经济封锁,抵制奸商的剥削,保障农民的利益,中共闽西特委发出通知,要求各县区政府经济委员会有计划地向群众宣传,帮助、鼓励群众创办合作社。1929 年 10 月,上杭县下才溪成立闽西第一个消费合作社——油盐肉合作社,同年 11 月,才溪区消费合作社分社在才溪圩"天后宫"诞生。上下才溪的消费合作社除了油盐肉合作社外,还有布匹合作社、豆腐糖果及猪子合作社等,才溪全区八乡共有 14 个消费合作社。紧接着,上杭的茶地、白砂、早康、通贤等地也都办起了乡一级的消费合作社。[5]

在闽西特委的大力宣传倡导下,闽西各地的消费合作社相继成立。永定 1929 年开办起来的有溪南区消费合作社和西二、礼田、岐岭、五方、西陂等乡合作社,同年 11 月,长汀县成立第一消费合作社——宣成消费合作社。到

---

① 福建省地方志编纂委员会:《福建省志·粮食志》,福建人民出版社 1993 年版,第 42 页。

② 刘建业:《中国抗日战争大辞典》,北京燕山出版社 1997 年版,第 1099 页。

③ 中国社会科学院经济研究所中国现代经济史组:《革命根据地经济史料选编》(上),江西人民出版社 1986 年版,第 88 页。

④ 许毅主编:《中央革命根据地财政经济史长编》(下),人民出版社 1982 年版,第 131 页。

⑤ 中共上杭县委党史工作委员会编:《上杭人民革命史》,厦门大学出版社 1989 年版,第 87 页。

1930年春,龙岩的城关、大池、小池、黄坊、雁石等区(乡)所在地也都纷纷成立消费合作社。闽西苏区群众积极集股筹集资金加入合作社,每股股金或五角或一元。到1931年4月,仅就永定合作社运动的发展看,"消费合作社共五十七个,共有基金五千四百四十五元五角一厘,俱有营业"①。闽西各地的消费合作社普遍建立于1931年春,社址主要是各县及各区所在地的集镇。为规范消费合作社的运转,1930年9月,闽西"二苏大"特制定了《闽西消费合作社章程》,明确了消费合作社的任务是"调节商品,低价供给一般居民的日用必需品——米、油、盐、布等"②,以便利群众的生活。章程规定了股东资格,禁止商人入股,富农可入股但无合作社的管理权(后执行反富农路线,1930年9月29日,闽西苏维埃政府通告第3号《关于合作社问题》规定"富农分子不准参加合作社"③),强化了消费合作社的阶级属性。农民群众自愿入股,每股股金"为大洋三角或五角",定期结算消费合作社的经营状况,"区以上半年结算一次,区及乡三个月结算一次,并须将结算账目用书面公布"。消费合作社免向政府缴纳商业税,其经营所得扣除30%作为公积金外,再按比例分配,"百分之十为办事人花红,百分之三十照股金分配,百分之三十照社员买货量比例分配"④。要求定期召开消费合作社委员会议和区联席会议,了解当地群众的购买力情况,对商品价格进行调剂,审查合作社内部账目,并制订下一阶段合作社的工作计划等。章程还对消费合作社的组织架构做出具体规定,消费合作社隶属于闽西政府经济部,区级以上的消费合作社设置会计科、采购部、交易部和商品保管及批发部等部门,采购部又下设统计消费品量科和标定商品价格科。区级以下的消费合作社由会计员、交易员、商品保管及批发员和消费量统计及价格标定员组成。⑤

---

①　许毅主编:《中央革命根据地财政经济史长编》(下),人民出版社1982年版,第130页。

②　中共龙岩地委党史资料征集研究委员会,龙岩地区行政公署文物管理委员会:《闽西革命史文献资料》(第4辑),1983年,第176页。

③　中国社会科学院经济研究所中国现代经济史组:《革命根据地经济史料选编》(上),江西人民出版社1986年版,第307页。

④　中共龙岩地委党史资料征集研究委员会,龙岩地区行政公署文物管理委员会:《闽西革命史文献资料》(第4辑),1983年,第177页。

⑤　中共龙岩地委党史资料征集研究委员会,龙岩地区行政公署文物管理委员会:《闽西革命史文献资料》(第4辑),1983年,第177页。

（二）一个模范的消费合作社

闽西苏区在开展合作社运动中，"上杭的才溪区是模范的一区"①。才溪区消费合作社成立时只有 80 余人，各交股金五角大洋，共有股金 40 余元，同时借了一些公款，立即开始营业。合作社经营的主要业务是以物换物的形式采办货物，大多是用当地生产的米谷、烟叶、纸、豆等农产品去换大批的盐、布等工业必需品。所采办的货物，盐占比高达 70%，布占 20%，其余的日常用品占 10%。该社成立社员代表大会，产生了管理委员 1 人、审查委员 5 人，"在管理委员以下，分设发卖、采办、保管、会计等股"②。审查委员会监督合作社的工作，检查合作社内部账目，禁止贪污、挪用、哄抬物价、营私舞弊等行为。社员大会决定商品的价格和红利的分配等。合作社规定照物品的成本售予社员及红军家属、红军机关及红军各部队，卖给非社员则是成本价上加 5%，群众向合作社买货要比市价便宜一半。社员与红军家属还有优先购买权，"货缺时红属先买，社员后买，非社员再后买"③。合作社在为群众提供廉价商品的同时，积极改善经营方式，力求做到合作社有积累，社员能分红。到 1931 年 12 月结算时，除去一切开支外，该消费合作社共盈利 300 元大洋，经社员大会决定，每一股（5 角）分得红利大洋 5 角。到 1933 年 7 月结算时，除去一切开支外，共盈余 741 元，经社员大会决定不分红，作为合作社公积金，以充裕资本。④ 消费合作社充分体现了群众的利益，社员能从合作社购买到低廉又实用的日用品，又能按投入合作社的股金和从合作社买货的数量比例，分得合作社的盈利，从而得到实实在在的好处，"得到群众极大的信仰"。⑤ 在 1933 年 8 月经济建设大会之前，才溪的消费合作社有 32 个⑥。经济建设大会召开后，

---

①　中国社会科学院经济研究所中国现代经济史组：《革命根据地经济史料选编》（上），江西人民出版社 1986 年版，第 348 页。

②　中国社会科学院经济研究所中国现代经济史组：《革命根据地经济史料选编》（上），江西人民出版社 1986 年版，第 349 页。

③　《毛泽东农村调查文集》，人民出版社 1982 年版，第 346 页。

④　中国社会科学院经济研究所中国现代经济史组：《革命根据地经济史料选编》（上），江西人民出版社 1986 年版，第 348 页。

⑤　中国社会科学院经济研究所中国现代经济史组：《革命根据地经济史料选编》（上），江西人民出版社 1986 年版，第 349 页。

⑥　福建省龙岩市双拥工作领导小组办公室等编：《闽西中央苏区双拥工作史料汇编》（上册），中共党史出版社 2018 年版，第 432 页。

才溪加入消费合作社的社员增多,上、下才溪各有 60% 和 90% 的群众加入,人数达到 1041 人,社员投资入股的股金达到 1041 元。[①] 在 1933 年 12 月 5 日召开的中央苏区消费合作社第一次代表大会上,才溪区消费合作社被评为中央苏区模范消费合作社,为闽西苏区各地消费合作社的发展树立了榜样。

（三）消费合作社发展过程存在的问题及政府的引导

闽西消费合作社在发展过程中也存在着一些问题,比如出现单纯以盈利为目的的经营行为,"消费合作社更是多数像公司性质或商人营业一样图利,如贩牛、宰猪、挑运货物、圩场贩卖等"[②],忽略了合作社为社员提供低廉商品的宗旨。有的合作社徒有虚名,"其内部组织也无依照合作社条例办理,只是一个有合作社的名义"[③]。还有的合作社负责人是富农,据《红色中华》报道:长汀县水口区刘坊乡的合作社,负责人是富农名范炳奎。"他将（股）本亦不多办货,办了货又比别人店更昂贵,而所赚利息却并不分股本给群众,也是天天吃酒呀,吃猪肉呀,吃鸡呀,并将红利息自己落腰包。"[④]闽西第二次工农兵代表大会在总结经验的基础上,对原来的《合作社条例》进行了修订,提出在业商人不准加入合作社,规定了合作社的红利分配比例,强调"合作社借贷买卖及各种章程,不得违反合作社之条例原则"[⑤]。以上要求,并未引起各级政府的充分重视。因此,1930 年 12 月 1 日,闽西苏维埃政府又发出《关于发展合作社流通商品问题》的经字一号通告,指出不按照合作社组织法建立的合作社,除非马上纠正错误,否则就予以取消。规定合作社负责人"应举群众中有信仰的工人贫农来做,不要用过去善于打算记账的富家富农来充当合作社负责人",强调消费合作社向社员提供的商品价格应该是低廉的,"消费合作社向商

---

① 中国社会科学院经济研究所中国现代经济史组:《革命根据地经济史料选编》（上）,江西人民出版社 1986 年版,第 348 页。

② 许毅主编:《中央革命根据地财政经济史长编》（下）,人民出版社 1982 年版,第 127 页。

③ 许毅主编:《中央革命根据地财政经济史长编》（下）,人民出版社 1982 年版,第 127 页。

④ 杨德寿主编:《中国供销合作社史料选编》（第 2 辑）,中国财政经济出版社 1990 年版,第 125 页。

⑤ 许毅主编:《中央革命根据地财政经济史长编》（下）,人民出版社 1982 年版,第 128 页。

店买货不论多少要照批发价折算,同时消费合作社所卖的货要比市场价格较廉"。① 闽西苏维埃政府密集出台条例、通告,进一步规范了消费合作社的健康发展。

为了推动全苏区合作社运动的发展,中华苏维埃临时中央政府于 1932 年 4 月颁布了《关于合作社暂行组织条例的决议》,②规范合作社成立条件,实施登记制度,对社员主体资格及入股股金等都做了细致的规定,为消费合作社的发展起到了推动作用。1933 年 8 月,中央苏区南部十七县经济建设大会做出决议,决定在江西、福建两省建立省消费合作总社,同时改组各级消费合作社,建立县总社。1933 年 11 月,长汀境内相继成立长汀、兆征两县消费合作总社和福建省消费合作社。③ 到 1934 年长汀全县建有消费合作社 71 个,其中区社 11 个、乡社 60 个,另有专营合作社 87 个。④ 闽西其他各县也相应建立县、区、乡消费社合作社,形成了自下而上的完整体系。

消费合作社自 1929 年 11 月在上杭才溪区成立后,就受到苏维埃政府的关注和工农群众的欢迎。1933 年 8 月经济建设大会以后,消费合作社如雨后春笋般出现,蓬勃发展,遍布全苏区。到 1934 年 2 月,中央苏区的消费合作社已发展到 1140 个,拥有社员 295993 人,股金 322525 元。中央苏区各中心区域、主要县份,几乎每个区、乡都有一个消费合作社。

三、生产合作社

中央苏区的生产合作社分农业生产合作社和工业生产合作社两种类型。闽西苏区为农业生产而建立的合作社主要有劳动互助合作社和犁牛合作社。在土地革命时期,闽西没有现代化工业,经济落后,几乎都是手工业。因此,闽

---

①　许毅主编:《中央革命根据地财政经济史长编》(下),人民出版社 1982 年版,第 129 页。

②　中国社会科学院经济研究所中国现代经济史组:《革命根据地经济史料选编》(上),江西人民出版社 1986 年版,第 88 页。

③　中国人民政治协商会议福建省长汀县委员会文史资料委员会:《长汀文史资料》(第 33 辑),1999 年,第 162 页。

④　长汀县地方志编纂委员会编:《长汀县志》,生活・读书・新知三联书店 1993 年版,第 345 页。

西工业生产合作社主要是指手工业生产合作社。在生产领域创办合作社,"打破了世界合作运动问世以来多局限于消费和金融领域的常规,是苏维埃政府的伟大创举之一,促进了中央苏区工农业生产的恢复与发展"①。

(一)农业生产合作社

闽西暴动后,建立了新的土地关系,为农业生产的发展提供了可能,但农业生产能否最终发展,还取决于农业生产力各要素的调整与变动。由于严酷的战争环境,闽西农村经济十分脆弱,个体农民普遍面临着劳动力不足,耕牛、农具严重匮乏等问题,因此,建立劳动互助合作社和犁牛合作社成为发展闽西苏区农业生产的重要途径。

1.劳动互助合作社

闽西苏区的农业生产是传统的精耕细作模式,需要投入较多的劳动力、生产资料等,才能有较高的产出,但在中央苏区时期,闽西的劳动力极其缺乏。一方面,国民党在"会剿""围剿"过程中,滥杀无辜,使无数劳动力丧失生命;另一方面,苏区人民为保卫红色政权,一大批青壮年男子参军参战,又使劳动力缺乏的问题进一步加剧。如,上杭才溪区的劳动力不足尤为严重,"上才溪暴动时共有 2318 人,554 个(16 岁至 55 岁)有劳动能力的男子中,去当红军、协助做工作的 485 人,留在乡村的只有 69 人,男子仅占劳动力总数的 11%。全乡有红军家属 358 家。下才溪共有人口 2610 人,男子有劳动能力的 765 人中,533 人去当红军及做工作,留在乡村的只 232 人,男子也只占劳动力总数的 35%。全乡红军家属 355 家。因此,耕种主要依靠女子"②。这造成许多田地无法耕种,"全区荒了许多田"③,生产力水平下降,"暴动后(1929 至 1931年),生产低落约百分之二十"④。

为解决生产发展与劳动力不足的矛盾,才溪群众在传统换工的基础上建立了耕田队。耕田队是在本村范围内,按照村民自愿原则组织起来的劳动组织,以"五人为一小组,十人为一班,三十人为一中队,百人为一大队,上下才溪各有一个大队"⑤。耕田队的主要任务是帮助红属和群众互助。

---

①　许南海:《中央苏区合作运动述论》,南昌大学硕士研究生论文,2008 年,第 28 页。

②　《毛泽东农村调查文集》,人民出版社 1982 年版,第 342～343 页。

③　《毛泽东农村调查文集》,人民出版社 1982 年版,第 344 页。

④　《毛泽东农村调查文集》,人民出版社 1982 年版,第 344 页。

⑤　《毛泽东农村调查文集》,人民出版社 1982 年版,第 343 页。

"帮助红属:带饭包(不带菜),带农具,莳田割禾也是这样。群众互助:议定每天工钱两毛,男女一样,紧时与平时一样。1930年起就这样做。工钱,红属帮助红属,每天一毛半;红属帮助群众,每天二毛;群众帮助红属,不要工钱。"①

帮助红属的劳动是义务性的,而群众互助形式则开始转变为经济性。才溪群众组织了耕田队可以及时下种、莳田、收割等,不违农时,不误农事,深受农民群众欢迎。1930年6月,毛泽东第一次到才溪乡调查,听取了乡区、区苏干部和耕田队长的汇报,对耕田队的做法大加赞赏,并建议把耕田队提高到"互助组"。1931年夏收时节,根据毛泽东的提议,才溪人民创办了劳动合作社。

劳动合作社是以乡为单位,在群众自愿的基础上建立起来的。其最高权力机关是社员代表大会,选举了合作社委员会。"乡的劳动合作社委员会五人,主任筹划一乡。四村每村一个委员,筹划一村。要请工的,必经村委员,不能私请,否则混乱了劳动力的调剂。工钱,'雇''佣'双方自理,不经委员。"②每个月各村的委员向乡劳动合作社委员会汇报各村的劳动力余缺情况,委员会汇总各村的数据,通盘考虑,再公布"谁家出工,谁家入工"。社员之间的互助,按日计算工钱。"农忙(如春耕夏收)结束后,公布各户来往工数,让社员核查。秋收后,由村委员将社员进出的人工,按当时工资对除,并召开社员大会,张榜公布。如有多的,由劳动合作社付钱。少的则按工数交款给劳动合作社。"③对于红军公田,则由合作社统一安排劳动力,集体耕种,不计报酬。可见,劳动合作社统筹全局,有组织、有计划地统一调剂劳动力,在不改变个体所有制的基础上,实行互助互利。

劳动合作社是在耕田队的基础上组建起来的,它扩大了互助对象和互助范围,不再局限于一村中的红属和村民,而是推广到全区范围的全体农民,"一村中,劳动力有余之家,帮助不足之家。一乡中,有余的村,帮助不足的村。一区中,有余的乡,帮助不足的乡。这样,以区为单位调剂劳力,做劳动工"④。劳动合作社成为闽西苏区调剂农村劳动力的主要方式,但它的出现并没有完全取代耕田队,如上杭在春耕、夏耕、秋收时,"还组织了耕田队(每十人为一组),和

---

① 《毛泽东农村调查文集》,人民出版社1982年版,第343页。

② 《毛泽东农村调查文集》,人民出版社1982年版,第343页。

③ 中共上杭县委党史工作委员会编:《上杭人民革命史》,厦门大学出版社1989年版,第85页。

④ 《毛泽东农村调查文集》,人民出版社1982年版,第343页。

帮助栽植、割禾等"①。此时的耕田队更多的是帮助红属和红军公田劳动。

毛泽东曾赞扬才溪乡的劳动调剂方式,使"生产得着更大的发展",他说:"本乡劳动合作社,一九三一年开始创设的。现在全苏区实行的'劳动互助社',就是发源于此的。"②

劳动互助合作社在中央苏区逐步推广,使农村中的劳动力得以调剂,减轻劳动力不足给农业生产带来的不利影响。因此,苏维埃临时中央政府总结了劳动互助合作社的经验,于 1933 年颁布了《劳动互助社组织纲要》,明确了劳动合作社的性质、作用、组成,调剂劳动的方法与工资的结算等事项,从政策上指导和规范苏区农村的劳动互助组织。1934 年 1 月,毛泽东在"二苏大"的报告中强调劳动互助社的作用,指出:"有组织地调剂劳动力和推动妇女参加生产,是我们农业生产方面的最基本任务。"③在中央苏区政府的引导和鼓励下,劳动合作社发展迅速,到 1934 年几乎遍及赣南、闽西各地农村,单长汀县的劳动互助社就拥有社员 6717 人④,其中男子 5187 人,妇女 1530 人。

2.犁牛合作社

劳动资料是生产力的基本要素,而生产工具是劳动资料中最重要的物质资料。在闽西苏区时期,耕牛是农业生产最重要的劳动工具,起着极为重要的作用。但由于国民党对苏区的军事"围剿",耕牛被大肆宰杀,同时,各县有些奸商,故意宰杀耕牛或偷运到白区贩卖以牟利。因此,耕牛相当缺乏,造成闽西苏区的"雇农贫农虽然领得田地,都很难耕种"⑤。当时上杭才溪区"约百分之二十的人家无牛",严重影响苏区农业生产。长汀的古城区"青山乡有 300 多担田,而耕牛只有 26 头,每年只能耕种 220 担左右,还有 100 多担田没法耕种"⑥。耕牛不足只好让土地撂荒。

---

① 福建省龙岩市双拥工作领导小组办公室等编:《闽西中央苏区双拥工作史料汇编》(下册),中共党史出版社 2018 年版,第 80 页。

② 《毛泽东农村调查文集》,人民出版社 1982 年版,第 344 页。

③ 许毅主编:《中央革命根据地财政经济史长编》(上),人民出版社 1982 年版,第 403 页。

④ 许毅主编:《中央革命根据地财政经济史长编》(上),人民出版社 1982 年版,第 404 页。

⑤ 中共龙岩地委党史资料征集领导小组,龙岩地区行政公署文物管理委员会:《闽西革命史文献资料》(第 3 辑),1982 年,第 420 页。

⑥ 中共长汀县委党史工作委员会:《长汀人民革命史》,厦门大学出版社 1989 年版,第 114 页。

闽西苏维埃政府认识到解决这个问题的紧迫性,强调要保护耕牛,规定"政府没收来之耕牛,仍交与原饲养人使用,不收租税,但须向政府登记,领取耕牛证","杀牛要经过政府批准给予凭证"。[①]"白色区的牛,准予入境,并须使牛贩设法购买;赤色区内的牛禁止贩卖至白色区域。"[②]同时,还要求"各处耕牛耕田力钱,由代表会按照当地情形规定,养牛者不得故意刁难无牛的农民,但牛有病或疲劳过甚者不在此列"。[③]

但是仅靠这些办法不能从根本上解决耕牛缺乏的问题,因此,各级政府开始倡导成立犁牛合作社和允许租牛。犁牛合作社是以乡为单位,按照自愿互利的原则,组织起来的群众性的生产互助组织。[④]全体社员选举出犁牛合作社管理委员会,主任1人,负责合作社的管理工作。犁牛合作社的耕牛以没收豪绅地主的耕牛为基础,同时倡议群众合股购买添置。1931年6月,闽西苏维埃政府颁布《重新分配土地的条例》的布告,指出"豪绅地主及反动派的房屋、财产、耕具,应一律没收,由苏维埃政府分配给雇农、贫农,有的充作公用,牛只耕具,可以组织犁牛经理处,轮流租借"[⑤],如,永定县苏维埃政府就要求"没收的耕牛首先借给合作社使用"[⑥],号召"少牛的乡村,政府尽量向群众宣传集股买牛"[⑦]。长汀苏维埃政府鼓励群众自由集资到江西购买耕牛,增加耕牛数量。犁牛合作社还发动那些有耕牛农具的农民加入合作社,由合作社共同使用,付给租金。苏区政府规定"一切农具肥料及代合作社作工之工具,俱

---

① 中共龙岩地委党史资料征集领导小组,龙岩地区行政公署文物管理委员会:《闽西革命史文献资料》(第3辑),1982年,第204页。

② 中共龙岩地委党史资料征集领导小组,龙岩地区行政公署文物管理委员会:《闽西革命史文献资料》(第3辑),1982年,第361页。

③ 中共龙岩地委党史资料征集领导小组,龙岩地区行政公署文物管理委员会:《闽西革命史文献资料》(第3辑),1982年,第204页。

④ 中共上杭县委党史工作委员会编:《上杭人民革命史》,厦门大学出版社1989年版,第85页。

⑤ 中共龙岩地委党史资料征集研究委员会,龙岩地区行政公署文物管理委员会:《闽西革命史文献资料》(第5辑),1985年,第354页。

⑥ 中共龙岩地委党史资料征集研究委员会,龙岩地区行政公署文物管理委员会:《闽西革命史文献资料》(第4辑),1983年,第204页。

⑦ 中共龙岩地委党史资料征集研究委员会,龙岩地区行政公署文物管理委员会:《闽西革命史文献资料》(第4辑),1983年,第356页。

可按价当为投集股份""社员所投资本,应有利息报酬,以资鼓励"。① 但是对租牛的租金予以限制,"减低牛工工资,最高不得超过人工工钱"②。社员根据其所耕田亩的数量决定租牛的期限与次数,"规定每担谷田犁、耙共三次,普通社员收使用金(或称牛租谷)谷子五斤,红军家属则收谷子三斤"。③ 合作社所收的牛租谷,扣除养牛外,将剩余的谷子售卖,再添置耕牛。

犁牛合作社在闽西苏区的发展比较缓慢,其参加的人数与建立的社数远远不如粮食合作社、消费合作社。比如,到1931年上杭上下才溪乡才建立两个犁牛合作社,各有三头牛。究其原因也是有多方面的,一是农村的习惯使然。有些地方的农村在春耕期间购牛,收割结束就将牛转让出手。"过去一般农村中的习惯,禾子一割即把耕牛卖的卖、杀的杀,到明年春天来临时买牛。"④二是养牛存在一定的风险,由于各种原因牛会染疾生病、跌坏受伤等。三是贩牛收益大。有些奸诈牛贩屠户"把耕牛的脚骨打断,说是跌坏",然后贩卖到白区或进行屠宰,从中牟利。为此,1932年8月,福建省苏维埃政府发布《关于重申严禁造粉干及杀牛贩牛出白区》,强调"如有把耕牛卖出白区及故意打断牛脚者,严行处办"⑤。临时中央政府为解决耕牛缺乏的问题,于1933年3月和4月,相继制定和颁发了《关于组织犁牛站的办法》《关于组织犁牛合作社的训令》,指示各级政府要帮助群众设立犁牛站和犁牛合作社。在各级政府的广泛动员下,犁牛合作社在闽西苏区逐渐发展起来。1933年春,才溪区又添买了28头牛⑥,比初办时期发展近五倍。1934年春,闽西苏区总共添买耕牛800余头,永定最多达到400头,其余各县添购耕牛433头⑦。长汀共建立

---

① 《中央革命根据地史料选编》(上),江西人民出版社1982年版,第313页。

② 中共龙岩地委党史资料征集研究委员会,龙岩地区行政公署文物管理委员会:《闽西革命史文献资料》(第4辑),1983年,第355页。

③ 孔永松,邱松庆著:《闽西革命根据地的经济建设》,福建人民出版社1981年版,第35页。

④ 古田会议纪念馆编:《闽西革命史文献资料》(第7辑),2006年,第315页。

⑤ 古田会议纪念馆编:《闽西革命史文献资料》(第7辑),2006年,第315页。

⑥ 许毅主编:《中央革命根据地财政经济史长编》(上),人民出版社,1982年版,第460页。

⑦ 古田会议纪念馆编:《闽西革命史文献资料》(第8辑),2006年,第451页。

犁牛合作社 66 个,有耕牛 143 头①。

犁牛合作社在一定程度上解决了闽西苏区群众耕牛缺乏的问题,对农业生产的发展起着积极的作用。

(二)手工业生产合作社

闽西苏区地处山区,又因远离交通干线和中心城市而缺乏现代工业,整个闽西的经济主要以农业经济为主,"工业则尚停留在手工业的过程,出产品以做纸、木排、刨烟、制茶、做鞭炮为大宗,以前闽西群众即借此几种生产与外来生活品如布、糖、洋油等交换"②,闽西"人民生活所需的日用品,如布匹、油、盐、药材等均须靠外地进口"。总体而言,该区域的工业通常处于对于农业生产的依附状态。③

1.闽西苏区建立手工业合作社的必要性

20 世纪 30 年代,中国受到资本主义转嫁经济危机的影响。1930 年,全省(福建省)输入各种洋纸(主要指印书纸、蜡光纸、油光纸、扫光纸、图画纸、机制纸浆等)84.9 万余元。1931 年,全省输入洋纸突破百万元大关,多达 128.3 万余元。由于帝国主义工业品的入侵,闽西生产的手工业产品无法与价廉物美的大机器生产品相匹敌,于是"洋布战胜土布,洋纸打倒土纸,卷烟打倒了条丝"④。国民党的经济封锁,更是限制了闽西与白色区域的商品流通,闽西的手工业便逐渐破产,使得闽西经济处于萧条状态。根据 1929 年闽西各地的统计,手工业品的输出大大减少,"杉,减少三分之二;纸,减少二分之一;烟,减少二分之一;茶,减少三分之一"⑤。到 1930 年,手工业产品的产量比上一年削减 50% 以上,其中以纸、烟、木三种产品的减产最为严重⑥,如表 3-1 所示。

---

① 许毅主编:《中央革命根据地财政经济史长编》(上),人民出版社 1982 年版,第 411 页。

② 江西省档案馆,中共江西省委党校党史教研室:《中央革命根据地史料选编》(下),江西人民出版社 1982 年版,第 42 页。

③ 张鼎丞:《中国共产党创建闽西革命根据地》,人民出版社 1983 年版,第 23 页。

④ 江西省档案馆,中共江西省委党校党史教研室:《中央革命根据地史料选编》(上),江西人民出版社 1982 年版,第 278 页。

⑤ 中央档案馆,福建省档案馆:《福建革命历史文件汇集》(苏维埃政府文件 1930 年),1985 年,第 125 页。

⑥ 江西省档案馆,中共江西省委党校党史教研室:《中央革命根据地史料选编》(上),江西人民出版社 1982 年版,第 299～300 页。

表 3-1　闽西各地纸、烟、木减产情况

产品	龙岩	上杭	永定	连城	长汀	全部
纸	−60%	−50%	−50%	−20%	−80%	−30%
烟	−50%	−50%	−80%	−40%	无	−60%
木	−80%	无销路	无销路	−70%	无销路	−80%

资料来源:中共闽西党组织第二次代表大会日刊。

　　手工业品的减产造成大量的手工业者失业,"连城的木业工人(拖树、放排),永定的刨烟工人二千人,上杭、龙岩建筑工人五千人"[1]。失业工人生活没着落,如永定的"割(刨)烟工人已失业成了流氓"[2],有的往南洋或厦门、漳州等地出卖苦力,没有其他出路的,"迫而当兵,做匪。做匪尤为容易,因此,闽西成了土匪世界"[3]。手工业的衰落不仅使工人失业、生活困苦,而且还对整个闽西苏区的经济造成极大的影响。竹纸、丝烟、木材等乃是闽西支柱手工业,是与白区进行商品交换的重要产品。由于商品流通受阻,无法实现外来工业品的有效输入。物资供应不平衡,剪刀差日益严重,[4]这种状况不加以遏制,势必造成整个社会经济的衰落。因此,闽西苏维埃政府认为"合作社组织是目前闽西群众最急切的需要"[5],组织合作社是完全必需和必要的。

　　2.闽西苏区手工业的发展状况

　　1930 年 3 月,在闽西第一次工农兵代表大会的宣言中,中共闽西党组织提出把"统筹闽西社会经济之发展与调节,使纸、木、烟能够输出,外来生活必需品源源而来,调节粮食金融,以解决赤色区域群众之生活问题"[6]作为闽西革命的一项重要任务。在大会通过的《经济政策决议案》中强调各级政府要"保护纸木烟之输出",要求"各地尽量宣传合作社的作用,普遍发展各种合作

　　① 中央档案馆,福建省档案馆:《福建革命历史文件汇集》(苏维埃政府文件 1930年),1985 年,第 140 页。

　　② 中共龙岩地委党史资料征集领导小组,龙岩地区行政公署文物管理委员会:《闽西革命史文献资料》(第 2 辑)1982 年,第 119 页。

　　③ 中央档案馆,福建省档案馆:《福建革命历史文件汇集》(省委文件 1929 年上),1984 年,第 121 页。

　　④ 张侃,徐长春:《中央苏区财政经济史》,厦门大学出版社 1999 年版,第 121 页。

　　⑤ 《邓子恢文集》编辑委员会:《邓子恢文集》,人民出版社 1996 年版,第 29 页。

　　⑥ 蒋伯英主编:《邓子恢闽西文稿(1916—1956)》,中共党史出版社 2016 年版,第 191 页。

社的组织"。① 5 月,闽西苏维埃政府颁布了《合作社条例》,规定鼓励举办合作社的条款。在同年 7 月召开的中共闽西特委第二次会议上提出了解决剪刀差问题的措施,再次强调要"发展社会经济,开办各种合作社"②。1930 年 12 月,又发出《组织生产合作社问题》的通告,要求"各苏维埃政府积极设法帮助失业工人组织各种生产合作社,以解决失业工人的生活,增加社会生产"③。

手工业生产合作社是工农群众自愿合股集资组成的,富农、资本家等剥削阶级无权参加。合作社规定股金每股 5 角或一元,每个社员不超过 10 股;经营所得赢利除成本外,照劳动力分配。④ 闽西苏维埃政府采取各种政策来推动手工业合作社的建立与发展。资金方面,合作社的资本除了社员集资外,还来自"苏维埃政府的帮助"。⑤ 借贷方面,规定"生产合作社有向工农银行借贷的优先权,如资本不够,可向工农银行借贷"⑥。税收方面,合作社"免向政府缴纳所得税"。其他方面,政府还帮助合作社"货物之运输"、追收账目等。⑦

但是,闽西苏区的生产合作社在建立初期也存在不少问题。一是数量少、发展慢。中共闽西党组织为解决剪刀差问题就提出要创办生产合作社、消费合作社、信用合作社等,但生产合作社的建立发展不如消费合作社的发展速度,"生产合作社很少组织,少数的纸业(每厂容三四人)、石灰二种有这样的组织"⑧。比如,永定在 1929 年就开始创办生产合作社,而到了 1931 年 4 月,才

---

① 中共龙岩地委党史资料征集领导小组,龙岩地区行政公署文物管理委员会:《闽西革命史文献资料》(第 3 辑),1982 年,第 193 页。

② 中共龙岩地委党史资料征集领导小组,龙岩地区行政公署文物管理委员会:《闽西革命史文献资料》(第 3 辑),1982 年,第 400 页。

③ 许毅主编:《中央革命根据地财政经济史长编》(上),人民出版社 1982 年版,第 511 页。

④ 中共龙岩地委党史资料征集研究委员会,龙岩地区行政公署文物管理委员会:《闽西革命史文献资料》(第 4 辑),1983 年,第 419 页。

⑤ 江西省档案馆,中共江西省委党校党史教研室:《中央革命根据地史料选编》(上),江西人民出版社 1982 年版,第 313 页。

⑥ 许毅主编:《中央革命根据地财政经济史长编》(上),人民出版社 1982 年版,第 511 页。

⑦ 《邓子恢文集》编辑委员会:《邓子恢文集》,人民出版社 1996 年版,第 30 页。

⑧ 中央档案馆,福建省档案馆:《福建革命历史文件汇集》(闽西特委文件 1928—1936),1984 年,第 213 页。

有"生产合作社四个,基金六百二十八元"①。二是手工业行业内部的各种合作社建立发展不平衡,除纸业合作社,其他生合作社还是非常稀少的②。如永定拥有丰富的石灰石资源,但"石灰的生产非常缺乏,而这种合作社又未进行"③。铸铁合作社在福建也"只有三四个(宁化、南城堡、濯田等处)"④。这种状况不利于手工业的整体发展。三是管理不规范。有的地方建立合作社,没有及时向政府登记报备,获得营业证书,使得政府无从对其进行有效指导。有的地方甚至出现冒牌合作社,出现垄断现象,如汀州的缝衣合作社,强制独立的缝衣工人或小店主混编在合作社内,"实行行会的垄断政策,禁止别人做工"。还有的冒牌合作社以剥削为目的,如汀州的纸业合作社,"由纸业店员组织,作为纸行与槽户的中间人抽收槽户的回佣"。⑤ 这些问题的存在制约了手工业的发展。为此,闽西苏维埃政府在 1931 年 4 月 25 日通过的《经济委员会扩大会议决议案》中专门研究了合作社问题,指出所有合作社都必须进行登记,"经过登记后,经济部发给营业证书"。对组织不合法的、存在各种问题的冒牌合作社要予以取缔。要求合作社定期举行各种会议,"报告营业情形讨论合作社进行事项,并向政府作月终报告"。对亟需建立的合作社,如石灰生产合作社,要求"银行拿出一批款子,帮助这个合作社,政府应立即派人去指导组织"⑥。这些规定推动了各地利用自身资源创办各类生产合作社,如永定县利用本地资源优势,在高陂、坎市、虎岗、湖坑等地先后办起了石灰生产合作社。生产的石灰除满足本地需求外,大量地运往外县,"如上杭、龙岩、大埔等地,支

① 中国社会科学院经济研究所中国现代经济史组:《革命根据地经济史料选编》(上),江西人民出版社 1986 年版,第 69 页。

② 中国社会科学院经济研究所中国现代经济史组:《革命根据地经济史料选编》(上),江西人民出版社 1986 年版,第 128 页。

③ 中国社会科学院经济研究所中国现代经济史组:《革命根据地经济史料选编》(上),江西人民出版社,986 年版,第 69 页。

④ 中国社会科学院经济研究所中国现代经济史组:《革命根据地经济史料选编》(上),江西人民出版社 1986 年版,第 128 页。

⑤ 中国社会科学院经济研究所中国现代经济史组:《革命根据地经济史料选编》(上),江西人民出版社 1986 年版,第 130 页。

⑥ 中国社会科学院经济研究所中国现代经济史组:《革命根据地经济史料选编》(上),江西人民出版社 1986 年版,第 71 页。

援各地的纸业生产和建筑"①。闽西各地政府积极扶持手工业生产合作社,促进手工业生产的恢复。

到 1931 年 11 月,"一苏大"通过《关于经济政策的决议案》,提出要"竭力促进工业的发展"②,对手工业合作社做了明确指示,各级政府纷纷响应。1932 年 2 月 28 日,福建省召开各县区土地部长联席会议,决定组织生产合作社,扩大农具生产,供给农民农具,并做出了决议。特别对铁器生产合作社作出了安排:"新泉县政府负责将南阳铁器合作社股本扩充到大洋三千元","长汀县政府负责将濯田铁器合作社股本扩大一倍","上杭官庄区负责组织一个铁器合作社","宁化武层区、淮土区、禾口区联合组织一个铁器合作社","中砂区组织一个铁器合作社","钟屋村组织一个铁器合作社"。③ 当时的濯田炼铁厂每天可炼二千多斤生铁,供应给铁器合作社制造农具。1932 年 4 月 15 日《福建省工农兵代表大会决议案》提出"要发展社会经济必须尽量发展各种合作社,尤其是纸业生产合作社。汀、杭、连各县,凡产纸地方,必须极普遍的设立起来,进行登记,应竭全力将以前各种合作社整顿起来,同时要督促各级政府宣传鼓动群众多集资开办合作社的发展"。④ 1933 年 6 月 28 日,福建省又发出"扩大铁的生产计划书",计划书分析了铁业对军需民用的重要性,号召各级苏维埃政府要"发动最广大工农来加入铁业生产合作社"⑤。同年 9 月,临时中央政府颁布了《生产合作社标准章程》,这些政策的出台推动了闽西苏区的手工业生产合作社的发展。

据史料记载,当时闽西的手工业合作社有二三十种之多,如造纸、刨烟、石灰、炼铁、铸锅、采煤、农具、织布、织袜、缝纫、漂布、烟丝、雨伞、木具、竹具、编斗笠、陶瓷、砖瓦、木炭、硝盐、樟油、樟脑、榨油等。根据 1934 年 2 月的不完全统计,长汀各类生产合作社有 176 个,12075 人。长汀的手工纸业生产更为出

---

① 中共永定县委党史工作委员会编:《永定人民革命史》,厦门大学出版社 1989 年版,第 120 页。

② 中国社会科学院经济研究所中国现代经济史组:《革命根据地经济史料选编》(上),江西人民出版社 1986 年版,第 83 页。

③ 古田会议纪念馆编:《闽西革命史文献资料》(第 7 辑),2006 年,第 54 页。

④ 柯华主编:《中央苏区财政金融史料选编》,中国发展出版社 2016 年版,第 384 页。

⑤ 古田会议纪念馆编:《闽西革命史文献资料》(第 8 辑),2006 年,第 192 页。

色,造纸合作社遍布全县。^① 整个苏区生产合作社的迅速发展,使 20 多万手工生产者参加了工作。^②

发展手工业生产合作社是共产党和苏维埃政府解决工人就业、恢复和发展苏区工业生产的主要措施,对繁荣苏区经济、支援革命战争、打破敌人封锁、改善群众生活、巩固工农联盟和工农民主政权,都有重要的意义。

四、信用合作社

"信用合作社是苏区群众为解决自身资金困难而集股合办的集体金融合作组织,最早在闽西苏区创办,后来在赣西南苏区也逐渐发展起来。"^③

(一)信用合作社建立的必要性

在土地革命中,废除高利贷与没收分配地主的土地一样,成为广大劳苦大众的强烈愿望。闽西暴动后,各乡村就"债券焚烧,高利债务不还",有些农村更是取消一切债务,"而多数拥有货财的地主土豪又杀的杀、跑的跑,资本藏匿不出,因此,乡村中一般停止借贷,金融流通完全停滞"。^④ 闽西在废除了高利贷后,新的借贷制度尚未建立,出现了农业生产资金周转不过来的困难局面。农民在收获时节,需要请人帮忙割禾,却无钱发给工资,又借贷无门,只好低价抛售粮食。农民本来指望收成后增加收入,却因谷价下跌、帮工工资提高而吃亏,生活无法改善,削弱了农业再生产的能力。再加上敌人经济封锁和奸商捣乱,闽西苏区各地出现农产品价格狂跌、工业品价格飙升的剪刀差现象,造成严重的经济问题。

(二)中共闽西党组织积极帮助群众建立信用合作社

为解决闽西苏区的经济困难,1929 年 9 月,在闽西特委发布的关于解决剪刀差问题的通告中,提出了十条解决问题的办法。其中第一条措施就是:

---

① 中国中共党史学会等编:《纪念福建省苏维埃政府成立 80 周年理论研讨会论文汇编》,2012 年,第 74 页。

② 姜恒雄主编:《中国企业发展简史》(上卷),西苑出版社 2001 年版,第 315 页。

③ 余伯流,凌步机著:《中国共产党苏区执政的历史经验》,中共党史出版社 2010 年版,第 152 页。

④ 中共龙岩地委党史资料征集领导小组,龙岩地区行政公署文物管理委员会:《闽西革命史文献资料》(第 2 辑),1982 年,第 208 页。

"由县政府设法开办农民银行,区政府设立借贷所,办理低利借贷,借与贫苦农民,使农民不致告贷无门而贱卖粮食……"①,并提出要帮助群众创办信用合作社,"使农民卖米买货不为商人所剥削,而农村贮藏资本得以收集,使金融流通"②。同时,要扩大宣传,使农民"明白取消一切债务的错误,与共产党的借贷政策正当","明白合作社的功用和组织"。③闽西特委 13 号通告又强调各级政府应针对群众要求,解除群众之痛苦,"在目前应努力帮助群众建立合作社之组织"④。上杭、永定等县纷纷响应,在县级工农兵代表大会都强调要加紧合作社的宣传、组织工作,各级政府要切实保护合作社的利益。

1930 年 3 月,闽西第一次工农兵代表大会宣言强调必须统筹闽西社会经济之发展,调节粮食、金融,以解决根据地内群众之生活问题。⑤同时在《经济政策决议案》中提出保存现金、"普遍发展信用合作社组织"、"限制纸票之发行"等措施。还制定颁布了《借贷条例》、《商人条例》、《取缔纸币条例》和《合作社条例》,其中《取缔纸币条例》明确规定:各地不得自由发行纸币,只有信用合作社才有发行纸币的资格。信用合作社发行纸币要得到闽西政府批准,合作社一般要拥有 5000 元以上现金,发行的纸币不得超过现金的 50%。纸币面额有一角、二角、五角三种,不得发到十角以上。各地所发纸币不合上列条例者,要限期收回。⑥上述条例颁布后,信用合作社在闽西苏区各地陆续兴办起来。

(三)信用合作社及其主要业务

信用合作社的业务主要有存款、放款、贴现和代理业务等。

信用合作社是"以便利工农群众经济的周转,与帮助发展生产,实行低利借贷,抵制高利贷的剥削为宗旨"⑦。其资金主要是由群众集股的,一般乡级

① 蒋伯英主编:《邓子恢闽西文稿(1916—1956)》,中共党史出版社 2016 年版,第 133 页。
② 蒋伯英主编:《邓子恢闽西文稿(1916—1956)》,中共党史出版社 2016 年版,第 133 页。
③ 蒋伯英主编:《邓子恢闽西文稿(1916—1956)》,中共党史出版社 2016 年版,第 133 页。
④ 中共龙岩地委党史资料征集领导小组,龙岩地区行政公署文物管理委员会:《闽西革命史文献资料》(第 2 辑),1982 年,第 290 页。
⑤ 蒋伯英主编:《邓子恢闽西文稿(1916—1956)》,中共党史出版社 2016 年版,第 191 页。
⑥ 江西省档案馆,中共江西省委党校党史教研室:《中央革命根据地史料选编》(下),江西人民出版社 1982 年版,第 81 页。
⑦ 中国社会科学院经济研究所中国现代经济史组:《革命根据地经济史料选编》(上),江西人民出版社 1986 年版,第 381 页。

信用合作社的每股股金为一元,区级信用合作社的每股股金为五元。① 以家为单位入股,入股股数不受限制。

一是存款业务。信用合作社除了群众自由参股外,还吸收群众存款。闽西苏区在强调普遍发展信用合作社组织时,就强调"吸收乡村存款"。② 信用合作社存款利率与闽西工农银行相同,"定期存款半年以上者,月利百分之零点四五,活期存款利率百分之零点三,每一周年复利一次"③。做到存款自愿,取款自由,存款有息。

二是放款业务。信用合作社在开展存款业务的同时做好放款业务,为农民群众解决春耕中的耕牛、种子、肥料、工具等资金缺乏的问题。如,合作社向无牛的农民发放贷款以购买耕牛,太平区信用合作社曾对上洋乡苏维埃发放耕牛贷款一二百元,对许家乡苏维埃发放土纸贷款数百元。④ 关于借款利息,闽西苏区政府在《合作社讲授大纲》中规定"每借大洋一元者每十天付铜板一片",后来统一规定为月利 0.6%。信用合作社还规定了借款数额和借款天数的上限,"最多不得超过全资本的十分之一,久不得超过一个月"⑤。

三是办理代理业务,为银行代理私人借款业务,"私人向银行借款,由信用合作社代理"⑥。

四是贴现业务,如永定第一区信用合作社,"对本地烟厂主和纸厂主所持广东潮州、汕头或福建厦门的汇票予以贴现,每百元付 99 元现款;合作社转卖给商人到潮州、汕头、厦门采购货物,商人 20 天开始付款,30 天付清 100 元给信用合作社"⑦。信用合作社存款、贷款、代理等业务不断拓展,方便了工农群众的经济周转和资本借贷,促进了苏区经济的恢复与发展。

---

① 中共龙岩地委党史资料征集领导小组,龙岩地区行政公署文物管理委员会:《闽西革命史文献资料》(第 3 辑),1982 年,第 115 页。

② 柯华主编:《中央苏区财政金融史料选编》,中国发展出版社 2016 年版,第 288 页。

③ 孔永松,邱松庆著:《闽西革命根据地的经济建设》,福建人民出版社 1981 年版,第 77 页。

④ 蒋九如主编:《福建革命根据地货币史》,中国金融出版社 1994 年版,第 251 页。

⑤ 中共龙岩地委党史资料征集领导小组,龙岩地区行政公署文物管理委员会:《闽西革命史文献资料》(第 3 辑),1982 年,第 115 页。

⑥ 柯华主编:《中央苏区财政金融史料选编》,中国发展出版社 2016 年版,第 304 页。

⑦ 裘有崇,杨期明编著:《信用合作社起源与发展》,江西人民出版社 1997 年版,第 179 页。

（四）信用合作社在闽西的发展情况

在闽西苏维埃各级政府的重视和支持下，1929 年下半年至 1930 年上半年，"多数区政府开办了信用合作社"[①]。这些信用合作社由农民和商店集股创办，有的为"统一度量衡尺币制"[②]而发行纸币。如永定第一区的信用合作社，"湖市由苏维埃政府商店和农民共同组织信用合作社，资本四千，发行纸币二千，流通永定各处"[③]。到闽西工农银行成立时，信用合作社发行的纸币则由各社用现金收回。

1930 年 11 月 29 日，中共闽西特委在《闽西政治形势与党的任务》的报告中分析了闽西苏区的经济情形，其中信用合作社"比较大的有上杭北四区信用合作社，营金约二千元，即发行数毛纸币票。永定第一、二区信用合作社，营金五千余元；永定太平第九、十、十一三区信用合作社，营金三千余元，都发行纸票。永定合溪及各县区信用合作社，营金一千元、数百元不等，低利借贷，颇便于农民"[④]。在永定和上杭县、区苏维埃政权较巩固的地方，发展比较快。闽西工农银行成立后，又有力地推动了信用合作社的普及开展，龙岩、上杭、长汀、连城、永定、宁化、清流等边区都成立了信用合作社。据统计，至 1931 年 4 月，永定县的信用社就有 9 个，共有基金 10528 元。[⑤] 有的县除设立区信用合作社外，还组建了县级合作社。1933 年 9 月，福建省苏区成立兆征县。除了东郊区、红鄞区建立区信用合作社外，还设立兆征县信用合作社。1934 年 5 月，长汀县汀州市也成立了县级信用合作社。

在苏维埃政府的积极倡导下，苏区信用合作社有了一定的发展，对苏区经济发展所起的积极作用也不断显露。它从原来闽西一个苏区发展到整个中央苏区，1932 年 4 月，临时中央政府颁布《合作社暂行组织条例》，规定苏维埃政

---

① 定龙：《闽西工农兵政府下的群众生活》，载《红旗》1930 年 2 月 22 日第 78 期。

② 中国人民政治协商会议永定县委员会文史资料编辑室编：《永定文史资料》（第 2 辑），1983 年，第 25 页。

③ 中央档案馆，福建省档案馆：《福建革命历史文件汇集》（苏维埃政府文件 1930 年），1985 年，第 127 页。

④ 中央档案馆编：《福建革命历史文件汇集》（闽西特委文件 1928—1936 年），1984 年，第 213 页。

⑤ 中国社会科学院经济研究所中国现代经济史组：《革命根据地经济史料选编》（上），江西人民出版社 1986 年版，第 69 页。

府将在税收、运输、经济、房屋等方面来帮助合作社发展。1933 年 8 月 16 日,中华苏维埃共和国临时中央政府在《目前革命战争环境中的经济任务》中提出"要使每一个区有一个信用合作社"①。1933 年 9 月,中央政府在总结闽西信用合作社章程内容的基础上,颁布《信用合作社标准章程》,并从 300 万元公债中拨出 20 万元用于发展信用合作社。② 到 1934 年 4 月,"中央苏区共有各种合作社 2387 个,社员 572658 人,股金 623156 元,其中主要是消费、粮食和生产合作,但也包括信用合作社的活动"③。

第三节 中央苏区时期闽西合作社运动的
巨大作用和主要经验

从 1929 年 9 月闽西特委书记邓子恢签发创办各类合作社的通告起,中央苏区便掀起了轰轰烈烈的合作社运动。这场运动经历了兴起、大推进和高潮等阶段,随着 1934 年 10 月中央红军战略大转移,它完成了阶段性的历史使命。中央苏区时期的合作社虽然存在时间不长,但它对苏区的经济社会发展产生了巨大的作用。

一、中央苏区时期闽西合作社运动的巨大作用

(一)社会经济效益: 发展生产,增加了经济总量

从社会整体效益看,闽西苏区合作社运动在当时特定的历史环境下发挥着重要的作用,它增进了社会全体成员的收益。劳动合作社及犁牛合作社的创办,在一定程度上解决了农业生产劳力和耕畜不足的问题,又能充分发挥集体劳动的协作力,提高了劳动生产率。1933 年 11 月,毛泽东在才溪乡开展社

---

① 《目前革命战争环境中的经济任务》,载《红色中华》,1933 年第 102 期。

② 裘有崇,杨期明编著:《信用合作社起源与发展》,江西人民出版社 1997 年版,第 177 页。

③ 裘有崇,杨期明编著:《信用合作社起源与发展》,江西人民出版社 1997 年版,第 177 页。

会调查,充分肯定劳动合作社对恢复农业生产的重要作用,"暴动后全区荒了许多田,去年开发了一小部分。今年(1933年)大开,开了一千三百多担"①。闽西苏区内大约有6万担荒田,仅1933年一年就开垦了3万担左右。1934年1月至5月又开垦了18948担,"濯田一次动员一千一百多人,打起红旗,一天开了七百五十担荒田"②。上杭县才溪区的大部分青壮年都外出当红军或工作去了,劳动合作社通过调剂劳动力之余缺,差不多将全区的荒田全垦覆了。1933年的"春耕比往年提早了半个月",同时,农作物种植面积也扩大了,"杂粮也比往年多种一半,将所有的田塍田坎上种满了番薯、芋头、豆子、棉花等等"。③ 劳动合作社不仅组织苏区群众开垦荒山荒地,还鼓励群众兴修水利。据记载,1934年春耕时,仅闽西的长汀、宁化、汀东三县,就修好坡圳2366条,新开几十条。长汀县大埔区十里铺乡兴筑了一条10里长的水圳,得到中央土地部的奖励。④

劳动合作社及犁牛合作社的建立,大大提高农民生产的积极性。同时,信用合作社的建立又解决了农民告贷无门、农业生产资金周转不过来的局面。苏维埃政府要求信用合作社将贷款集中用于支持生产,规定:"信用合作社借款,须按群众的需要与用途……在目前春耕时候,群众无资本下种的,应集中股金借给。"⑤手工业生产合作社如铁器、石灰等生产合作社,为农业生产提供农具,为改良土壤提供大量的石灰。粮食合作社调剂了粮价,帮助粮食流通,抵制富农奸商的剥削与操纵,各类合作社在不同方面都起着支持和鼓励农业生产的作用。

由于各类合作社的支持和生产条件的改善,根据地的农业生产,1933年已超过革命前的水平。据统计,1933年闽西根据地的农业生产比1932年增加了15%,杂粮种植收成一般增加两成,有的县增加三成甚至四成。1934年

---

① 《毛泽东农村调查文集》,人民出版社1982年版,第344页。

② 许毅主编:《中央革命根据地财政经济史长编》(上),人民出版社1982年版,第417页。

③ 苋乐春:《福建省春耕运动的检阅》,载《红色中华》,1933年5月14日第5版。

④ 中共龙岩地委党史资料征集研究委员会:《闽西革命根据地史》,华夏出版社1987年版,第158页。

⑤ 中共龙岩地委党史资料征集研究委员会:《闽西革命根据地史》,华夏出版社1987年版,第159页。

粮食又大大增产，"总计全省麦、菜、豆三项，原种 91000 余担，今年增加 72000 余担，这里面麦子增加最多的是兆征县，计 121271 担，比去年增 6、7 倍……增种胡豆、雪豆最多的是长汀，计 2300 余担……此外灌田区，每家还比去年多种 2 担的旱地包菜，才溪群众每人多种 5 斤旱番薯秧……"①。总之，合作社已成为闽西苏区农业生产恢复和发展的重要载体。

（二）个体经济效益：改善民生，提高了群众生活水平

从个体利益增进的角度看，合作社的创建给闽西苏区群众带来了生活的改善。闽西苏区创办合作社的直接动因是要解决农民因剪刀差现象而遭受严重剥削，致使购买力水平下降的问题。闽西特委认为："解决赤色区域中剪刀现象的特殊经济问题，成为目前中共闽西党组织当务之急"，"党应指导各地苏维埃，奖励群众生产，普及合作的组织"。② 在各级苏维埃政府的大力支持下，闽西各地创建了各类合作社，为农民群众解决了诸多的生产生活问题。合作社的建立和发展，调剂了劳动力之余缺，又使苏区多余的米谷、烟叶、纸、豆、竹笋、香菇等农产品得以出口，在当地赤卫军的帮助下，运进大批工业必需品。消费合作社还根据广大社员群众的需要，派妇女到白区采办生活日用品，合作社"没有间断过一时一刻供给社员及群众以盐、布等必需品"③。这样，一方面，打开了农产品的销路，增加了农民的收入；另一方面，保证了闽西苏区生活必需品的供给。可见，合作社具有为消费者和生产者直接采购或出售产品，以免商人层层剥削等职能，使农民群众得到实惠。同时，合作社实行优待政策，如消费合作社的货品低于市价卖给社员，在货物供应紧张时，合作社优先售给红属，而后是社员，最后是非社员，对有困难的红军家属，允许赊账，还账时也可用米豆等折价卖给合作社。如上杭才溪区的消费合作社还聘请两个医生，免费为社员、红军家属治病。因此，农民群众盛赞"合作社第一好"④。1933 年 11 月下旬，毛泽东来到闽西，开展了为期 10 多天的才溪乡调查，他调查了占农村人口 70％以上的贫雇农生活状况，欣喜地看到闽西苏区人民生活的变化，从吃饭穿衣看，以前三餐不能吃饱，甚至有的吃糠，现在能吃饱外，"还可以

① 《麦，菜，豆增加百分之八十》，载《红色中华》，1934 年 5 月 9 日第 3 版。
② 蒋伯英主编：《邓子恢闽西文稿（1916—1956）》，中共党史出版社 2016 年版，第 149 页。
③ 崔寅瑜：《一个模范的消费合作社》，载《红色中华》，1934 年 1 月 1 日第 3 版。
④ 《毛泽东农村调查文集》，人民出版社 1982 年版，第 320 页。

卖给红军,还土地税,买公债票与兑换油盐",“吃饭改善了百分之一百(三个月米饭与六个月米饭之比)",穿衣人均"增加了百分之二百"。①

(三)政治效益:支援革命战争,巩固了苏维埃政权

合作运动不仅成为促进闽西苏区经济增长和民生改善的重要载体,而且也是"苏区革命动员倚重的主要手段",这种革命动员功能包括:“以'扩红'为主的红军兵力动员……购买革命公债、保障军需给养与供给的经济资源动员等。"②当时的合作社在战争经费筹集、军需品收集、扩大与慰劳红军等方面都发挥了重要的作用。从1932年起,临时中央政府发行战争公债和经济建设公债,合作社成员踊跃购买,仅龙岩一地就销售13000多元,超过原定的5000多元③,就龙岩红坊一个区,“在五天之内就能够推销一万元"④。而粮食合作社又成为红军的粮仓,“各乡有了合作社组织,随时有谷子储藏,遇到军事上需要,可以马上供给红军,不致军粮恐慌,影响战争"⑤。如永定的溪南、太平区每年支援红军粮食达20万~25万斤之多。⑥ 消费合作社为军队提供了被服、布匹、食盐、洋油等必需品。在特殊的战争环境下,各类合作社为苏区内的红军部队提供了大量的战争物质保障。由于经济战线上的成绩,它还"兴奋了整个群众,使广大群众为了保卫苏区发展苏区而手执武器上前线去,全无家庭后顾之忧"⑦。而合作社开展各种拥军优属活动,也促使苏区群众踊跃报名参军。如上杭的才溪乡,80%的青壮年男子都参加红军;长汀长宁区田畲于1931年秋组建了闽赣纸业工人赤卫队,参加人数达到80余人。在扩大红军运动中,仅长宁区就有200多名纸业工人参加红军,有力地支援了革命。⑧

----

① 《毛泽东农村调查文集》,人民出版社1982年版,第320页。

② 魏本权:《革命策略与合作运动》,中国社会科学出版社2016年版,第61页。

③ 中共龙岩地委党史资料征集研究委员会:《闽西革命根据地史》,华夏出版社1987版,第200页。

④ 吴亮平:《经济建设的初步总结》,载《斗争》,1933年9月30日第9版。

⑤ 中央人民委员会:《人民委员会训令第7号——发展粮食合作社运动问题》,载《红色中华》,1932年8月20日第7版。

⑥ 中共永定县委党史工作委员会编:《永定人民革命史》,厦门大学出版社1989年版,第115页。

⑦ 中共中央文献研究室编:《毛泽东农村调查文集》,人民出版社1982年版,第323页。

⑧ 黄马金编:《长汀纸史》,中国轻工业出版社1992年版,第44页。

1934 年 1 月至 4 月,长汀县增加红军 3214 名,超过中革委计划 864 名①。据《红色中华》及有关资料统计,仅在第五次反"围剿"战争中,闽西苏区增加红军就达 3 万余人。合作社在经济上组织群众,在思想上教育群众,成为战时动员的有效途径。正如《目前苏维埃合作运动的状况和我们的任务》所报告:"我们的合作社,绝对不能忘记它自己在这场战争动员中所应起的作用,绝对不能与革命战争脱离开来。"②

合作社在支援革命战争的过程中,还承担着巩固红色政权的角色。任何政权的运作与巩固都离不开财政支持。苏维埃政府提出:"各级财政部必须尽量指导和帮助各种合作社组织,……合作社普遍发展了,政府税收以及整个财政之调节,自然要日益处于有利地位。"③由此可见,合作社经济被苏维埃政府看成是财政税收的重要来源。合作社经济的发展,为政府及其工作人员提供了给养,保证了从中央到地方各级政府的正常运作。

二、中央苏区时期闽西合作社运动的主要经验

中央苏区时期,各类合作社之所以能在闽西广泛开展,是苏维埃政府、民众和合作社三者融合的结果,其成功的经验主要有以下方面:

(一)政府的积极引导和鼎力支持

闽西苏区合作社运动的首倡者是闽西特委书记邓子恢,当年他提出建立合作经济设想时,闽西根据地还处于初创时期,拥有土地的个体农民对合作经济的认识几乎空白。如何建立发展合作社,闽西苏维埃政府做了大量工作。

1.广泛宣传发动群众

闽西苏维埃政府认为宣传群众是赢得群众认同合作社的必要途径。1930年 2 月,闽西苏维埃政府专门发布了《合作社讲授大纲》,系统讲述合作社的作用和意义、合作社的种类、办社原则、合作社组织构成及红利的分配等等,并提出"合作社宣传要点"。宣传群众的方式多种多样,采取口头宣传和文字宣传

① 中共龙岩地委党史资料征集研究委员会:《闽西革命根据地史》,华夏出版社 1987年版,第 197 页。

② 中国社会科学院经济研究所中国现代经济史组:《革命根据地经济史料选编》(上),江西人民出版社 1986 年版,第 178 页。

③ 《邓子恢文集》编辑委员会:《邓子恢文集》,人民出版社 1996 年版,第 48 页。

相结合的办法。主要有：一是召开会议形式，采取自上而下的动员，从县主席联席会、区联席会、乡代表会以至雇农工会、贫农团大会，一直到选民大会都应派人做报告，还组织工会、党、团和少先队的会议，就是要在整个苏区"造成一种'凡是一个革命同志都要加入合作社'的空气"。① 通过各种会议，由上而下一级一级地宣传下去，要让苏区群众了解合作社的宗旨目的，"明白合作社的好处"②。二是文艺表演方式，《合作社讲授大纲》提出"宣传方法除演讲外，最好是将合作社编成白话剧表演"③。苏区各地根据具体情况，将合作社的意义作用编成山歌、小调、剧本等向群众宣传，如才溪区列宁小学的学生组成宣传鼓动队，敲锣打鼓到市集圩场进行宣传，表彰好人好事。三是出墙报、印发传单、用群众喜闻乐见的漫画形式等来宣传群众，使宣传活动做到家喻户晓，人人明了。同时，还强调了党支部在宣传发动群众方面应起核心作用。合作社一般以乡为单位组建，先由乡苏选派若干人组成乡社筹备委员会，各委员和各村代表主任挨家挨户对群众进行宣传。做到"由同志发起，邀同群众合股组织慢慢扩大"④，指出党员同志在宣传群众发动群众方面要起带头作用。

1930年3月，闽西第一次工农兵代表大会通过《经济政策决议案》，将发展合作社组织列为其主要内容之一，要求"各地尽量宣传合作社作用，普遍发展各种合作社的组织"⑤，会上一致通过《合作社条例》，规定合作社应将"借贷买卖，及各种章程，分红办法，及办事人姓名报告政府登记"⑥。闽西各级苏维埃政府通过各种方式积极宣传群众、发动群众，引导群众加入合作社。

2.出台鼓励合作社发展的优惠措施

《合作社条例》要求政府应从财政、税收、货源、运输等方面给予合作社大力支持，即"合作社货物之运输，及账目之追收，政府应予以保护及帮助"，政府

---

① 《邓子恢文集》编辑委员会：《邓子恢文集》，人民出版社1996年版，第43页。

② 中共龙岩地委党史资料征集领导小组，龙岩地区行政公署文物管理委员会：《闽西革命史文献资料》(第3辑)，1982年，第115页。

③ 中共龙岩地委党史资料征集领导小组，龙岩地区行政公署文物管理委员会：《闽西革命史文献资料》(第3辑)，1982年，第128页。

④ 中共龙岩地委党史资料征集领导小组，龙岩地区行政公署文物管理委员会：《闽西革命史文献资料》(第3辑)，1982年，第115页。

⑤ 中共龙岩地委党史资料征集领导小组，龙岩地区行政公署文物管理委员会：《闽西革命史文献资料》(第3辑)，1982年，第193页。

⑥ 《邓子恢文集》编辑委员会：《邓子恢文集》，人民出版社1996年版，第30页。

帮助合作社收账、保护商品流通等；"合作社免向政府缴纳所得税"，政府征收所得税，合作社不必缴纳，以资奖励；而"财政对于侵吞合作社公款者，须加倍处分"，①"合作社有向政府廉价承办没收来之工商业及农业之优先权"②等规定。在 1931 年 4 月公布的闽西苏维埃政府第 12 号布告中专门强调的合作社问题，指出"工农银行应借大批现款于合作社，使合作社迅速发展"③。到 1931年 11 月，中华工农兵苏维埃第一次全国代表大会通过了《关于经济政策的决议案》，再次重申"苏维埃对于合作社，应该以财政的协助与税的豁免，应将一部分没收的房屋与商店交给合作社使用"④。临时中央政府成立后，曾多次发布公告、条例等支持合作社的发展。在 1932 年 4 月颁布的《合作社暂行组织条例》中，就规定苏维埃政府应在"各方面（如税收、运输、经济、房屋等等帮助）来帮助合作社之发展"⑤。1933 年 7 月，中央政府决定发行 300 万经济公债，计划拿出"一百万帮助各项合作社发展"⑥，以帮助合作社解决资金问题。

　　3.政府加强对合作社督查管理

　　在《合作社讲授大纲》中明确了合作社与政府的关系，合作社是人民经济团体，不是政府的代办机关。"各社股本，政府在可能时，应出股参加，帮助其成立，但政府只有一社员资格，不能包办一切。"⑦在合作社建立与发展的过程中，苏区党和政府承担的是政策制定者和行为引导者的角色。

　　为保证合作社的健康发展，苏维埃政府规定实施合作社登记制度，"合作

① 中共龙岩地委党史资料征集领导小组，龙岩地区行政公署文物管理委员会：《闽西革命史文献资料》（第 3 辑），1982 年，第 127 页。

② 《邓子恢文集》编辑委员会：《邓子恢文集》，人民出版社 1996 年版，第 30 页。

③ 中国社会科学院经济研究所中国现代经济史组：《革命根据地经济史料选编》（上），江西人民出版社 1986 年版，第 67 页。

④ 中国社会科学院经济研究所中国现代经济史组：《革命根据地经济史料选编》（上），江西人民出版社 1986 年版，第 83 页。

⑤ 中国社会科学院经济研究所中国现代经济史组：《革命根据地经济史料选编》（上），江西人民出版社 1986 年版，第 87 页。

⑥ 《全体工农群众及红色战士热烈拥护并推销三百万经济建设公债》，1933 年 7 月26 日，载《红色中华》第 96 期。

⑦ 中共龙岩地委党史资料征集领导小组，龙岩地区行政公署文物管理委员会：《闽西革命史文献资料》（第 3 辑），1982 年，第 127 页。

社借贷买卖,及各种章程,分红办法,及办事人姓名报告政府登记"①。"经过登记后,经济部发给营业证书。"②苏维埃政府还要求"合作社须按期召集各种会议,报告营业情形,讨论合作社进行事宜,并向政府作月终报告"③。每月月终报告的内容包括股金数量、社员人数、营业额、盈亏状况,消费合作社还得报告其所售的商品种类等。1933 年 9 月 10 日临时中央政府颁布的消费、生产、信用合作社标准章程也都规定了合作社每三个月决算一次,其内容经社员大会审定后,"呈报当地政府及中央政府"④。苏维埃政府实施登记、报告制度,有助于其对合作社进行有效的指导,及时整顿组织不合法的合作社。1932 年 3 月,福建省第一次工农兵代表大会上通过的《关于经济财政问题决议》指出:在检查闽西工作中,发现有的地方"政府没有积极帮助合作社运动,一部分合作社因资本不够而倒闭",会议要求"各级政府并要经常注意派人去指导,并在物质上帮助合作社的发展"⑤,强调了苏维埃政府要承担起帮助、促进合作社发展的职责。

在合作社的发展过程中,难免会出现一些违背合作社宗旨的不良行为。(联系薄弱、工作散漫、强迫命令、贪污腐化、赊账制度等⑥)如出现办事人贪污腐化,由于办事人的不负责或是贪污,有的合作社连本钱都吃光了,"旧县粮食合作社本钱有一千四百六十元,现在只有七十多元了"⑦。有的合作社经营不善,赊账盛行,"如四都合作社一万多毛本钱,欠账四千毛。白沙横江乡合作社千多毛本钱,有一个人就欠了一百二十九毛半的账,而且欠了八九个月"⑧。

---

① 《邓子恢文集》编辑委员会:《邓子恢文集》,人民出版社 1996 年版,第 30 页。

② 中国社会科学院经济研究所中国现代经济史组:《革命根据地经济史料选编》(上),江西人民出版社 1986 年版,第 71 页。

③ 中国社会科学院经济研究所中国现代经济史组:《革命根据地经济史料选编》(上),江西人民出版社 1986 年版,第 71 页。

④ 余伯流著:《中央苏区经济史》,江西人民出版社 1995 年版,第 290 页。

⑤ 许毅主编:《中央革命根据地财政经济史长编》(下),人民出版社 1982 年版,第 133 页。

⑥ 中国社会科学院经济研究所中国现代经济史组:《革命根据地经济史料选编》(上),江西人民出版社 1986 年版,第 344 页。

⑦ 中国社会科学院经济研究所中国现代经济史组:《革命根据地经济史料选编》(上),江西人民出版社 1986 年版,第 129 页。

⑧ 中国社会科学院经济研究所中国现代经济史组:《革命根据地经济史料选编》(上),江西人民出版社 1986 年版,第 129 页。

这些不良现象影响合作社正常运转,损害了其他社员的利益。苏维埃政府在中央苏区消费合作社大会决议中指出,强调各地要健全合作社组织和加强经常工作,"必须肃清合作社的贪污腐化与浪费的现象,洗刷混进来的阶级异己分子,并立刻取消赊账制度,清理旧账,限期归还"①。要求各地要广泛发动群众,督查合作社工作,定期召开社员大会;审查委员会要履行职责,每月对合作社的账目审查一次;管理委员会每三个月向合作社做工作报告,并建立具体领导机制,经常讨论合作社有关事宜。另外,苏维埃政府还通过突击队、轻骑队等群众基层组织,监督和检查合作社组织内的运行情况,制止贪污浪费及一切官僚腐化现象的发生。

（二）合作社重视内部管理

合作社是集合经济能力薄弱的民众,以平等原则、互助精神,不以营利为目的的一种社会经济组织。这样的组织要正常运作,有赖于组织内部的有效管理。通过对闽西苏区合作社运动的历史考察,我们不难发现,各类合作社都制定了相关的组织管理措施,促进了合作社组织的发展。

1.强调自愿原则,反对强迫入社

闽西苏区的各类合作社,都是农民群众自愿加入的组织。自愿入社是合作社应遵循的最基本原则之一,《合作社条例》明确规定:"社员是自愿加入者。"②闽西苏维埃政府历来强调:"合作社是一种阶级斗争的经济组织,所以要形成一种运动,绝对不可有丝毫的命令、强迫行为,主要是要从宣传鼓动去动员群众自动来入股。"③在各类合作社章程中还规定了"社员数量无限制,准许自由陆续加入","以家为单位,其一家愿入几股者听其方便"④,"各社员有转让其股权于继承人之权"⑤等等。入社自由,同样也规定了社员有退出合作

---

①　中国社会科学院经济研究所中国现代经济史组:《革命根据地经济史料选编》（上）,江西人民出版社 1986 年版,第 344 页。

②　《邓子恢文集》编辑委员会:《邓子恢文集》,人民出版社 1996 年版,第 29 页。

③　中央人民委员会:《人民委员会训令第 7 号——发展粮食合作社运动问题》,载《红色中华》,1932 年 8 月 20 日第 7 版。

④　中共龙岩地委党史资料征集领导小组,龙岩地区行政公署文物管理委员会:《闽西革命史文献资料》（第 3 辑）,1982 年,第 115 页。

⑤　中国社会科学院经济研究所中国现代经济史组:《革命根据地经济史料选编》（上）,江西人民出版社 1986 年版,第 336 页。

社的权利,退社者"须得管理委员会之许可"①。同时,对退还股金做了一定的限制,"其股金应俟满三个月后才准支还"②。贫苦农民自愿加入合作社,政府不强制,使合作社组织具有广泛的群众基础。

2.实行民主管理,保障社员权利

在合作社内部设置了社员大会、管理委员会、审查委员会等三个机构,明确各自分工,以保障合作社有效运转。社员大会是合作社最高权力机构,决定合作社一切重大事情。各类合作社章程都明文规定:合作社"以社员大会为最高组织,由全体社员组织之"③。合作社召集社员大会,选举办事人员,"合作社的办事人,由社员公选,政府不予干涉"④,"办事人,每三个月于开社员大会时改选一次"⑤。社员大会决定合作社内部重大事情,如上杭才溪区消费合作社,当时对物品如何定价出售的问题,就是由全体社员大会讨论决定的,"社员及红军家属、红军机关及红军各部队,来购买物品,照成本售出,卖给群众则照本赚百分之五"⑥。合作社结算账目有盈利时,"当即召开社员大会,报告工作和分配红利",决定每一股(5角)分得红利大洋 5 角。为扩大合作社的资金积累,后期共"盈余七百四十一元,经社员大会决定不分红,作为合作社公积金,以充裕资本"⑦。凡是涉及社员利益的,如通过或开除社员,改选办事人员,商定工资与红利分配,物品的价格等等有关事宜都由社员大会决定,而每个社员不管入股的份额多少都拥有平等的决定权,合作社章程规定"凡交足股金之社员,均有选举权、被选举权、表决权,但每一社员(代表一家)不论入股多少,均

---

① 中国社会科学院经济研究所中国现代经济史组:《革命根据地经济史料选编》(上),江西人民出版社 1986 年版,第 381 页。

② 中共龙岩地委党史资料征集领导小组,龙岩地区行政公署文物管理委员会:《闽西革命史文献资料》(第 3 辑),1982 年,第 115 页。

③ 中国社会科学院经济研究所中国现代经济史组:《革命根据地经济史料选编》(上),江西人民出版社 1986 年版,第 265 页。

④ 《邓子恢文集》编辑委员会:《邓子恢文集》,人民出版社 1996 年版,第 30 页。

⑤ 《毛泽东农村调查文集》,人民出版社 1982 年版,第 323 页。

⑥ 许毅主编:《中央革命根据地财政经济史长编》(上),人民出版社 1982 年版,第 176 页。

⑦ 中国社会科学院经济研究所中国现代经济史组:《革命根据地经济史料选编》(上),江西人民出版社 1986 年版,第 265 页。

以一权为限"①。管理委员会是合作社的管理机构,主要负责处理合作社的日常重要事务,它由社员大会选举三名社员组成,三人各司其职,"一人管财政,一人管账目,一人发出入,每周开会一次"②。审查委员会是合作社内部监察机构,由社员大会选举五名社员组成,其主要职责是审查管理委员会的工作,规定"每月开会一次,以审查管理委员之行为及账目"③。合作社组织内部设置运行管理机构,实行民主管理,有效地保障了合作社成员的权利。

3.坚持统筹兼顾,增进社员利益

1930 年 2 月,闽西特委发布了《合作社讲授大纲》,向群众明确了合作社"是以增进社员的共同经济幸福为目的,不以营(盈)利为目的,营业盈余摊还原主"④的群众性经济团体。1930 年 5 月颁布的《合作社条例》对利益分配做了详细规定:"照社员付与合作社之利益比例分红,而非照股本分红者",合作社所得红利按照如下分配:"(甲)百分之四十照股金分配,作为利息。(乙)百分之十作为公积金。(丙)百分之十抽与办事人花红。(丁)百分之四十照社员付与合作社之利益比例分红。"⑤红利分配体现了"多投入多得利"原则。同年 9 月,闽西苏维埃政府对这一分配比例作了修改:公积金增至 30％,股金和社员对合作社贡献分配率各降为 30％⑥。社员对合作社贡献所得的红利,各类合作社有不同的规定:

"(1)在消费合作社,照各人买货银额比例分配之。

(2)在信用合作社,照各人所付利息比例分配之。

(3)在贩卖合作社,照各人所出卖之物品银额比例分配之。

(4)在生产合作社照各人所做物品银额,或做工日数比例分配之。

---

①　中国社会科学院经济研究所中国现代经济史组:《革命根据地经济史料选编》(上),江西人民出版社 1986 年版,第 336 页。

②　中共龙岩地委党史资料征集领导小组,龙岩地区行政公署文物管理委员会:《闽西革命史文献资料》(第 3 辑),1982 年,第 126 页。

③　中共龙岩地委党史资料征集领导小组,龙岩地区行政公署文物管理委员会:《闽西革命史文献资料》(第 3 辑),1982 年,第 126 页。

④　中共龙岩地委党史资料征集领导小组,龙岩地区行政公署文物管理委员会:《闽西革命史文献资料》(第 3 辑),1982 年,第 125 页。

⑤　《邓子恢文集》编辑委员会:《邓子恢文集》,人民出版社 1996 年版,第 29 页。

⑥　余伯流著:《中央苏区经济史》,江西人民出版社 1995 年版,第 281 页。

（5）在粮食合作社，照各人所消粮食银额为比例分配之。"①

苏维埃政府调整分配比例，使公积金比例扩大，增强了集体经济的基金积累。这种利益分配方式，一方面保障了合作社的集体利益，有利于扩大再生产；另一方面按股份分红与社员对合作社的贡献获得收益相结合的分配形式，照顾了社员个人利益，有利于调动社员的积极性。闽西苏区政府始终认为"要使群众加入合作社，的确得到利益，才能更加鼓起群众的信心与兴趣而促成合作社的发展"②。

在合作社内部，社员之间是平等的，享受合作社赋予一切权利，如"社员除了享受红利处，还享有低借低利之特别权利"③。同时，倡导社员之间互助互利，这一原则在随后中央政府颁布的各种条例和训令中得以体现。如在劳动互助过程中，请其他社员帮工或帮其他社员做工都得计工算酬，工资多少"由社员大会多数决定之，不能过高，也不能过低，须兼顾到雇农、贫农、中农各方面的利益"，同时"这个工资按照各人的工作能力与技术的高低分别规定……但高低差别不能过大"④。在牛力分配使用方面，提出"犁牛站每个站员都有借犁牛站的耕牛农具之权。但每人所借期限和数量多少一定要分配均匀"⑤。在租金方面也做了规定，如"每个借犁牛站的耕牛、农具的站员，一定要出相当的租钱，为供给耕牛饲料和修理农具以及津贴管理者相当经费的用处"⑥。这样，可以发动那些自己有耕牛、农具的人加入合作社。总之，合作社作为群众性的经济组织，严格遵循平等互利的原则，兼顾了集体利益与个人利益，致使闽西苏区群众踊跃加入，以获得净收益。

---

①　中共龙岩地委党史资料征集领导小组，龙岩地区行政公署文物管理委员会：《闽西革命史文献资料》（第3辑），1982年，第115页。

②　中央人民委员会：《人民委员会训令第7号——发展粮食合作社运动问题》，载《红色中华》，1932年8月20日第7版。

③　许毅主编：《中央革命根据地财政经济史长编》（下），人民出版社1982年版，第172页。

④　中国社会科学院经济研究所中国现代经济史组：《革命根据地经济史料选编》（上），江西人民出版社1986年版，第262页。

⑤　中国社会科学院经济研究所中国现代经济史组：《革命根据地经济史料选编》（上），江西人民出版社1986年版，第240页。

⑥　中国社会科学院经济研究所中国现代经济史组：《革命根据地经济史料选编》（上），江西人民出版社1986年版，第240页。

　　总之,合作社的发展离不开苏维埃政府的政策引导和财力物力的支持,苏区政府通过颁布一系列条例和章程,为合作社组织发展提供制度保障。同时,合作社重视内部管理,保障社员权利,使农民群众的获得感增强,从而认同并积极参与合作社。

第四章　中央苏区时期闽西工商业的建立与发展

　　闽西苏区建立后,实行土地分配,开展合作社运动,使农业生产普遍发展。但要粉碎敌人的经济封锁和军事"围剿",还必须发展工商业经济。毛泽东在1934年1月召开的第二次全国工农兵代表大会上所作的报告中明确了"我们的经济建设的中心是发展农业生产,发展工业生产,发展对外贸易和发展合作社"①。同样,发展工商业经济也是闽西苏区经济建设的中心任务。

第一节　闽西苏区发展工业经济

一、闽西苏区发展工业的必要性

　　红色政权建立后,苏维埃政府面临国民党不断的军事"围剿"和经济封锁。蒋介石亲自制定了《剿匪临时施政纲要》,妄图使苏区陷入"无粒米勺水之接济,无蚍蜉蚁蚁之通报"②的境地。国民党的严密封锁,造成苏区军需装备严重不足,军民生活更加困难。

　　(一)适应战争形势的迫切需要

　　武器自然是武装斗争重要的条件之一,"假如我们单有广大的群众而没有

---

　　①　《毛泽东选集》(第一卷),人民出版社1991年版,第130～131页。

　　②　成圣昌:《赤区经济恐慌横断面的暴露》,载《前途杂志》,民国二十三年第二卷第六号,转引自许毅主编:《中央革命根据地财政经济史长编》(下),人民出版社1982年版,第82页。

充分的武装,也很难得到胜利的"①。如在早期的"闽西斗争,虽然有成千成万的群众参加,但因为子弹缺乏,影响工作不少"②。枪弹不足成为中共闽西党组织普遍面临的难题。

随着国民党对苏区进行频繁的军事"围剿",红军作战部队更是"需要子弹万分的迫切"③。但现实子弹的补充极为困难:

> 子弹经济两难,我们都是犯[无]法的。向外购买子弹是不能,在内地只能零【星】小部分购买,有时且这小部分亦不能。兼之闽西是很穷的地方,暴动起来没收反动派财产甚少。红军的给养,以及购买子弹都需钱,钱没有来路,当然补充子弹更形困难了。④

不仅子弹补充困难,枪支也同样严重短缺。当时"红四军一团人数有二千,枪支不及千支"⑤。闽西的地方部队也同样装备不足,1930 年成立的红二十军,"全军 3600 人,2200 支枪"⑥,红十二军"全军共三千余人,两千余支枪"⑦。当时只有 2/3 的战士能拥有枪支。部队缺少武器装备,严重影响红军作战。

而敌人的经济封锁又使红军士兵吃饭穿衣成了大问题:"红军生活太坏,不要说没有零用钱,连伙食费也在尽量减省。冷天到了,被、毯又不能蔽身。"⑧部

---

① 中共龙岩地委党史资料征集领导小组,龙岩地区行政公署文物管理委员会:《闽西革命史文献资料》(第 2 辑),1982 年,第 58 页。

② 中共龙岩地委党史资料征集领导小组,龙岩地区行政公署文物管理委员会:《闽西革命史文献资料》(第 2 辑),1982 年,第 58～59 页。

③ 中央档案馆,福建省档案馆:《福建革命历史文件汇集》(苏维埃政府文件 1931—1933 年),1985 年,第 167 页。

④ 中共龙岩地委党史资料征集领导小组,龙岩地区行政公署文物管理委员会:《闽西革命史文献资料》(第 2 辑),1982 年,第 58 页。

⑤ 江西省档案馆.中共江西省委党校党史教研室:《中央革命根据地史料选编》(中),江西人民出版社 1982 年版,第 451 页。

⑥ 凌步机著:《中央苏区军事史》,中国社会科学出版社 2009 年版,第 162 页。

⑦ 凌步机著:《中央苏区军事史》,中国社会科学出版社 2009 年版,第 161 页。

⑧ 中央档案馆,福建省档案馆:《福建革命历史文件汇集》(苏维埃政府文件 1930 年),1986 年,第 267 页。

队面临着军用物资的供给不足问题,"其余一切军用品和军实亦不充分"[1]。红军发展壮大和规模的扩大,军需等后勤保障需求越来越突出,建立军需工业成为当务之急。

(二)改善苏区军民生活的现实要求

闽西苏区遭受敌人严密封锁,苏区境内民用品极其短缺。"农产品不能输出,日用品不能输入,煤油火柴食盐都发生恐慌。"[2]一方面,根据地所产土特产销不出去,价格猛跌。比如,"纸,暴动前每球(四十斤)草纸四元五角,一九三一年六元,一九三二年五元,一九三三年一元五角,因此,无人造纸了"。"纸、木是本地最大出口,今均失败。"[3]另一方面,封锁使根据地的工业品奇缺,价格昂贵。洋油由一九三二年的每元七斤十四两,贵至每元仅买一斤五两,涨价五倍,布匹涨价一倍。[4]而国民党对食盐的销售运输实施更加严格控制,国民党在封锁区域的县设立公卖委员会,在区设立公卖分会,采取"计口售盐",实施严格的购买手续和限定购买数量。规定"每人每天,只许购买三钱(皆旧制,一斤为十六两,以下皆同),五口之家,得购一两五钱"[5]。国民党不仅在封锁区域实行"计口售盐",还野蛮订立了"五家连坐法"。规定"邻匪区半匪区地带,必须实行五家连坐,五家之中,如有一家济匪,其余四家不行密报者,除由保甲长查明,呈报区长撤销该五家购盐凭单外,并且以甘心济匪论罪"[6]。食盐封锁造成苏区食盐相当匮乏,从而引起盐价暴涨,当时"盐价高于肉价10倍,1个光洋能买猪肉8斤,而只能买食盐8两"[7]。如果以米换盐,则需要4斗米换1斤盐,所以苏区群众说"米用箩挑,盐用纸包"。盐价奇高,苏

① 中央档案馆,福建省档案馆:《福建革命历史文件汇集》(苏维埃政府文件1930年),1986年,第267页。

② 中共龙岩地委党史资料征集领导小组,龙岩地区行政公署文物管理委员会:《闽西革命史文献资料》(第2辑),1982年,第6页。

③ 《毛泽东农村调查文集》,人民出版社1982年版,第350页。

④ 《毛泽东农村调查文集》,人民出版社1982年版,第350页。

⑤ 孔永松,邱松庆编著:《闽粤赣边区财政经济简史》,厦门大学出版社1988年版,第211页。

⑥ 卫平光:《控制与争夺:国民党的食盐封锁与苏区的应对》,载《江西社会科学》,2014年第2期。

⑦ 孔永松,邱松庆编著:《闽粤赣边区财政经济简史》,厦门大学出版社1988年版,第148页。

区群众的人均食盐消费量减少 80%。苏区群众在党的领导下,自行生产了部分的盐,在闽西各地建立硝盐厂,利用硝生产了盐,以解决苏区人民的淡食之苦。

经济封锁造成苏区"食盐、布匹、药材等日用必需品,无时不在十分缺乏和十分昂贵之中"①,这势必影响民众的生活和红军给养,直接影响革命战争。因此,发展民用工业以提供军需民用之必需品,是改善苏区军民生活和保障战争顺利进行的客观需要。

二、闽西苏区工业发展概况

闽西苏区地处贫瘠山区,远离交通干线和中心城市,没有什么现代工业。民国初年,闽西的重要城市如龙岩、长汀、上杭等处,虽有一些机器工业萌芽,如机织厂、电灯厂、碾米机等②,但由于"受国际资本帝国主义之压迫,和国内封建势力之剥削,发展异常之困难"③,这些萌芽的机器工业在土地革命前夕就已衰落。闽西社会经济"大部分还是农业生产……工业则尚停留在手工业的过程,出产品以做纸、木排、刨烟、制茶、做鞭炮为大宗"④,以前闽西群众依靠"此几种生产与外来生活品如布、糖、洋油等交换"⑤。总体而言,"闽西整个社会还是半封建社会,一般工业还停滞在手工业过程里"⑥。

红色政权建立后,随着军需民用的增加,为打破敌人的经济封锁,1931 年 11 月"一苏大"通过的《关于经济政策的决议案》明确提出:苏维埃政府要"竭

---

① 《毛泽东选集》(第一卷),人民出版社 1991 年版,第 53 页。

② 中共龙岩地委党史资料征集领导小组,龙岩地区行政公署文物管理委员会:《闽西革命史文献资料》(第 3 辑),1982 年,第 89 页。

③ 中共龙岩地委党史资料征集领导小组,龙岩地区行政公署文物管理委员会:《闽西革命史文献资料》(第 3 辑),1982 年,第 260 页。

④ 江西省档案馆,中共江西省委党校党史教研室:《中央革命根据地史料选编》(中),江西人民出版社 1982 年版,第 42 页。

⑤ 江西省档案馆,中共江西省委党校党史教研室:《中央革命根据地史料选编》(中),江西人民出版社,1982 年版,第 42 页。

⑥ 中共龙岩地委党史资料征集领导小组,龙岩地区行政公署文物管理委员会:《闽西革命史文献资料》(第 3 辑),1982 年,第 89 页。

力促进工业的发展"①。为此,苏维埃政府通过各种途径发展公营工业,鼓励和推动合作社工业和私营工业的发展,以保障苏区的军需民用。

(一)公营工业的发展概况

中央苏区时期的闽西公营工业是各级苏维埃政府"开办关于军用品和群众特别必需的产业"②,其目的是支援革命战争,保障红军装备。闽西苏区兴办公营工业从军事工业开始,军事工业也成为公营工业的主体。同时,为满足苏区群众日常生活所需,也发展一些必要的公营民用工业。

1.军需工业

公营工业的首要任务是保障红军的各种物资供给,需要制造武器装备,提供衣着被服等军用品。闽西苏区创办的军需工业主要有以下几种。

(1)兵工厂

"土地革命战争时期,福建红军先后组建了兵工厂(含修械所)约二十七座(个),有工人一千一百多名,其中综合性兵工厂二十二座。"③而"闽西革命根据地有综合性兵工厂十五座,工人六百多名"④。闽西苏区兵工厂的发展历程大致可以分为三个阶段。

第一阶段为1927年9月至1930年8月的萌芽初创阶段。这个阶段的兵工厂主要分布在永定、长汀和龙岩等地,永定县有邹公庙兵工厂、西溪兵工厂、湖雷乡上田心和上坝兵工厂、广圣庙兵工厂、老虎坑兵工厂、赛智兵工厂,长汀县有南阳区苏维埃兵工厂,龙岩县有江山山塘兵工厂。⑤ 其中邹公庙兵工厂与西溪兵工厂于1928年10月合并,成为永定县苏维埃兵工厂,一直坚持到三年游击战争结束。⑥

---

① 中国社会科学院经济研究所中国现代经济史组:《革命根据地经济史料选编》(上),江西人民出版社1986年版,第82页。

② 张侃,徐长春:《中央苏区财政经济史》,厦门大学出版社,1999年版,第116页。

③ 卜国华,福建省国防科工办军工史征集办公室编:《福建红军兵工史稿》,1987年,第6页。

④ 卜国华,福建省国防科工办军工史征集办公室编:《福建红军兵工史稿》,1987年,第6页。

⑤ 卜国华,福建省国防科工办军工史征集办公室编:《福建红军兵工史稿》,1987年,第24页。

⑥ 卜国华,福建省国防科工办军工史征集办公室编:《福建红军兵工史稿》,1987年,第22页。

这一阶段兵工厂有以下特点：

一是兵工厂规模小。早期兵工厂的工人数一般在十余人至几十人不等，如赛智兵工厂全厂仅有十七八名工人，湖雷乡上田心和上坝兵工厂的人数有二十多人。1929 年 10 月长汀南阳区苏维埃政府兴建的兵工厂，其工人人数也仅三四十名。

二是生产技术水平低。这一时期的兵工厂工人多为民间的打刀、造枪（主要是鸟铳）和做土炮的铜匠、铁匠，生产工具只是简陋的锉子、锤头、钳子等，主要生产梭镖、大刀、土枪和弹药。

三是与当时的农民暴动密切相关。这一时期的兵工厂在永定县境内居多，如邹公庙兵工厂、西溪兵工厂，这两厂是由中共永定县溪南区委书记张鼎丞领导于 1927 年 10 月创办的，目的是为当地的农会武装组织"铁血团"制造武器。兵工厂为当地的农民武装暴动提供武器。

第二阶段为 1930 年 8 月至 1934 年 10 月的发展壮大阶段。红四军入闽推动闽西革命形势蓬勃发展。随着红四军第四纵队的成立和红军第十二军的组建，红军和地方武装力量不断扩大，需要充足的武器装备。1930 年 3 月 24 日，闽西工农兵第一次代表大会通过的《关于军事问题决议案》中指出："闽西政府要办理修械处、子弹厂以增加武装。"[①]同年 8 月 22 日，中共闽西特委在《关于军事问题草案》中指出："依据目前的需要，闽西应建立小规模的兵工厂。"具体办法一是"集合各县、区造弹匠，收集各种器材，必要时请中央派技师、购置材料"，二是"厂内设弹药与造枪二部，组织法由军委制定交特委审核颁布之"。[②]

1930 年 8 月底，闽西兵工厂筹建处在龙岩龙门湖洋乡的一座"陈氏宗祠"里正式成立。闽西兵工厂筹建处的组建，标志着闽西苏区的兵工厂发展到一个新的阶段。

1930 年 12 月，国民党反动派对中央苏区发动第一次"围剿"，闽西兵工厂筹建处随中共闽西特委、闽西苏维埃政府迁往永定虎岗，改名为"闽粤赣军区兵工厂"，厂长由军区经理部部长毛泽民兼任，龙岩、永定、上杭等县的小型兵

---

①　中共龙岩地委党史资料征集领导小组，龙岩地区行政公署文物管理委员会：《闽西革命史文献资料》（第 3 辑），1982 年，第 191 页。

②　中共龙岩地委党史资料征集研究委员会，龙岩地区行政公署文物管理委员会：《闽西革命史文献资料》（第 4 辑），1983 年，第 49～50 页。

工厂陆续并入。此时的兵工厂工人已达八十多人,生产分工细化,根据任务分为两个股,即子弹股和刺刀股,还设有修枪组、打铁组和木工组。1931 年夏,国民党张贞部队从龙岩、坎市两路大举进攻虎岗,闽粤赣军区兵工厂随各党政机关一起撤离虎岗,先后转移至上杭县的白砂,长汀县的四都、南阳、朱斜等地①。

1932 年 3 月,福建省军区正式成立,闽粤赣军区兵工厂又更名为福建军区兵工厂。随后南阳区苏维埃兵工厂人员并入福建军区兵工厂,兵工厂人员扩大到 140 多人。还增设了炸弹科和枪炮科,炸弹科开始着手研制地雷和炸弹。1932 年 4 月,中央红军攻克漳州,缴获了敌人的大批军事物资,包括洋钻床、冲床等先进设备,运回苏区后就转给福建军区兵工厂。此时的兵工厂拥有两台车床、一台钻床和一台大冲床等比较大型的设备,主要任务是翻造子弹、修枪造枪、制造手榴弹等。同年 11 月,从该厂抽调 100 多名技术工人到中央红军兵工厂担任技术骨干。此后,福建军区兵工厂改为军区修械所,直至1935 年 4 月停办。

第二阶段闽西的兵工厂有以下特点:

一是兵工厂规模扩大。兵工厂由分散走向集中,工人数较前一阶段增加,已达 100 多名,生产的产品多样且月产量也提高,如闽粤赣军区兵工厂翻造的子弹"月产量约为六千发",制造的步枪刺刀"月产量二百把左右"。②

二是兵工设备升级。红军通过攻占武平、漳州等地,缴获了敌人的军用物资,部分军工设备充实了省军区兵工厂。此时的兵工厂已经拥有车床、钻床、大冲床和手摇冲压机等比较大型的设备,尽管没有电传动,靠手工操作,但比起锉子、铁锤、锒头、钳子等简易工具而言,生产效率大大提高。

三是生产技术提高。闽西兵工厂组建之初,中共闽西特委就号召要"集合各县、区造弹匠,收集器材设备"③。兵工厂工人除了当地的能工巧匠外,有的是从部队调来的修械员,军事科也选派擅长造枪、造弹的技术工人充实到工厂

---

① 卜国华,福建省国防科工办军工史征集办公室编:《福建红军兵工史稿》,1987 年,第 25 页。

② 卜国华,福建省国防科工办军工史征集办公室编:《福建红军兵工史稿》,1987 年,页码

③ 中共龙岩地委党史资料征集研究委员会,龙岩地区行政公署文物管理委员会:《闽西革命史文献资料》(第 4 辑),1983 年,第 50 页。

里。子弹是苏区军工企业必须强力保障的作战物资,子弹在作战中损耗极大,"增加制造子弹,尤为迫切需要"[①]。由于敌人严密封锁造成原材料极为匮乏,兵工厂自力更生,因陋就简,制药组工人们用土硝、水、棉花混合加工弹药,用铜和锡加工子弹头,用铜片或铜钱加工子弹壳,用雄精、白药、蛋白混合制成黏剂。[②] 不断改进土法制造火药的方法,研究出"烟小、冲击力大、杀伤力强"的发射药,提高了子弹性能。同时福建军区兵工厂不断改进铸弹的生产工艺,用金属硬模工艺代替高岭黏土模型工艺,"使铸弹工艺过程变得简捷迅速,大大地提高了铸弹效率"[③]。闽西的造弹技术在中央苏区首屈一指,还派专人到"制造弹药非常困难"[④]的中央官田兵工厂进行技术指导。

四是厂址迁移频繁。由于受战局影响,闽西兵工厂随着闽西苏维埃政府而撤离转移,先后迁到永定的虎岗、上杭的白砂和长汀的四都、南阳、朱斜等地。频繁迁移使枪弹生产无法持续,势必影响红军部队的武器装备供给。

第三阶段为 1934 年 10 月至 1937 年 7 月的分散转移阶段。由于"左"倾教条主义的错误领导导致中央苏区第五次反"围剿"失败,1934 年 10 月主力红军被迫长征。与此同时,中革军委先后三批动员 560 余名兵工厂工人,带着轻便修理工具和较好的机器设备,开始长征[⑤],其他人员和物资随留守部分行动。此后闽西的兵工厂进入最艰难的分散转移阶段。

这一阶段闽西仅保存了福建军区兵工厂、新杭兵工厂和永定苏维埃兵工厂等三个兵工厂。福建军区兵工厂 30 多名工人随军区机关转战在长汀县的四都一带,为部队修枪、复装子弹和造手榴弹等,1934 年 5 月被敌军包围、冲散,不复重建。

新杭县苏维埃兵工厂于 1934 年 10 月由原红军二十四师修械所改编而

① 中央档案馆,福建省档案馆:《福建革命历史文件汇集》(苏维埃政府文件 1931—1933 年),1985 年,第 183 页。

② 中共长汀县委党史工作委员会编:《长汀人民革命史》,厦门大学出版社 1990 年版,第 151 页。

③ 卜国华,福建省国防科工办军工史征集办公室编:《福建红军兵工史稿》,1987 年,第 34 页。

④ 于学驷主编:《土地革命战争时期军工史料》,中国兵器工业总公司,1994 年,第 109 页。

⑤ 中国兵器工业历史资料编审委员会编:《土地革命战争时期军工史料》,中国兵器工业总公司,1994 年,第 11 页。

来,厂长兼政委王太堂,全厂有工人30多名,先后在长汀县的嶂云岭、朱斜村和燕子塔等地设厂,为新汀杭县独立营修理枪支和翻造子弹,有时还造些地雷、炸弹。[①] 1935年初该厂更名为"新汀杭苏维埃兵工厂"。1935年4月,国民党八十三师在地方民团配合下,对红军游击队进行"清剿",兵工厂人员随部队转移中被冲散,不复重建。

永定县苏维埃兵工厂,是由1927年为永定暴动开设的邹公庙兵工厂与西溪兵工厂于1928年10月合并而成的,工人也仅有30多名,主要为红军游击队修枪和复装子弹。兵工厂在敌人"清剿"下多次遭到破坏,但在党的领导下又重新组建起来,直至1937年7月三年游击战争结束。

第三阶段闽西的兵工厂有以下特点:

一是兵工厂规模数量大幅下降。在国民党连续不断的"清剿"下,兵工厂仅存3个,且每个工厂的工人数都不多,仅有30多名。敌人"清剿"使兵工厂生产环境更为恶劣,福建军区兵工厂、新汀杭苏维埃兵工厂都被敌人彻底破坏。

二是兵工厂工人技术熟练。虽然每个工厂的工人数不多,但他们都是"老兵工",有娴熟的技术和丰富的经验,都是多面手,"既会修枪,又会造弹",是"一支精锐的兵工队伍"。[②]

三是军工生产得以赓续。永定县苏维埃兵工厂成立时间早、持续时间长,它以顽强的生命力在残酷的战争环境中坚持到三年游击战争结束。全面抗战爆发后,闽西军工人员随新四军第二支队北上抗日,并把闽西军工技术与兵工精神带入该部队。

在闽西除了建立兵工厂外,还创建了红军被服厂、弹棉厂、织布厂和卫生材料厂等军工企业,为红军部队提供军用物资。

(2)红军被服厂

闽西苏区的被服厂主要有长汀的中央被服厂第二厂、永定红军被服厂、福建军区被服厂等。

中央被服厂第二厂。1929年3月红四军首次入闽,消灭了踞守在长汀的

---

① 卜国华,福建省国防科工办军工史征集办公室编:《福建红军兵工史稿》,1987年,第38页。

② 卜国华,福建省国防科工办军工史征集办公室编:《福建红军兵工史稿》,1987年,第37页。

福建省防军第二混成旅郭凤鸣部,缴获了大量军需物资,有"枪支千余支,子弹数百箱",还没收了郭部的被服厂。红四军攻占长汀后,在郭凤鸣部的被服厂基础上建立了红军被服厂,工人60余人,为红军首次统一军服做出了贡献。朱德回忆说:"最重要的是那家拥有新式缝纫机(日本货)的工厂,同兵工厂一样,这家工厂也属于郭凤鸣。给他的部队做军装。工厂里的工人每天要工作十二小时;现在则组织工会,建立两班制,每班八小时,给红军做军服。"①1932年长汀被服厂正式命名为中央被服厂第二厂,隶属红军总供给部,工人发展至300余人②,下分六个组,每组配3~4架缝纫机③。被服厂分工精细,分裁剪、手工、车工等车间,还设置了产品检验组,负责产品质量检验④。主要做"军衣、军帽、子弹带、绑腿、单被、夹被、干粮袋"⑤等军需物资。1934年10月,主力红军撤离长汀,被服厂的部分人员也随部队长征。

永定红军被服厂的旧址在西溪乡,是赤卫大队的后勤单位。厂长是谢凤莲,有女工40人,多数为红军家属。该厂的主要任务是赶制红军战时用的"草鞋、子弹袋、寒衣、绑带、被单、军帽、干粮袋"⑥等。

福建军区被服厂,1932年春在上杭旧县成立,后又迁到长汀南阳。该厂根据任务分为裁剪、缝纫和手工三个科,全厂约50人。主要生产"军衣、夹被、军帽、挂包、绑腿、米袋、子弹袋"⑦等。1933年5月迁至瑞金,与红军总供给部被服总厂一分厂合并为军委第一被服厂。

(3)中华织布厂

长汀红色政权建立后,于1930年3月在县城的许家祠(新丰待129号)成

---

① 　[美]史沫特莱著,梅念译:《伟大的道路:朱德的生平和时代》,生活·读书·新知三联书店1979年版,第287~288页。

② 　长汀县地方志编纂委员会编:《长汀县志》,生活·读书·新知三联书店1993年版,第512页。

③ 　余伯流著:《中央苏区经济建设》,中央文献出版社2009年版,第63页。

④ 　中共福建省龙岩市委党史研究室:《闽西人民革命史(1919—1949年)》,中央文献出版社2001年版,第276页。

⑤ 　许毅主编:《中央革命根据地财政经济史长编》(上),人民出版社1982年版,第548页。

⑥ 　中共永定县委党史工作委员会编:《永定人民革命史》,厦门大学出版社1989年版,第116页。

⑦ 　李敏,孔令华主编:《中央革命根据地词典》,中国档案出版社1993版,第306~307页。

立中华织布厂,它由汀州城9家个体纺织厂合并而成。建立之初,有土质布机40多台,工人60多人,为红军部队"生产布匹和医疗纱布"①。为避免敌机轰炸,1931年9月该厂迁往瑞金城西门外肖家祠。此时工厂有了较大发展,布机增至200台,工人达到300多人,布匹种类达10多种,每月可产布匹和医疗纱布等18000多匹。② 生产的灰斜布、绑腿布和纱布专供红军使用,第一次就为红军提供4000套军装的布料。该厂还生产柳条布、格子布、雪花布等民用布,销往中央苏区各地。1934年10月,红军长征,该厂被迫停产,青壮年男子大多参加红军,其余留下来的职工流散长汀各地,从事个体纺织。

(4)福建军区卫生材料厂

1933年2月,福建军区卫生部面对战争频繁、伤员增多以及敌人封锁严密、药品严重缺乏的情况,在长汀四都的渔溪村创办了卫生材料厂,附属于四都红军医院。全厂共有40多人,下设采药组、包装组、总务组、文书组、会计组等。该厂以采制中药,尤以当地出产的草药为主,由中央卫生部派制药技术人员指导制药。能够生产清凉油、人丹、八卦丹、济众水、希山丸、奎宁、大王粉、汽水、消毒棉等药品,成为当时重要的药品生产厂。生产的药品供应四都红军医院及各军区医院,以及前方部队战地医院。1934年冬,因敌人迫近四都而停止制药,合并到四都红军医院,以后就随四都红军医院统一行动。③

2.民用工业

苏维埃政府在大力发展军事工业的同时,根据战争和苏区群众的需要创办了一些公营的民用工业。在闽西苏区,公营的民用工业主要有造纸厂、印刷厂、熬盐厂、冶炼厂、纺织厂等。

(1)中华商业公司造纸厂

闽西山区竹林丛生,制纸原料充足,故"纸业特盛"④。纸张生产主要由当地的手工业生产合作社承担,生产作坊遍及长汀、连城、上杭、武平、永定等地。

---

① 孔永松,邱松庆著:《闽西革命根据地的经济建设》,福建人民出版社1981年版,第44页。

② 李鸿:《馆藏苏区时期长汀公营工业系列文物赏析》,载《文物鉴定与鉴赏》2020年第12期。

③ 中国人民政治协商会议福建省长汀县委员会文史资料编辑室:《长汀文史资料》(第13辑),1987年,第14页。

④ 林存和编:《福建之纸》,福建省政府统计处,1942年,第20页。

就长汀宣成一地,在革命后纸槽迅速发展到 250 个,工人达 1500 多人。[1]1932 年冬,临时中央政府在长汀建立了中华商业公司造纸厂。该厂建立之初有资金 20 万元,由汀州市纸业合作社和纸行老板共同集股。中华商业公司将资金贷给纸农或槽户,组织和安排生产纸品,夏季后纸农和槽户将生产的纸张交给公司。其中一部分纸品交给红军印刷厂,还有的远销广东的潮州、汕头等地,甚至销往东南亚一带。纸品年销量达 8750 多担,是苏区财政收入的重要来源之一。连国民党统治区域的报刊也不得不为之感叹,1935 年 2 月 8 日的《申报》报道了长汀纸品出口概况,说"中华商业公司特组织造纸公司一所,委一兴国人为之经理,资金二十万,曾将其出品一部……运到潮、汕出售,获利甚丰"[2]。

(2)印刷业

闽西造纸业的发达也推动了其印刷业的发展,龙岩、长汀、连城、上杭等地都开设印刷作坊。革命后,比较有影响的主要有龙岩的闽西红报印刷所、长汀的毛铭新印刷所、永定印刷厂。

闽西红报印刷所,其前身为"东碧斋印书局",有"设备有脚踏圆盘机 1 台和一批铅字,石印机 1 台"[3]。1929 年 5 月红四军第二次入闽,印刷工人以东碧斋印书局为据点,印制了大量的宣传单、布告、文件等宣传资料,同时承担了印刷闽西最早发行的邮票——"红色邮花"的任务,还参与印刷闽西工农银行纸币等。1930 年 12 月,东碧斋印书局迁往上杭下甲乡,"改名为闽西红报印刷所,全力印制革命报刊"[4]。

长汀的毛铭新印刷所在革命前就引进了石印和铅印技术和设备,有"石印机 3 台,4 开铅印平板机和 4 开、8 开圆盘机各 2 台"[5],技术设备较为先进齐全。1929 年 3 月,红四军首次入闽,毛铭新印刷所为红四军印制了大量布告、

---

① 蒋伯英主编:《福建革命史》(上),福建人民出版社 1991 年版,第 437 页。
② 许毅主编:《中央革命根据地财政经济史长编》(上),人民出版社 1982 年版,第 557 页。
③ 李瑞良主编,福建省地方志编纂委员会编:《福建省志·出版志》,福建人民出版社 2008 年版,第 292 页。
④ 李瑞良主编,福建省地方志编纂委员会编:《福建省志·出版志》,福建人民出版社 2008 年版,第 490 页。
⑤ 李瑞良主编,福建省地方志编纂委员会编:《福建省志·出版志》,福建人民出版社 2008 年版,第 291 页。

文告,如《共产党宣言》《红四军司令部布告》《告商人及知识分子书》《告绿林兄弟书》等等。同年 7 月,印刷了军报《浪花》。1931 年 11 月,在瑞金召开中华苏维埃第一次全国代表大会,毛铭新印刷所的员工带上印刷设备和物资前往瑞金为大会服务。毛铭新印刷所实际上已成为红军印刷所。[1] 为适应苏区建设的需要,在毛铭新印刷所技术骨干的指导和帮助下,国家银行印刷厂、中央政府印刷厂和中央军委印刷厂于 1931 年秋先后建成[2]。1932 年春,毛铭新印刷所的业务主要承印少共苏区中央局编辑出版的《青年实话》周刊和地方政府的文件、各类学校课本等。1933 年冬,毛铭新印刷所由长汀县城迁到古城井头村,毛家人还将印刷所的所有设施设备全部捐献给少共中央,印刷所改名为《青年实话》印刷所。此时的印刷所职工 20 多人,内设"铅印、石印、排字、切纸、装订等五个小组。设备有 4 开铅印机一台,8 开圆盘机一台,大号和 3 号石印机各 1 台,手摇长印机 1 台等"[3]。《青年实话》周刊式样大小为 32 开,"每期约 30 页,印数在 3 万册左右"[4]。毛铭新印刷所为中央苏区的印刷事业做出了积极贡献,少共中央在《青年实话》刊文表扬"毛焕章及其弟弟们"。[5]

永定印刷厂,又名进化印社。该印刷厂由永定县苏维埃政府于 1930 年 2 月在湖雷创办,以石印为主,有一台石印机。主要承印县委创办的《红报》和传单、布告等任务,还为永定县第三区(后改为第一区)信用合作社印制钞票。此外,印刷厂还为永定各区的学校印制课本。[6]

(3)硝盐厂

为了解决食盐严重缺乏的问题,苏维埃政府发动苏区群众开展熬硝盐运

① 中共福建省龙岩市委党史研究室:《闽西人民革命史(1919—1949 年)》,中央文献出版社 2001 年版,第 280 页。

② 中国人民政治协商会议福建省长汀县委员会文史资料编辑室:《长汀文史资料》(第 48 辑),2017 年,第 183 页。

③ 李瑞良主编,福建省地方志编纂委员会:《福建省志·出版志》,福建人民出版社 2008 年版,第 292 页。

④ 中国人民政治协商会议福建省长汀县委员会文史资料编辑室:《长汀文史资料》(第 48 辑),2017 年,第 184 页。

⑤ 中国人民政治协商会议福建省长汀县委员会文史资料编辑室:《长汀文史资料》(第 48 辑),2017 年,第 184 页。

⑥ 中共永定县委党史工作委员会编:《永定人民革命史》,厦门大学出版社 1989 年版,第 116 页。

动。当时苏区境内各区各乡普遍建立硝盐厂,熬硝盐的原料是旧的墙土。具体方法是:"先把墙土打碎,泡在水里,数天后将泡土的水放到锅里熬,水熬干后,锅里剩下的便是硝盐。"①凝固于表层的是盐,硝液下沉凝结成硝,硝给兵工厂做弹药。这种制盐方式简单易操作,成本低,但盐的品质不及海盐、井盐,苦涩感重,但苏区群众认为"比淡吃是好多了,且价格便宜"。在苏区政府的领导下,闽西群众积极参与熬硝盐运动。如永定县各地办起"小型硝盐厂几十个,参加熬硝盐的工人达几百人"②,而长汀仅县城就有"六个硝盐厂,职工六十多人,日产盐二十多斤"③。宁化县的安远、曹坊、梁山等地,也建立了硝盐厂。④ 这些硝盐厂的工人日夜开工,在一定程度上缓解了苏区食盐紧张的状况。

(二)手工业合作社发展概况

闽西苏区在发展军需民用公营工业的同时,大力恢复和发展苏区的手工业,以合作社形式将个体手工业组织起来。据史料记载,当时闽西的手工业合作社有二三十种之多,如造纸、刨烟、石灰、炼铁、铸锅、采煤、农具、织布、织袜、缝纫、漂布、烟丝、雨伞、木具、竹具、编斗笠、陶瓷、砖瓦、木炭、硝盐、樟油、樟脑、榨油等。各类手工业合作社遍布闽西各地,成为经济建设的主要一环。

1.红军斗笠厂

红军斗笠厂旧址位于长汀西门街席稿坪新村 79 号,它是在红四军的帮助下建立起来的,它不是公营企业,属于生产合作社。斗笠是军需品,是红军战士行军和打仗不可缺少的物品,而长汀盛产斗笠,为此,红军军需处就在长汀设立斗笠收购站。随着赣南、闽西革命根据地的发展和红军的扩大,对斗笠的需求量日益增加,1931 年冬,红军军需处在原斗笠收购站的基础上,组织汀州个体编织斗笠的工人,成立了红军斗笠厂,红军后勤部派周信彬担任厂长。当时斗笠厂生产管理的具体办法是:"由红军后勤人员向斗笠工人订货,提出质

---

① 孔永松,邱松庆著:《闽西革命根据地的经济建设》,福建人民出版社 1981 年版,第 45 页。

② 中共永定县委党史工作委员会编:《永定人民革命史》,厦门大学出版社 1989 年版,第 116 页。

③ 孔永松,邱松庆著:《闽西革命根据地的经济建设》,福建人民出版社 1981 年版,第 46 页。

④ 蒋伯英主编:《福建革命史》(上),福建人民出版社 1991 年版,第 437 页。

量要求和规格,双方协商统一定价,一个光洋三顶斗笠,生产多少红军收购多少,不能卖给别人。"①斗笠厂建厂初期只有 30 多个工人,到 1932 年已有 200 多个工人。② 1932 年下半年生产斗笠 12000 顶。长汀斗笠生产合作社用公房生产不付房租,资金上得到红军后勤部支持,斗笠厂"实行计件工资制,破篾、编制、刷油等工序都有不同的工资定额"③。熟练工人月工资可达 15 元以上,普通工人的月收入也有 9~12 元。斗笠厂以合作社的形式将编织斗笠的个体工人组织起来,工人收入增加了,生产积极性也提高。

当时红军指战员每人都要配备携带一项斗笠,因此毛泽东十分关心斗笠厂的生产状况。1932 年冬,他亲自到工厂指导工作,提出了"平顶、平沿"的斗笠式样改良意见。经过实践,工人们将斗笠边沿改用两层细竹篾条缠边,这种斗笠一律 16 寸,用 36 皮篾编成,印上"工农红军"字样,加刷桐油,显得轻便美观。为了满足红军行军作战需要,1933 年秋,这个厂还从家家户户都会做斗笠的南山坝谢屋村,招收了 100 多个工人,使斗笠产量激增。④ 当年产量达 27 万顶。1934 年只生产 8 个月,产量就超过 20 万顶。⑤

2.铁器合作社

闽西苏区铁矿资源丰富,产铁的地方主要有"永定之金丰、合溪,上杭之大阳坝,新泉之南阳,长汀之濯田、红屋、童坊,武平之湘湖,宁化之南城堡、中沙等地"⑥。但闽西铸铁工厂作坊少,当时有开炉铸铁的是"南阳、濯田、南城堡等地。"这些地方的群众开采铁矿并冶炼,已"有大批铁可以出售,铁质优良。"但相对于苏区冶铸农具的需求而言,还是远远不够的。苏区政府重视铁业生产,由省县国民经济部组织铁业合作社募股委员会⑦,广泛发动群众加入铁业

---

①　许毅主编:《中央革命根据地财政经济史长编》(上),人民出版社 1982 年版,第502 页。

②　厦门大学历史系中共党史教研组编写:《闽西革命根据地》,上海人民出版社 1978年版,第 119 页。

③　《革命根据地财政经济史长编》(土地革命时期)(上),1978 年,第 741 页。

④　中共长汀县委党史工作委员会:《长汀人民革命史》,厦门大学出版社 1990 年版,第 150 页。

⑤　蒋伯英主编:《福建革命史》(上),福建人民出版社 1991 年版,第 436 页。

⑥　中央档案馆,福建省档案馆:《福建革命历史文件汇集》(苏维埃政府文件 1931—1933 年),1985 年,第 383 页。

⑦　古田会议纪念馆编:《闽西革命史文献资料》(第 7 辑),2006 年,第 192 页。

生产合作社,为生产农具提供生铁。比如,1932 年拥有 100 余人的濯田炼铁厂,每天能生产土铁约 1.5 吨①。为扩大农具生产,福建省工农政府要求苏区利用区域资源优势组织铁器生产合作社,铸造各种农具。1932 年 2 月,省苏指示新泉县政府"负责将南阳铁器合作社股本扩充到大洋三千元",长汀县政府"负责将濯田铁器合作社股本扩大一倍"并负责"钟屋村组织一个铁器合作社",上杭官庄区"负责组织一个铁器合作社",宁化县苏负责"武层区、淮土区、禾口区联合组织一个铁器合作社""中砂区组织一个铁器合作社"②。苏区政府积极扩大铁器合作社的生产规模,各铁器合作社主要制造犁、耙、锄、镰刀等农具,同时也生产菜刀、钳子等日用品③。

　　3.纸业合作社

　　纸业是闽西最大的工业,生产作坊遍及长汀、连城、上杭、武平、永定等地,"自被敌人严密的经济封锁后,差不多完全停槽"④。1932 年 3 月 18 日,福建省第一次工农兵代表大会通过的《经济财政问题决议》,强调要"发展各种合作社,尤其要根据闽西特点,大力发展纸业合作社"⑤。各级政府宣传鼓动群众加入纸业合作社。闽西苏区纸业合作社发展数量比较多的地方是汀州。1932 年长汀县组织 20 多个纸业合作社,纸农、槽户积极加入纸业合作社,其中以宣成、南岩、四都、湫水合作社最为著名。其中宣成就有纸槽 250 个,工人 1500 余人,年产纸达 2 万多担⑥。汀东县的长宁区有 300 余个纸槽生产,年产纸 1250 吨。1932 年冬,汀州市纸业合作社与纸行老板共同集股成立了中华纸业公司。1933 年 6 月,中共福建省委报告说,长汀纸业生产恢复了三分之二。1933 年 6 月 11 日,《红色中华》载:"汀州市先后恢复了 40 多个纸业合作社和私营造纸厂坊,平均每天生产毛边纸达 1.33 吨,每刀时价二元五角。日产值可达 715 元,且纸质闻名内外,远销广州、上海、汕头等地。"⑦

---

　　①　李敏:《中央革命根据地词典》,档案出版社 1993 年版,第 306 页。

　　②　孔永松,邱松庆编著:《闽粤赣边区财政经济简史》,厦门大学出版社 1988 年版,第 139 页。

　　③　古田会议纪念馆编:《闽西革命史文献资料》(第 7 辑),2006 年,第 54 页。

　　④　古田会议纪念馆编:《闽西革命史文献资料》(第 7 辑),2006 年,第 329 页。

　　⑤　蒋伯英主编:《福建革命史》(上),福建人民出版社 1991 年版,第 346 页。

　　⑥　蒋伯英主编:《福建革命史》(上),福建人民出版社 1991 年版,第 437 页。

　　⑦　黄马金编:《长汀纸史》,中国轻工业出版社 1992 年版,第 37 页。

1934 年 10 月,红军主力撤离中央苏区,长汀复归国民党政府管辖,设于长汀的纸业公司资产被没收,尽管"造纸公司之详细账目,均已遗失,各槽纸款若干,无据可查,但各槽尚存有支摺,暂以为凭。出纸区域,兼及江西省境……共十二区二百三十八槽。各区以长宁纸槽最多,有二十四槽,年产九千余担,总计公司原有资金约十余万元,各纸产二万余担"①。

4.石灰生产合作社

闽西拥有丰富的石灰石资源,苏区政府鼓励私人自由开采,"只要向政府登记及纳税"②就可。由于肥田和做纸的需要,苏区政府强调"组织生产合作社经营之,以增加生产为原则"③,并指示各地"马上要组织石灰合作社,集股金,调人工,请师傅,去烧石灰"④。杭武县的第一区、第五区、第六区、第七区,永定的高陂、坎市、虎岗、湖坑等地先后都办起了石灰合作社。各地的石灰合作社以自愿集股为原则,"高陂的几个社开办时筹集资金计大洋 628 元"⑤,在资金不足的情况下可以获得工农银行的低息贷款。当时石灰的价格为"每元买一担(八十斤)"。石灰合作社生产的石灰主要满足当地的农业生产和造纸的需要,永定的高陂、虎岗等地生产的石灰总产量高,除供应本地外,通过水路或肩挑运往龙岩、上杭、广东的大埔等地,支援各地的农业生产、纸业生产和建筑业。

除了以上手工业合作社外,其他行业,如织布、缝纫、染布、刨烟、雨伞、木具、竹具、陶瓷、炼铁、农具、石灰、砖瓦、硝盐、樟脑等也组织了合作社。合作社的建立,扶植了手工业的发展,使萧条的私人手工业兴旺起来⑥。

(三)私营工业发展概况

私营工业包括私营的手工业和私人资本主义工业。但苏区的资本主义性

---

① 《长汀造纸概况》,《申报》,1935 年 2 月 8 日。

② 中共龙岩地委党史资料征集研究委员会,龙岩地区行政公署文物管理委员会:《闽西革命史文献资料》(第 6 辑),1985 年,第 109 页。

③ 中共龙岩地委党史资料征集研究委员会,龙岩地区行政公署文物管理委员会:《闽西革命史文献资料》(第 5 辑),1984 年,第 172 页。

④ 古田纪念馆编:《闽西革命史文献资料》(第 8 辑),2006 年,第 62 页。

⑤ 中共永定县委党史工作委员会编:《永定人民革命史》,厦门大学出版社 1989 年版,第 120 页。

⑥ 中国人民政治协商会议福建省长汀县委员会文史资料编辑室:《长汀文史资料》(第 7 辑),1984 年,第 34 页。

质的工厂和手工工场并不多,一些中小城市才有小规模的私人工厂,如"长汀有 9 个纺织厂都是资本家开的,有织布工人三百多"①。苏区的私营工业主要是私营的手工业,它"在苏区工业中居主要地位"②。私营的手工业生产的产品主要有土纸、条丝烟、土布、生铁、茶叶、石灰、樟脑、铁制农具、竹木制品、陶瓷用品等等。闽西各县形成了各具特色的手工业群体,长汀以造纸、织布为主,永定以刨烟、船业为主,永定有许多私营的条丝烟厂,大厂有十余人甚至几十个刨烟工人。一般的烟厂,有七八个刨烟工人,小厂也有三五个工人。③ 上杭以运输业、纸业、建筑业为主,龙岩的手工业种类较其他县市多,1929 年红四军入闽后,城区各行各业的手工业者加入工会的人数达到 4000 多人。④

　　私营工业在苏区各行各业广泛存在,对苏区经济的稳定与发展具有重要意义。因此,苏区政府在发展公营工业、促进手工业合作社的同时,也重视保护私营工业,并制定一系列的政策与法令。1929 年红四军入闽后就发布大量的文告,如在《告商人及知识分子》中明确了共产党对城市的政策,"普通商人及一般小资产阶级的财物,一概不没收"⑤。阐明中国共产党要保护中小工商业者的政策。1929 年 7 月中共闽西一大通过的《政治决议案》也明确保护私人工业的主张。1930 年 5 月,闽西苏维埃政府颁布的第九号布告指出:"工厂商店因亏本而倒闭者,须经工会审查,其因自己恐慌而关闭者,应限其开门营业,政府予以保护。"⑥

　　闽西苏区的实践也推动了中央政府出台保护和鼓励私营工业的政策与法规。一是保护私营工业。1931 年 11 月,全国工农兵代表大会通过《关于经济政策的决议案》,其中明确指出,苏维埃政府"对于中国资本家的企业及手工

---

　　① 革命根据地财政经济史编写组编:《革命根据地财政经济史长编》(土地革命)(上),1978 年,第 633 页。

　　② 蒋伯英主编:《福建革命史》(上),福建人民出版社 1991 年版,第 437 页。

　　③ 龙岩市总工会:《闽西苏区工人运动史》,2012 年,第 93 页。

　　④ 中共龙岩地委党史资料征集领导小组,龙岩地区行政公署文物管理委员会:《闽西革命史文献资料》(第 3 辑),1982 年,第 6 页。

　　⑤ 中共龙岩地委党史资料征集领导小组,龙岩地区行政公署文物管理委员会:《闽西革命史文献资料》(第 2 辑),1982 年,第 390 页。

　　⑥ 中共龙岩地委党史资料征集领导小组,龙岩地区行政公署文物管理委员会:《闽西革命史文献资料》(第 3 辑),1982 年,第 318 页。

业,现尚保留在旧业主手中而并不实行国有"①。二是对私营工业实行税收减免政策,在《暂行税则》中规定"暂时免收工业品的出厂税","工业所得税,按其资本大小,规定税率征收其利润,其税率另行规定,但须较商业税为轻"。② 三是鼓励私人投资。1932 年 1 月,中华苏维埃临时中央政府颁布的《工商业投资暂行条例》指出"私人投资所经营之工商业,苏维埃政府在法律上许可其营业的自由"③。四是对私营工业进行规范管理。苏区政府对私营工业生产经营活动并非放任自流,而是要求投资者"须向政府报告和登记"④,登记的内容包括资本的数目、公司章程或店铺的名称、经营的事项、经理的姓名等等。规定私营企业必须遵守苏维埃一切法令,要依照苏维埃政府所颁布之税则"完纳国税"。"如有违反苏维埃政府的法令或阴谋反动破坏苏维埃经济者,要受苏埃政府的法律制裁。"⑤

　　由此可见,当时苏区政府制定了保护、鼓励、管理私营工业的正确政策,按照经济发展的规律,苏区的私营工业可以得到有序发展。但是,由于过"左"的劳动政策,提出了许多不切实际的过高的生产条件、过高的工资福利要求,使得私营企业倒闭和工人失业,严重影响苏区经济的发展。

三、闽西苏区发展工业的具体举措

　　苏区工业企业是在经济比较落后的农村建立起来的,总体生产能力低下。但在国民党的围剿与经济封锁中,之所以能创建一批军事工业,发动群众办好手工业生产合作社,有效地引导私营工业发展,以满足苏区的军需民用,主要有以下积极因素共同推动。

---

① 中国社会科学院经济研究所中国现代经济史组:《革命根据地经济史料选编》(上),江西人民出版社 1986 年版,第 82 页。

② 中国社会科学院经济研究所中国现代经济史组:《革命根据地经济史料选编》(上),江西人民出版社 1986 年版,第 417～418 页。

③ 中国社会科学院经济研究所中国现代经济史组:《革命根据地经济史料选编》(上),江西人民出版社 1986 年版,第 85 页。

④ 中国社会科学院经济研究所中国现代经济史组:《革命根据地经济史料选编》(上),江西人民出版社 1986 年版,第 85 页。

⑤ 中国社会科学院经济研究所中国现代经济史组:《革命根据地经济史料选编》(上),江西人民出版社 1986 年版,第 85 页。

（一）苏区政府重视工业建设，出台支持工业发展的政策

党和苏区各级政府重视工业建设，出台了一系列有利于工业生产的政策。1931 年 11 月，中华苏维埃工农兵第一次全国代表大会通过《关于经济政策的决议案》，其中就明确要"竭力促进工业的发展"[①]，强调"国家自己应尽量开办关于制造军用品和群众特别必需的产业"[②]。1932 年 7 月 7 日，中华苏维埃共和国中央执行委员会发布第十四号训令，强调"各级苏维埃政府要注意于生产事业的提倡恢复和帮助，现时苏区中许多旧的生产事业，如闽西的造纸、木材，江西的茶油，宁都的夏布，瑞金的樟脑，会昌、安远的钨矿……都应由地方政府来计划恢复"[③]。训令明确提出了实施这些计划的具体办法："或租给商人投资经营，或交给工人劳动合作社办理，或借款给农民自己经营，或苏维埃政府自己管理。"[④]要求各级苏维埃政府要把工业生产计划看做是巩固和发展苏区的中心任务之一。1933 年 4 月，中央苏区政府又增设了国民经济委员部，邓子恢同志兼任部长（邓子恢同志时已任财政部长），加强对包括工业生产在内的各种生产事业的管理与领导。1933 年 8 月，中央苏区南部十七县经济建设大会在瑞金召开，毛泽东在会上提出要努力发展工业，"多造农具，多产石灰"，"恢复钨砂、木头、樟脑、纸张、烟叶、夏布、香菇、薄荷油等特产"的生产。[⑤] 在中央政府重视工业的思想指导下，地方各级政府也加强对工业的领导。早在1930 年 3 月的闽西工农兵第一次代表大会就提出要办兵工企业，"闽西政府要办理修械厂、子弹厂以增加武装"[⑥]。要求"各地尽量宣传合作社作用，普遍发展各种合作社的组织"[⑦]。1931 年 4 月公布的闽西苏维埃政府第 12 号布告

①　柯华主编：《中央苏区财政金融史料选编》，中国发展出版社 2016 年版，第 20 页。

②　中国人民银行编：《红色中华金融史料摘编》，中国金融出版社 2016 年版，第 109 页。

③　中共江西省委党史资料征集委员会，中共江西省党史研究室：《江西党史资料》（第 20 辑），1991 年，第 44 页。

④　中共江西省委党史资料征集委员会、中共江西省党史研究室：《江西党史资料》（第 20 辑）1991 年，第 44 页。

⑤　《毛泽东选集》（第一卷），人民出版社 1991 年版，第 121 页。

⑥　中共龙岩地委党史资料征集领导小组，龙岩地区行政公署文物管理委员会：《闽西革命史文献资料》（第 3 辑），1982 年，第 191 页。

⑦　中共龙岩地委党史资料征集领导小组，龙岩地区行政公署文物管理委员会：《闽西革命史文献资料》（第 3 辑），1982 年，第 207 页。

强调"工农银行应借大批现款于合作社,使合作社迅速发展"①。1932 年 3 月,福建省第一次工农兵代表大会上通过的《关于经济财政问题决议》指出:"各级政府要经常注意派人去指导,并在物质上帮助合作社的发展。"②在合作社发展的过程中,苏区政府不仅给予合作社物质、资金方面的帮助,还在税收、运输、厂房等方面给予支持。

(二)注重发挥工会在工业生产中的作用

从 1926 年冬开始闽西各县相继成立工会组织,红四军入闽后,党加强了工运工作。1929 年 7 月,中共闽西第一次代表大会的政治决议案就指出:"从日常斗争中发展工会组织,在重要城市(各县城及重要市镇)及重要职业(店员、烟纸、运输)中建立工会基础。"同时,"在赤色区域农村中的雇农及手工工人应该组织工会"③。到 1930 年 5 月,闽西有组织的工人大约二万人,成立了纸业、木业、船业、染布、鞋业、挑夫、印务等各业工会组织。当时闽西的工会组织系统是"各业工会之下设分会支部,全县组织总工会,各区的各工会分会联合组织工人联合会,归总工会指导。各分会除与该工会发生直的关系外,同时与区工人联合会发生横的关系"④。

工会是代表工人阶级利益的组织。工人通过工会来行使自己的权利,"组织革命赤色工会,团结工人群众,反对厂主老板压迫工人,反对包工制"⑤。工会组织工人进行政治斗争以实现政治权利,不仅于此,工会对维护工人的经济权利也起到积极作用。闽西苏区的劳动法规定:"厂主不得无故开除工人,开除工人要经工会同意。"⑥雇主辞退工人要经过工会同意,这有利于保障工人

---

① 中国社会科学院经济研究所中国现代经济史组:《革命根据地经济史料选编》(上),江西人民出版社 1986 年版,第 67 页。

② 许毅主编:《中央革命根据地财政经济史长编》(下),人民出版社 1982 年版,第 133 页。

③ 中共龙岩地委党史资料征集领导小组,龙岩地区行政公署文物管理委员会:《闽西革命史文献资料》(第 3 辑),1982 年,第 190 页。

④ 中共龙岩地委党史资料征集领导小组,龙岩地区行政公署文物管理委员会:《闽西革命史文献资料》(第 3 辑),1982 年,第 7 页。

⑤ 中共龙岩地委党史资料征集领导小组,龙岩地区行政公署文物管理委员会:《闽西革命史文献资料》(第 2 辑),1982 年,第 145 页。

⑥ 中共龙岩地委党史资料征集领导小组,龙岩地区行政公署文物管理委员会:《闽西革命史文献资料》(第 3 辑),1982 年,第 205 页。

劳动权利,改变过去雇佣权完全掌握在雇主资本家手中的情况。对于工资待遇方面,提出要"取消工头制度,不准工头克扣工资",工作时间最多不得"超过八小时",规定"工钱按照生活程度增加,并规定最低限度工资,由工会自定"。① 按照工人生活必需费用和物价等情形来增加的规定实施后,保证了工人基本生活不受影响,工人的伙食住宿卫生条件也有很大的改善。苏区工人的工资比革命前普遍提高,龙岩、上杭、永定等地的工人,工资增加了百分之三四十,有的成倍增加。② 工人劳动积极性提高,促进生产发展。苏区工会在为工人增加工资、减少工作时间、改良待遇③等方面做了大量努力,还积极组织苏区商品的生产与销售。比如,由于经济封锁,闽西各地生产的纸曾一度滞销。鉴于这一情形,闽赣纸业工会认真研究"关于运纸出口问题"。一方面,派人了解市场对纸张质量的需求,"上杭、武平、新泉纸的生产要准备改良"。另一方面,成立纸行工人、木船纸业工会监督生产委员会,"督促纸行老板经常设法运纸出口来流通苏区经济",防止其投机怠工关门逃跑。同时,组织贩卖合作社,开通长汀、汀东、宁化、瑞金等四条路线的销售渠道。各级工会积极部署,"每县要调两个干部来办理进行这一工作"④。苏区工会的有效领导和组织能力,对苏区经济建设起着积极的促进作用。

（三）加强对企业的管理

中央苏区时期,苏区政府加强对国有工厂和合作社企业的管理,激发了劳动者的生产积极性。对国有工厂的管理主要有以下几个方面:

一是颁布企业管理条例,规范生产过程。1934年1月,第二次全国工农兵代表大会分析当时苏区工业生产状况,提出"工业的进行需要有适当的计划"⑤,特别强调"国家经营和合作社经营的事业,相当精密的生产计划,却是完全必需的。确切地计算原料的生产,计算到敌区和我区的销场,是我们每一

① 中共龙岩地委党史资料征集领导小组,龙岩地区行政公署文物管理委员会:《闽西革命史文献资料》(第3辑),1982年,第206页。

② 龙岩市总工会:《闽西苏区工人运动史》,2012年,第50页。

③ 中共龙岩地委党史资料征集领导小组,龙岩地区行政公署文物管理委员会:《闽西革命史文献资料》(第3辑),1982年,第454页。

④ 中共龙岩地委党史资料征集研究委员会,龙岩地区行政公署文物管理委员会:《闽西革命史文献资料》(第6辑),1985年,第273页。

⑤ 《毛泽东选集》(第一卷),人民出版社1991年版,第132页。

种国营工业和合作社工业从开始进行的时候就必须注意的"①。苏区工业生产将制订计划、做好管理作为发展工业的抓手之一。

但由于缺乏生产组织经验,当时出现工厂管理混乱、浪费现象严重等问题。全国总工会中央执行局委员长刘少奇深入实际调查,提出"建立完全的厂长负责制"的经济思想。在刘少奇的积极建议下,1934年4月,中华苏维埃共和国人民委员会颁布《苏维埃国有工厂管理条例》,条例明确要求国有工厂实行"厂长负责制",在厂长之下,设人数为5～7人的工厂管理委员会,主要由厂长、党支部代表、团支部代表、工会代表、工厂其他负责人、工人代表等组成,负责解决厂内的重大问题。管理委员会内又设"三人团","三人团"由厂长、党支部代表及工会支部代表组成,以协同处理厂内的日常管理。条例还明确"工厂的各生产部门,须建立主任及领班的制度"。为完成生产计划和减少成本费用,要求"国家工厂必须确立经济核算制度"。企业还设立生产讨论会,广泛吸收工人积极分子参加,"研究生产技术,推进生产发展"②。

二是加强职工的思想政治工作。国有工厂的党支部重视职工的思想政治工作,一方面,发挥党员的作用,要求党员模范执行劳动纪律,认真学习技术,"在事实上做群众的模范"③。另一方面,党支部经常了解群众的思想和生活状况,并通过青年团、工会等组织,教育工人"以新的态度对待新的劳动",工人以"提高生产为争取苏维埃胜利而斗争"的状态投入生产,生产的产品不仅"数量多,并要质量好"。④ 同时,企业内的"三人团"深入生产一线,对劳动积极的工人给予表扬,对"工人有不好的表现,厂方即通知工会"⑤,工会对工人进行个别谈话,做好说服解释工作。通过政治思想教育工作,工人的主人翁意识增强。如,长汀的第二被服厂工人生产积极性高涨:"自动地做义务劳动,在上午

---

① 《毛泽东选集》(第一卷),人民出版社1991年版,第133页。

② 许毅主编:《中央革命根据地财政经济史长编》(上),人民出版社1982年版,第566页。

③ 许毅主编:《中央革命根据地财政经济史长编》(上),人民出版社1982年版,第567页。

④ 中国社会科学院经济研究所中国现代经济史组:《革命根据地经济史料选编》(上),江西人民出版社1986年版,第288页。

⑤ 中国社会科学院经济研究所中国现代经济史组:《革命根据地经济史料选编》(上),江西人民出版社1986年版,第288页。

未发哨子以前一点钟就全体上了工,下午发了下工哨后还很努力继续做了一点半钟才下工,自愿要求不发工资,尤其是上面来了电话要赶制衣服给新战士上前方时就进行冲锋劳动,无论是星期日以及夜晚都不休息。"①

三是组织劳动竞赛活动。劳动竞赛有助于激发劳动者的工作热情,是提高劳动生产率的有效途径。苏区各国有工厂根据实际情况,开展队与队、部门与部门、个人与个人的生产竞赛,提出按照"数量、质量、时间的快慢及成本费的节省等实际数目字"进行评比,评选模范,"给予奖励或送上红板"。②如长汀的第二被服厂"采取分组竞赛的方法"之后,"在完成生产计划方面得到了很大的成绩,在四月份超过原定计划百分之二十四,五月份上半月超过百分之三十,不仅增加数量,工作的速度加强了,质量也改善了"。③同时,"节省原料的成绩更加伟大":每套衣服节省 8 寸布料,每月节省的布料可以多做 360 套衣服,每套衣服 5 元 5 角,"每月可节省一千九百八十块钱的巨大数目"④。毛泽东盛赞劳动竞赛是"提高劳动热忱,发展生产竞赛,奖励生产战线上的成绩昭著者,是提高生产的重要方法"⑤。

第二节 闽西苏区发展商业经济

发展商业是苏区经济建设的重要一环,也是苏区经济斗争中的一条重要战线。由于国民党对苏区的严密经济封锁,闽西境内的商业贸易基本停滞。为改变这种被动局面,苏区政府采取各种措施发展公营商业、合作社商业和私

---

① 谭永华:《第二被服厂工友昼夜不停为红军制衣服》,载《苏区工人》第 24 期,1934年 7 月 20 日。

② 许毅主编:《中央革命根据地财政经济史长编》(上),人民出版社 1982 年版,第568 页。

③ 中国社会科学院经济研究所中国现代经济史组:《革命根据地经济史料选编》(上),江西人民出版社 1986 年版,第 289 页。

④ 中国社会科学院经济研究所中国现代经济史组:《革命根据地经济史料选编》(上),江西人民出版社 1986 年版,第 289 页。

⑤ 许毅主编:《中央革命根据地财政经济史长编》(上),人民出版社 1982 年版,第562 页。

营商业,活跃了苏区的商品流通,保证了苏区军需民用的物资供给,打破了敌人的经济封锁。

一、闽西苏区发展商业的必要性

闽西苏区发展商业既是粉碎国民党对苏区军事"围剿"和经济封锁的客观需要,也是保障苏区群众进行生产和生活之需的内在要求。

(一)打破经济封锁、发展苏区生产的客观需要

由于敌人实行严密的经济封锁,切断了闽西苏区与外界的商品交换关系。商品流通受阻,造成产品滞销。"农村的输出品售不出去,如连城之纸、杉木,永定之条丝烟。"[1]据 1930 年的统计,闽西仅纸一种产品,龙岩积存了 40%,上杭积存了 10%,永定积存了 30%,长汀积存了 30%。商品大量积存,使得来年的生产受到影响。纸、烟、木等闽西支柱手工业产品减产最为严重,大部分产品比上年生产减少 50% 以上,如表 4-1 所示。

表 4-1　闽西纸、烟、木减产情况

地区	纸	烟	木
龙岩	本年少六成,旧年存四成,抵除少二成	今年少五成	少八成
上杭	本年少五成,旧年存一成,抵除少四成	本年少五成	无销路
永定	本年少五成,旧年存三成,抵除少二成	本年少八成	无销路
连城	本年少二成	本年少四成	少七成
长汀	本年少八成,旧年存三成,抵除少五成	无	无销路
全部	少三成	少六成	少八成

资料来源:中共闽西党组织第二次代表大会日刊(1930 年 7 月 8 日至 20 日)[2]。

---

① 江西省档案馆,中共江西省委党校党史教研室:《中央革命根据地史料选编》(上),江西人民出版社 1982 年版,第 150 页。

② 江西省档案馆,中共江西省委党校党史教研室:《中央革命根据地史料选编》(上),江西人民出版社 1982 年版,第 299 页。

　　虽然中央苏区时期闽西依然是以农业为主的经济社会,但其不可能完全自给自足,需要依赖市场交易实现社会再生产。马克思的社会再生产理论告诉我们,只有社会总产品在价值上得到补偿,在实物上得到替换,社会再生产才能顺利进行。经济封锁使苏区的自产品处于过剩状态,无法通过市场交易获得价值补偿,也无法实现生产过程中所耗费的生产资料和消费资料得到实物替换。这样,势必造成简单再生产发生困难,更不用说扩大再生产。因此,发展商业促进商品流通,成为苏区再生产的关键环节。闽西苏维埃政府提出要"集中各种资本,开办各种合作社",促进"农村的输出品"的销售,"则闽西社会经济是一个发展前途"。①

　　(二)解决苏区境内"剪刀差"问题的重要途径

　　国民党对红色区域实行物质封锁、交通封锁,一方面,使闽西苏区境内的农产品无法输出而滞销,造成粮食价格狂跌,其他"农产品飞快跌价",另一方面,"工业品很少能输入苏区,因此苏区的工业品非常缺乏",但即便有销售的食盐及一些日常用品,如毛巾、牙粉、牙刷、火柴、纸烟、袜子等,其价格"要比上海贵一倍"。②据统计,1930 年闽西外来工业品的价格较 1929 年有不同程度的提高,如表 4-2 所示。

表 4-2　1930 年闽西外来工业品较 1929 年变化情况

单位:%

外来工业品	龙岩	上杭	永定	长汀	连城
布	10	10	0	20	20
盐	−30	0	30	20	10
洋油	20	20	50	30	20
火柴	0	0	10	0	30
药材	30	20	15	30	30
糖	20	20	30	20	20

资料来源:中共闽西党组织第二次代表大会日刊(1930 年 7 月 8 日至 20 日)③。

---

　　① 江西省档案馆,中共江西省委党校党史教研室:《中央革命根据地史料选编》(上),江西人民出版社,1982 年版,第 300 页。

　　② 许毅主编:《中央革命根据地财政经济史长编》(下),人民出版社 1982 年版,第 89 页。

　　③ 江西省档案馆,中共江西省委党校党史教研室:《中央革命根据地史料选编》(上),江西人民出版社 1982 年版,第 300 页。

农产品价格猛跌,工业品价格飞涨,苏区农民以大量农产品只能换取少量工业品,形成了工农业产品价格的"剪刀差"现象。这一现象使农民收益减少而不愿领田耕作,工业品价格畸高推高了生活成本,也降低了购买力,造成闽西社会经济衰落。因此,闽西苏区提出要创办粮食调剂局,调剂粮食余缺。同时提倡自由贸易,鼓励商人买卖,"要设法使与白色区域的交通灵便,一面鼓励小商人向外买卖"①。还要组织各种合作社,创办对外贸易局,使苏区境内的生产品能够输出,外来生活必需品能够输入,以"消灭农业生产品与工业生产品价格的剪刀差现象"②,从而解决苏区群众的生活问题。

(三)抵制奸商盘剥、稳定市场的需求

闽西苏区存在严重的"剪刀差"问题,主要是由于国民党的经济封锁和军事"围剿"造成"外货难以输入,土货难以输出"③而导致的结果。但奸商的逐利盘剥也是促使工农业产品价格不合理的重要因素。农民因大量的土特产无法输出销售,手中又没有钱,为了购买油盐等生活必需品,只好在新谷登场时抛售粮食。而投机奸商趁机压低粮价,大量收购粮食。到青黄不接之时,农民粮食不够食用便到市场购买,奸商又趁机抬高粮价,"普遍比收割时贵三倍"。④ 农民在秋收后卖谷,在春荒时买粮,其间所受商人盘剥损失极大。农民不仅在出售农产品中受奸商剥削,而且在购买工业品中又被商人盘剥。比如,"商人到梅县买盐,一块钱七斤,运到我区,一块钱卖十二两,这不是吓死人的剥削吗?"⑤。奸商操纵市场,贱买贵卖,使苏区群众生活日趋恶化。毛泽东在《必须注意经济工作》中指出"像这样的事情,我们再也不能不管了,以后是一定要管起来",他强调"我们的对外贸易局在这方面要尽很大的努力"⑥。早在 1929 年 9 月,闽西特委为抵制商人资本剥削,在《关于剪刀差问题》的通告

① 中国社会科学院经济研究所中国现代经济史组:《革命根据地经济史料选编》(上),江西人民出版社 1986 年版,第 43 页。

② 《中华苏维埃共和国各级国民经济部暂行组织纲要》,载《红色中华》1933 年 5 月 8 日,第 77 期第 5 版。

③ 中国社会科学院经济研究所中国现代经济史组:《革命根据地经济史料选编》(上),江西人民出版社 1986 年版,第 42 页。

④ 中共上杭县委党史工作委员会编:《上杭人民革命史》,厦门大学出版社 1989 年版,第 89 页。

⑤ 《毛泽东选集》(第一卷),人民出版社 1991 年版,第 122 页。

⑥ 《毛泽东选集》(第一卷),人民出版社 1991 年版,第 122 页。

中就提出要帮助群众创办各种合作社,"使农民卖米买货不为商人所剥削"①。
1932 年 7 月 7 日,中央执行委员会颁布《关于战争动员与后方工作》的第十四
号训令,其中强调为使苏区经济发展,应防止和抵制商人的投机和垄断,要求
"各级苏维埃政府更应特别帮助劳动群众的合作社,尤其是消费合作社的组织
与发展……并给予相当的财政帮助,使能在战争的环境中,以廉价货品来抵制
商人的操纵,供给群众的需要"②。苏区政府认为,合作社"应该是在经济战线
上反对投机商人与富农的剥削,打破敌人封锁的生力军"。③ 创办合作社商业
组织,发展对外贸易,直接组织"外货输入,土货输出",减少中间流通环节。这
样,一方面可以降低购进的外来工业品价格,另一方面可以适当提高出售的土
特产品价格,减除中间商人剥削,有效打击商人对市场的操纵与垄断,改善百
姓的生活,推动市场秩序好转。

二、闽西苏区商业发展概况

毛泽东在第二次全国工农兵代表大会所作的报告中指出:"现在我们的国
民经济,是由国营事业、合作社事业和私人事业这三个方面组成的。"④在苏区
的商业经济中,也是由公营商业、合作社商业和私营商业三种类型构成的。

(一)公营商业

公营商业是苏维埃政府投资兴办的商业,归苏区全体人民所有,是新型的
生产关系的体现。中央苏区时期,闽西的公营商业主要有以下形式:

1.粮食调剂局

(1)闽西首创粮食调剂局

中央苏区的粮食调剂局源于闽西。粮食调剂局是闽西苏区政府为解决
"谷贱伤农"的工农业产品价格"剪刀差"问题而创办的,是用以调剂粮食的公
营经济组织,是对商业活动进行计划性管理的专门机构。

---

① 蒋伯英主编:《邓子恢闽西文稿(1916—1956)》,中共党史出版社 2016 年版,第 133 页。

② 《革命根据地财政经济斗争史》编写组:《土地革命时期革命根据地财政经济斗争
史资料摘编》(五),1978 年,第 110 页。

③ 中国社会科学院经济研究所中国现代经济史组:《革命根据地经济史料选编》
(上),江西人民出版社 1986 年版,第 176 页。

④ 《毛泽东选集》(第一卷),人民出版社 1991 年版,第 133 页。

　　1929 年,闽西苏区"剪刀差"问题日趋扩大,农产品跌价当属粮价下跌最严重。农民分得田地,谷子比以前多,但没有因为增产而增收,一般农民连工本都收不回来。譬如,"大池、小池、古田、蛟洋一带,米价跌到三斗以下;虎冈、龙门一带,跌到二斗以下。若照平时工价物资计算,则农民所投下田中的人工肥粪食用,收不到一半回来"①。造成米价低落的原因是:"(1)群众怕白军摧残,将米贱价出售,预备出走;(2)分田后籴米者少粜米者多;(3)农民要开发工钱买盐买油,而无处借贷,只得便宜粜米以资应付。"②同时,还有投机奸商趁机压低粮价,大量收购粮食。"粮食跌价,是给予革命很大的不利,妨害了苏维埃运动的巩固与发展。"③因此,闽西特委与当地干部到农村调查,研究解决"谷贱伤农"对策。调查中他们发现"各处粮食不能调节,多者多,少者少,以致米价高低各处不同"④,于是邓子恢提出"举办粮食调剂局,各区由调剂局向当地富农借款,按限价向贫农收买粮食"⑤。1930 年 6 月 1 日闽西政府经济委员会颁布《调剂米价宣传大纲》,向农民群众宣传闽西各县将建立粮食调剂局以调节米价,并告知粮食调剂局的组成及运作方式。为加快粮食调剂政策的落地,1930 年 6 月 14日闽西苏维埃政府又发布了第十五号布告,规定了粮食调剂局的组成是"由各乡政府召集群众会,选举工人、贫农分子五人,组织粮食调剂局,区政府则由经济委员会任之";明确调剂局的资金来源及用途,"即须向富农之家筹借款,以为高价收买米谷之用,此项借款一年后归还,利息最高不得超过百分之五"⑥;指出了调剂方式是时间调剂和空间调剂:"调剂局所筹之款,专为收买米谷之用,于新米登场后,高价向农民收买干谷,用谷仓储藏起来,三个月或六个月后,照原价九五扣粜还(给)农民,其粜余之谷,可运到米贵地方出售,所赚款

　　① 中共龙岩地委党史资料征集领导小组,龙岩地区行政公署文物管理委员会:《闽西革命史文献资料》(第 3 辑),1982 年,第 324 页。

　　② 中共龙岩地委党史资料征集领导小组,龙岩地区行政公署文物管理委员会:《闽西革命史文献资料》(第 3 辑),1982 年,第 324 页。

　　③ 中国社会科学院经济研究所中国现代经济史组:《革命根据地经济史料选编》(上),江西人民出版社 1986 年版,第 323 页。

　　④ 《中共闽西特委通告(第七号)——关于剪刀差问题》(1929 年 9 月 3 日)。

　　⑤ 《邓子恢自述》,人民出版社 2007 年版,第 75 页。

　　⑥ 中共龙岩地委党史资料征集领导小组,龙岩地区行政公署文物管理委员会:《闽西革命史文献资料》(第 3 辑),1982 年,第 320 页。

项,备作基金不准分散。"①闽西苏区政府还强调"各区、乡调剂局至迟于6月30号以前要组织建立,但米粮缺少地方不须组织者可不必组织,而组织办米合作社"②。这项政策很快在闽西各县得到贯彻,各地相继成立粮食调剂局。

闽西粮食调剂局的成立,对抑制"农村的经济剪刀现象的发展"③起着积极的作用。但在组建的过程中,出现了宣传不够、强行派款等现象,造成"筹款无计划、无限制,便引起社会的不安"④。于是,1930年7月闽西苏维埃政府主席兼经济部长邓子恢签发了"关于粮食调剂局问题"的政府第八号通告,对借款对象、巢谷限度、收谷价格等做了规定,要求各级政府"迅速纠正过去错误和加紧宣传,务使贫农对粮食调剂局有深刻的认识,富农不因此而起纠纷,乡政府并须召集群众大会表决总数多少及准可借多少和谷价与巢谷限度等,并须将执行情形,随便报告来此为要"⑤。此后,粮食调剂局沿着正确政策的轨道顺利发展。1932年3月,福建省政府为在更大范围内调剂苏区内部的粮食流通,决定在长汀成立福建粮食调剂局。粮食调剂局内部分工明确,"有会计、采办、保管、加工等,编制20多人"⑥。

(2)中央粮食调剂总局成立

1933年春,中央苏区"许多地方发生粮荒、米价飞涨,有钱无市米"⑦。一方面,1932年苏区部分地区的自然灾害导致粮食歉收,奸商又乘机哄抬粮价;另一方面,国民党加紧对苏区展开第四次军事"围剿",此时红军的规模已经扩

---

① 中共龙岩地委党史资料征集领导小组,龙岩地区行政公署文物管理委员会:《闽西革命史文献资料》(第3辑),1982年,第320页。

② 中国社会科学院经济研究所中国现代经济史组:《革命根据地经济史料选编》(上),江西人民出版社1986年版,第303页。

③ 中共龙岩地委党史资料征集领导小组,龙岩地区行政公署文物管理委员会:《闽西革命史文献资料》(第3辑),1982年,第372页。

④ 中共龙岩地委党史资料征集领导小组,龙岩地区行政公署文物管理委员会:《闽西革命史文献资料》(第3辑),1982年,第372页。

⑤ 中共龙岩地委党史资料征集领导小组,龙岩地区行政公署文物管理委员会:《闽西革命史文献资料》(第3辑),1982年,第372页。

⑥ 福建省地方志编纂委员会:《福建省志·粮食志》,福建人民出版社1993年版,第42页。

⑦ 中国社会科学院经济研究所中国现代经济史组:《革命根据地经济史料选编》(上),江西人民出版社1986年版,第326页。

大到 10 万人,需要的军粮更多。尤其是"红军驻地,医院近旁,粮食更缺"①。粮食流通受阻,在社会上引起极大恐慌。

为全面调剂粮价,保障军需,缓解苏区的粮食紧张情况,苏维埃中央政府于 1933 年 2 月 26 日召开人民委员会第 36 次会议,决定推广闽西经验,"创办粮食调剂局"。② 同年 3 月 4 日,《为调节民食接济军粮》的第三十九号命令颁发,中央粮食调剂总局成立。中央粮食调剂总局由中央政府国民经济部领导(12 月划归粮食部领导),总局之下,各省设立粮食调剂局,各县设立粮食调剂分局,一些区和重要的圩场设有粮食调剂支局,形成了一套健全的组织机构。③

(3)粮食调剂局的主要任务

第一,收购粮食。粮食收购是粮食调剂局的首要环节,是保证红军粮食供给的基础工作。收购粮食要解决资金来源和粮食来源的问题。在粮食调剂局初创之时,闽西苏区政府主要是"向当地富裕之家筹借","由政府及调济局立借据移借,限一年后归还,利息不得超过年利百分之五"。④ 但政府很快发现,这种筹款方法"不仅所收无几,而且侵犯到中农引起中农恐慌"⑤。待闽西工农银行成立后,由其为粮食调剂局购粮提供部分贷款,到 1933 年 7 月后中央政府以经济建设公债的形式充实粮食调剂局的资金,300 万经济公债中的"100 万元交予粮食调剂局与国家贸易局来发展国家企业并调剂商品流通"⑥。这样基本稳定了粮食调剂局的资金来源。关于粮食来源问题,虽说"苏区粮食的出产是很丰富的"⑦,但随着战争的持续,红军队伍不断扩大,需要更多的军粮供给,再加上若有些地方遇灾害粮食歉收,"农民手中余粮甚微,粮食调剂局无粮可购"⑧。鉴于粮食短缺问题,福建省苏维埃政府特发布第二十一号通

① 中国社会科学院经济研究所中国现代经济史组:《革命根据地经济史料选编》(上),江西人民出版社 1986 年版,第 326 页。

② 许毅主编:《中央革命根据地财政经济史长编》(下),人民出版社 1982 年版,第 54 页。

③ 余伯流著:《中央苏区经济建设》,中央文献出版社 2009 年版,第 103 页。

④ 中共龙岩地委党史资料征集领导小组,龙岩地区行政公署文物管理委员会:《闽西革命史文献资料》(第 2 辑),1982 年,第 325 页。

⑤ 中国社会科学院经济研究所中国现代经济史组:《革命根据地经济史料选编》(上),江西人民出版社 1986 年版,第 323 页。

⑥ 许毅主编:《中央革命根据地财政经济史长编》(下),人民出版社 1982 年版,第 68 页。

⑦ 许毅主编:《中央革命根据地财政经济史长编》(下),人民出版社 1982 年版,第 61 页。

⑧ 许毅主编:《中央革命根据地财政经济史长编》(下),人民出版社 1982 年版,第 62 页。

令,"重申严禁造粉干",鼓励农民"多开荒地多种杂粮,一面节省消耗,禁止造粉干,禁止食米造酒"[①],苏区开展节省运动,"最近两月内每人要设法节省谷子一斗,卖给粮食调剂局……说服他们,使他们了解这是帮助战争",县与县、区与区、乡与乡进行卖谷竞赛。[②] 苏区政府发动群众精打细算,留足口粮,把多余的粮食卖给粮食调剂局。到1934年1月,中央苏区开展收集粮食的突击运动,规定"集中土地税一律征收谷子……集中公债款也应以收谷为原则"[③]。1934年二三月间,"长汀县在中央财政部特派员帮助下,在濯田举行紧急动员会议,讨论收集粮食问题"[④],宁化县在中央粮食部特派员的帮助下,"丁坑口区的土地税已经全部收清"。苏区政府通过各种途径增加粮食调剂局的粮食收购量。

第二,粮食储藏。储藏粮食是粮食调剂局的一项重要工作。苏区政府要求以"区为单位,立刻成立谷仓"[⑤],且每个谷仓"至少能容纳300石谷子为限"。粮食调剂局协同财政部、对外贸易局等机构建造一批谷仓,规定了部分县的储藏粮食计划,如汀州50000担,宁化10000担,见表4-3。

表4-3   中央苏区部分县的粮食调剂局储藏能力[⑥]

县份	瑞金	汀州	黎川	兴国	宁都	会昌	博生	胜利
储粮计划/万担	8	5	5	3	3	3	3	2

县份	石城	乐安	公略	万太	宁化	广昌	赣县	
储粮计划/万担	2	1	1	1	1	1	1	

资料来源:林伯渠:《中央国民经济人民委员部训令第二号》,1933年5月27日。

为保管好储藏的粮食,粮食调剂局还建立了谷仓管理委员会,健全粮食保

---

① 古田会议纪念馆编:《闽西革命史文献资料》(第7辑),2006年,第315页。

② 《中华苏维埃共和国临时中央政府国民经济人民委员部训令第一号——为发动群众节省谷子卖给粮食调剂局》,载《红色中华》,第81期,1933年5月20日。

③ 许毅主编:《中央革命根据地财政经济史长编》(下),人民出版社1982年版,第65页。

④ 孔永松、邱松庆著:《闽西革命根据地的经济建设》,福建人民出版社1981年版,第59页。

⑤ 吴亮平:《怎样解决粮食问题》,载《斗争》1933年5月10日第11期。

⑥ 许毅主编:《中央革命根据地财政经济史长编》(下),人民出版社1982年版,第70页。

管制度,如发生贪污或不负责的情形造成谷物损失的,追究相关人员的责任,并给予相应的处分。

　　1933 年秋收后,粮食调剂局通过公债谷、土地税谷等形式收购了更多的粮食,中央政府要求各地及时将粮食运输入库,为此要建立配套的运输线,闽西建立了"宁化、石城到汀州的运输线……汀东县道、兆征县水路运输线,重点初设汀州市……河田至中复陆路运输线,终点在南山兵站和中复兵站"。① 水路开拓船业运输,陆路发展木车、马车运输。运输线沿线的各重要地点,均有运输委员会的组织协调。通过修建谷仓、完善运输交通线,保障收购的粮食能及时入库,使粮食调剂局能有效地实施跨季度调剂粮食余缺,解决民食军需。

　　第三,调剂粮价。闽西创建粮食调剂局的初衷是调剂米价,"调剂米价是目前重要工作"。当时调剂粮价的办法主要是在新谷上市时高价籴谷,收买时"各区按照当地情形分别规定比当时市价略高些"②的价格,调剂价格"使新谷不致跌到不够生产费用的那种程度"③。在青黄不接之时,粮食调剂局"照原价九五折粜还(给)农民","其买回谷价要打九五折者,是为弥补耗蚀及费用之需"。④ 通过高价买谷原价粜谷以平抑粮价,提高农民的购买力和生产积极性。

　　第四,组织进出口。"粮食为苏区最大宗的出产,粮食出口是苏维埃政权以及苏区工农换取必需工业品及现金的最重要的方法。"⑤粮食调剂局的任务是:一方面调剂红色区域内的粮食余缺,"向粮食储备比较丰富的区域(如公略、万太、赣县等)采买大批粮食,以供给粮食缺乏的区域(汀州、瑞金等)的需要……汀州方面,更须向宁化方面尽量采办"⑥;另一方面,有计划地将红色区

　　① 中国人民政治协商会议福建省长汀县委员会文史资料委员会:《长汀文史资料》(第 21 辑),政协长汀县委员会文史资料委员会,1992 年,第 36 页。

　　② 中共龙岩地委党史资料征集领导小组,龙岩地区行政公署文物管理委员会:《闽西革命史文献资料》(第 3 辑),1982 年,第 372 页。

　　③ 吴亮平:《怎样解决粮食问题》,载《斗争》1933 年 5 月 10 日第 11 期。

　　④ 中共龙岩地委党史资料征集领导小组,龙岩地区行政公署文物管理委员会:《闽西革命史文献资料》(第 3 辑),1982 年,第 336 页。

　　⑤ 《怎样进行粮食收集与调剂的运动》(1933 年 10 月 7 日),载《红色中华》第 98 期,1933 年 8 月 1 日。

　　⑥ 吴亮平:《怎样解决粮食问题》,载《斗争》,1933 年 5 月 10 日第 11 期。

域内多余的粮食通过对外贸易局输出到白区,从白区购进食盐、布匹等日用必需品。对外贸易局帮调剂局"出卖谷子或采办盐,按 5% 收取手续费"①。

总之,粮食调剂局通过购、存、调、销等业务,"对粮食价格的调剂与政府的红军的给养的解决,起了相当的作用"②。它调剂粮食供求,平抑了当时中央苏区各地粮食市场的价格,打击了奸商的中间盘剥,保障了农民群众的利益,有力地支援了革命战争,保障了苏维埃政权的正常运转。

2.对外贸易局

中央苏区的对外贸易指的是苏区与白区的商品交换活动,包括进口(输入)和出口(输出)两个方面,就是指"以苏区多余的生产品(谷米、钨砂、木材、烟、纸等)与白区的工业品(食盐、布匹、洋油等)进行交换"③。

(1)对外贸易机构的建立

"在福建各苏区中,最早开展对外贸易的是闽西。"④1930 年 6 月,毛泽东派卢肇西前往上海与党中央取得联系,商定建立交通站等有关事宜。1930 年底,闽西苏区在永定建立了由中央领导的"工农武装交通站"(1932 年 1 月后对外称"闽西工农通讯社")。"闽西工农通讯社"的主要任务是"沟通与中央的联系、护送干部、传递文件、运输进出苏区的物资"⑤。该通讯社的上下联系点是:"下至大浦倒背坑青溪,上至上杭芦丰太古村",运送物品种类多,主要有"布匹、食盐、西药、纸张、无线电器材、印刷器材、军用修械器材等"⑥。运输则靠群众挑担,当时永定县苏维埃政府建立了一支由几百个赤卫队员组成的运输队。"闽西工农通讯社"除运输物资外,还想方设法与白区商店老板建立关系,通过他们套购物资,暗中运往苏区。该通讯社成为闽西最早的对外贸易机构。

1931 年 11 月,中央政府成立后就非常重视对外贸易工作。当时各级苏

---

① 许毅主编:《中央革命根据地财政经济史长编》(下),人民出版社 1982 年版,第 79 页。

② 中国社会科学院经济研究所中国现代经济史组:《革命根据地经济史料选编》(上),江西人民出版社 1986 年版,第 157 页。

③ 江西省档案馆,中共江西省委党校党史教研室:《中央革命根据地史料选编》(下),江西人民出版社 1982 年版,第 341 页。

④ 蒋伯英主编:《福建革命史》(上),福建人民出版社 1991 年版,第 441 页。

⑤ 蒋伯英主编:《福建革命史》(上),福建人民出版社 1991 年版,第 441 页。

⑥ 许毅主编:《中央革命根据地财政经济史长编》(下),人民出版社 1982 年版,第 20 页。

区政府通过宣传鼓励合作社、私商和群众开展赤白之间的商品流通。1933年2月26日,苏维埃中央政府人民委员会第36次会议,决定成立国民经济人民委员部,下设对外贸易局。同年4月28日,临时中央政府人民委员会发布第十号训令,要求"在省、县两级增设国民经济部"①,下设相应机构。据此,福建省苏维埃政府在汀州市设立对外贸易局,各县建立了对外贸易分局,包括长汀分局、新泉分局、宁化分局、上杭分局和武平分局。1933年8月15日,《中央苏区南部十七县经济建设大会的决议》又进一步决定:在各苏区各个重要出口地"建立十个采办点"②,负责采购苏区出产品的对外出口事务。闽西苏区根据各地出口货物的情形,在新泉对外贸易分局下设庙前和由鱼坝两个采购站,在上杭对外贸易分局下设回龙和兰家渡两个采办处。这样,闽西苏区在中央的统一领导下,逐步完善对外贸易机构,形成一个对外贸易网。

(2)对外贸易局的主要任务及作用

对外贸易局的主要任务是"管理苏区对外贸易事宜,设法打破封锁,保证苏区境内的生产品与境外的商品,得有经常的交换,消灭农业生产品与工业生产品价格的剪刀差现象"③。从黄润生1961年的回忆可以看出当年对外贸易局的经营活动:

> "我们苏区出口的主要货物是烟叶、莲子、樟脑,进口的主要是布、盐、中西药材。我们同白区的商人交易,是双方约定在一个小山头上,他们把货物运来,我们就到那里去买。若对方已把货物运来,突然有意外事故发生,他们便把货物放在山头上,由我们去挑回来,款以后再付给。有什么事情,双方再约定时间、地点进行协商,但不要什么手续(如订合同)。由于我们出口的货值比白区进口的货值少,故除了货换货外,还要用光洋向他们买。"④

---

① 中国社会科学院经济研究所中国现代经济史组:《革命根据地经济史料选编》(上),江西人民出版社1986年版,第117页。

② 中国社会科学院经济研究所中国现代经济史组:《革命根据地经济史料选编》(上),江西人民出版社1986年版,第143页。

③ 《中华苏维埃共和国各级国民经济部暂行组织纲要》,载《红色中华》第七十七期第5版,1933年5月8日。

④ 许毅主编:《中央革命根据地财政经济史长编》(下),人民出版社1982年版,第105页。

　　对外贸易局负责将苏区出产的农副产品和手工业品输出到白区,换取苏区军民需要的工业必需品。当时敌人封锁严密,白区商人运货到苏区冒着"通匪""被杀"的危险,但由于苏区政府对商人采取保护和鼓励的政策,因此对外贸易局能从白区购进苏区急需的物资。

　　为搞好对外贸易工作,苏区政府实行"对外管理,对内自由"的贸易政策。"对外管理"是指对外贸易局直接经营若干必要商品的流通,如"粮食、纸张、乌纱等的出口,食盐、布匹、煤油、西药等工业品的进口"[①]。比如,中央政府就要求对"谷米出口发特许证"[②],也就是重要物资的进出口归政府管理。但政府不是统制所有进出口货物,"对外贸易的垄断在目前是错误的,一切苏维埃的商业机关必须尽量利用私人资本与合作社资本,同他们发生多方面的关系……去寻找新的商业关系与开辟通商道路"[③]。因而,一般物资则允许自由贸易。"对内自由"而非放任,是指"对重要物质如粮食,通过掌握季节性的市场供求规律,采取可行的措施,进行调剂供求,稳定价格"[④]。

　　苏区政府贯彻以上原则,根据实际情况调节税收,允许私商自由贸易,开辟许多新的商业关系和通商途径,调动赤白区商人做生意的积极性,活跃了市场。1933 年 10 月,《福建省委工作报告大纲》中提到闽西苏区对外贸易工作取得"相当的成绩",随着宁化、新泉、上杭分局的设立,"食盐、洋油的进口,纸(三百余只[担])及莲子的出口,使苏区特别是汀市,经济较前活跃"[⑤]。中央苏区仅以粮食出口换取必需工业品这项业务,1933 年对外贸易公司的业绩是显著的,"在 8、9、10 三个月中,以 1 万元的资本加上 2000 担谷,做到进出口 33 万元左右的商品流通,相当于减少了工业品与农业品的剪刀差现象,开展

　　① 孔永松,邱松庆著:《闽西革命根据地的经济建设》,福建人民出版社 1981 年版,第 58 页。

　　② 许毅主编:《中央革命根据地财政经济史长编》(下),人民出版社 1982 年版,第 115 页。

　　③ 中国社会科学院经济研究所中国现代经济史组:《革命根据地经济史料选编》(上),江西人民出版社 1986 年版,第 167～168 页。

　　④ 孔永松,邱松庆著:《闽西革命根据地的经济建设》,福建人民出版社 1981 年版,第 58 页。

　　⑤ 江西省档案馆,中共江西省委校党史教研室:《中央革命根据地史料选编》(上),江西人民出版社 1982 年版,第 510 页。

了赤白区的商业关系,提高了苏维埃贸易的信用"①。因而,毛泽东称对外贸易是发展苏区经济的"枢纽"。

3.其他公营商业形式

苏区公营商业除了粮食调剂局、对外贸易局外,还有公营商店、红色旅馆、红色饭店、公营商业公司等。

(1)公营商店

公营商店"由苏维埃政府投资,经营日用百货,主要供应政府机关工作人员的生活用品,也供应民用"②。如,位于汀州市水东街307号的小小商店,是1932年春由市苏维埃政府投资开办的,共有资金10万元,经营小商品和小百货。其货源来自上海、福州、潮汕等地,是汀州品种最齐全的商店③,成为中央苏区日用百货的骨干商店。

(2)红色饭店旅馆

为方便各地来往的苏区工作人员和革命群众,闽西苏区在一些重要的市镇、交通要道开办红色饭店、旅馆。福建省苏维埃政府对办好红色旅馆工作颇为重视,1932年5月,福建省苏主席张鼎丞签发第十一号政府通令"关于红色旅馆伙食及茶亭茶水渡船费用问题"④:

> 现查各地米价昂贵,上杭长汀各要道的红色旅馆,收来往人员伙食费每日大洋二角,确实不够。现在决定省路各红色旅馆(白砂、旧县、南阳、涂坊、马坑、河田六间)自六月一日起,以后其旅店亏空的款项,由政府酌量津贴。各旅馆不能自行加价及歇业。(但不是政府派出人员,来往商人等,应加收伙食费。)
>
> 现在天气日益炎热,各地茶亭自应设置茶水,以供来往行人解渴之资。

---

① 中国井冈山干部学院主编:《斗争》(苏区版)第3辑,中国发展出版社2017年版,第124页。

② 余伯流著:《中央苏区经济建设》,中央文献出版社2009年版,第98页。

③ 中共长汀县委党史研究室,长汀县老区与扶贫工作办公室:《福建中央苏区纵横》(长汀卷),中共党史出版社2009年版,第18页。

④ 《福建省苏维埃政府通令第十一号——关于红色旅馆伙食及茶亭茶水渡船费用问题》(1932年5月26日)。

红色旅馆的经费来源主要是收取来往人员的伙食费,"每日大洋二角",但在青黄不接、米价上涨之时,红色旅馆"不能自行加价及歇业",不够开支部分"由当地政府酌量津贴,津贴费由政费项下开支"①。政府通知中也明确了伙食津贴费的对象,"非机关团体部队的工作人员不在此限"②。

"红色旅馆"的开设深受苏区工作人员与群众的欢迎,比如,长汀由于特殊的地理位置,与瑞金相邻,又是省苏维埃机关所在地,各地苏区干部来往甚多,长汀的"红色旅馆""顾客每天不下二三百人"③。

(3)公营商业公司

商业公司是中央苏区公营商业的又一种组织形式。1934 年 1 月苏维埃中央政府成立中华商业公司,几乎由政府投资,资金大概 10 万余元,并在长汀设立分公司。商业公司业务以采购为主,采办物品主要是军需品、药品、生活紧缺品等,如灰气氧(造子弹的原料)、奎宁、阿司匹林、碘酒、食盐、布匹、油墨、海味等。仅西药一项,半个月采办一次,货价达 10 余万元之多。盐、布匹,一般四五天采办一次。采办的货物,主要供应苏维埃中心地瑞金及其他苏区。④

(二)合作社商业

为打破敌人的经济封锁,打击投机商人的中间剥削,缓解苏区工农业产品价格的"剪刀差"问题,以改善工农群众生活,苏区政府动员群众发展合作社商业。

合作社商业是苏区群众自己集资,组织商品交换的一种集体经济组织,"是新民主主义的经济"⑤,在苏区国民经济中占有重要地位。合作社商业成为闽西苏区商品流通的主要渠道,其形式有消费合作社、粮食合作社、购买合作社和贩卖合作社等,主要以消费合作社、粮食合作社为主。(在第三章中央苏区时期闽西合作社运动中的第二节闽西苏区各类合作社发展概况有论述,此处不再赘述)

---

① 《福建省苏维埃政府通知第二十二号——红军旅馆伙食钱减收事》(1932 年 9 月 9 日)。

② 《福建省苏维埃政府通知第二十二号——红军旅馆伙食钱减收事》(1932 年 9 月 9 日)。

③ 《福建省苏维埃政府通令第十八号》,1932 年 6 月 8 号。

④ 苏俊才:《红土溯源》,北京广播学院出版社 1999 年版,第 160 页。

⑤ 许毅主编:《中央革命根据地财政经济史长编》(下),人民出版社 1982 年版,第 120 页。

（三）私营商业

闽西苏区经济总体来说是落后的。革命前,占主导地位的是小农经济。红色政权建立后,虽然创建了一批公营企业和合作社,但私营经济依然是苏区的主要经济成分。对此,毛泽东指出:"私人经济,不待说,现时是占着绝对的优势,并且在相当长的期间内也必然还是优势。"①因此,苏区的商品流通主要还是依赖私营商业。

苏区的私营商业包括资本主义企业和小商贩两部分②,但百分之七八十是小摊小贩,他们主要通过农村圩场和私营商店进行商品交换。

1.农村圩场贸易

圩场(集市)是农村进行商品交换的主要场所。农民将自产自销的农产品或手工业品拿到集市出售,换回自己需要的其他手工业品和工业品。圩场成为土特产品的交易场所和工业品的中转站。在圩场交易活动中,农民的身份是多重的,亦农亦商,小商贩与农民、手工业者是密切联系的。为保护交易双方的利益,红色政权建立后,苏区政府重视对圩场的管理,强调"度量衡由政府统一规定,圩场中原有公用钱(牙钱)减少,由出卖者负担,公用的牙人须由政府发给凭证"③。规范度量衡、公用牙人(经纪人)的认定和牙钱的收取,严禁各种形式的封建剥削和奸商盘剥,把旧圩场改造成红色圩场。④ 当时闽西苏区的圩场遍及各区、乡,据统计,"1931 年七个县的区政府所在地和较大的乡镇,共有大小圩场 134 个"⑤,如"长汀单是四都就有四都、楼子坝、溪后、谢坊等四个圩场;永定有坎市、抚溪、湖雷、九圩排、岐岭、金丰等;上杭有庐丰、丰稔、官庄、古田、白沙、才溪、旧县、通贤、回龙等;龙岩有雁石、龙门、大池、小池等;连城有芷溪、新泉、庙前等"⑥。这些圩场一般为五天一圩,交易的货物种

---

① 《毛泽东选集》(第一卷),人民出版社 1991 年版,第 133 页。

② 许毅主编:《中央革命根据地财政经济史长编》(下),人民出版社 1982 年版,第193 页。

③ 《中共闽西特委通告第十五号——中共闽西特委第一次扩大会关于土地问题的决议》(1929 年 11 月 5 日)。

④ 中共龙岩地委党史资料征集研究委员会:《闽西革命根据地史》,华夏出版社 1987年版,第 175 页。

⑤ 蔡立雄总主编:《闽商发展史(龙岩卷)》,厦门大学出版社 2016 年版,第 39 页。

⑥ 孔永松、邱松庆著:《闽西革命根据地的经济建设》,福建人民出版社 1981 年版,第69 页。

类多,有谷米、豆麦、笋、香菇、茶油、土纸、茶叶、烟叶、药材、耕牛、猪肉、鸡鸭、布匹、盐、日用杂货、各种农具、手工业制品等。每圩货物交易数额从几百元到几千元不等,赶圩人数少则有四五百人,多的可达上千人。当时圩场的交易十分活跃,比如,设在长汀水东街大观庙和司背街的东西红色米市场,主要进行大米、豆子及其他农副产品的交易,每天赶集的人可达千余人,仅大米、豆麦交易量每天达到7万多斤。长汀的东、西米市成为长汀联结瑞金、石城、会昌、宁化、上杭、连城等县的经济纽带,是赣南闽西主要农副产品集散中心。

2.私营商店

苏区的圩场主要是没有开设店铺的个体商人从事商品交换的集散地,商行、商店则是坐商进行商品流通的场所。闽西的私商活动历来比较活跃,即便"在扰乱的政局下仍然是发展的"①,革命前,仅"在长汀的河田,从前就有五百多间商店"②。后因帝国主义的洋货入侵,"倒闭得只剩下二三十间了"③。红色政权建立后,党和苏区政府对私营商业采取保护鼓励政策,私营商店又渐渐恢复建立起来。据1933年有关资料统计,被誉为中央苏区"红色小上海"的长汀,私营商店数达367家,如表4-4所示。

表4-4　1933年汀州市私人商店统计表

商店名称	店数/间	商店名称	店数/间
京果店	117	小酒店	46
洋货店(百货店)	28	饭店	11
布匹店	20	纸行	32
油盐店	20	药店	17
锡纸店	27	酱果店	9
金银首饰店	14	客栈	26

资料来源:长汀县地方志编纂委员会编:《长汀县志》,生活·读书·新知三联书店1993年版,第520页。

---

① 中共龙岩地委党史资料征集领导小组,龙岩地区行政公署文物管理委员会:《闽西革命史文献资料》(第2辑),1982年,第184页。

② 许毅主编:《中央革命根据地财政经济史长编》(下),人民出版社1982年版,第195页。

③ 许毅主编:《中央革命根据地财政经济史长编》(下),人民出版社1982年版,第195页。

从表 4-4 可以看出,苏区的私营商店种类多,分布在各行各业,而最具代表性的是京果店①,其中"经营规模最大的是王俊丰京果店,投入资金约 3000元,经营鱿鱼、白糖、海带、酱油等,每月营业额达一万至两万元"②。另外还有"玉山""泉顺海""怡顺""泰丰""裕泰昌""广成昌"等京果店的规模也比较大。"布匹行业以裕和泰、广源裕布店为最大。"③长汀商店林立,商贾云集,市场繁荣,是中央苏区的中心城市和经济中心。

三、闽西苏区发展商业经济的具体举措

苏区商业在红色政权后有一定程度的复苏和发展,主要是苏区政府采取了一系列优惠政策与措施。

(一)政策优惠、资金支持

1.出台鼓励商业发展的政策

在苏区时期,党和政府制定了一系列保护、鼓励商业发展的政策。1929年 3 月,红四军入闽后军党部在汀州发布了《告商人及知识分子》书,指出:"共产党对城市的政策是:取消苛捐杂税,保护商人贸易。在革命时候对大商人酌量筹款供给军需,但不准派到小商人身上……至于普通商人及一般小资产阶级的财物,一概不没收。"④1929 年 7 月,在中共闽西第一次代表大会的政治决议案中强调,"对大小商店应取一般的保护政策(即不没收)"⑤。1930 年 3 月,闽西第一次工农兵代表大会颁布了《商人条例》,明确规定政府保护"遵照政府决议案及一切法令、照章缴纳所得税"的商人,"不准任何人侵害",允许商人自由贸易,政府不予限制其价格,"维持商家账簿",政府不得取消商家来往账目

---

① 京果店是当时经营南北土特产(糕饼、果子、粉条、香菇等)的杂食店,在闽西较有特色和影响。

② 长汀县地方志编纂委员会编:《长汀县志》,生活·读书·新知三联书店 1993 年版,第 519 页。

③ 长汀县地方志编纂委员会编:《长汀县志》,生活·读书·新知三联书店 1993 年版,第 519 页。

④ 中共龙岩地委党史资料征集领导小组,龙岩地区行政公署文物管理委员会:《闽西革命史文献资料》(第 2 辑),1982 年,第 390 页。

⑤ 中共龙岩地委党史资料征集领导小组,龙岩地区行政公署文物管理委员会:《闽西革命史文献资料》(第 2 辑),1982 年,第 191 页。

等等。1931 年 8 月，针对杭武区第六区"对于商人随意拘捕，对于商品随意没收"的做法，闽西苏区政府特发布了《允许商人自由贸易问题》的第九十三号通知，指出"该区所犯错误非常严重"①，告诫各级苏区政府不要实行自我封锁的"自杀政策"，认为无论苏区商人还是白区商人，除非"他确实有反革命行为"，否则"绝对不要随便去打击他"②。

1931 年 11 月，在全国"一苏大"通过的《关于经济政策的决议案》中，对商业方面就强调"苏维埃应保证商业自由，不应干涉经常的商品市场关系"③，还指出与白区的贸易，"绝不能实行'对外贸易垄断'"④。1932 年 9 月 13 日，中央政府财政部发出《目前各级财政部的中心工作》的第六号训令，指出各级财政部"必须严厉执行经济政策，目前首先就要检查一般商人……但同时也须注意检查各级政府有无破坏经济政策的行为，如胡乱没收商店，乱打土豪，限制市价，随便禁止出口等。如发现有这些行为，必须予以严厉纠正或处分"⑤。条例和训令的规定都强调要保护贸易自由，以促进苏区商业发展。

苏区政府在保护贸易自由的同时，还允许私人资本可以"自由投资经营工商业"⑥，鼓励私人资本投资，这是中央苏区政府发展商业的又一重要政策。

2.财税金融支持

(1)减免税收。1929 年 11 月 5 日，中共闽西特委发布《关于土地问题的决议》的第十五号通告，其中在税收问题中就规定"所得店税及摊子地租一律减半征收"⑦。1930 年 4 月，闽西苏区政府颁布《税则条例》，商业税率按照累进税征收，征税依据是商人红利，即"商人（商店、纸木商、工厂、行商）所营业

① 许毅主编：《中央革命根据地财政经济史长编》(下)，人民出版社 1982 年版，第 201 页。

② 许毅主编：《中央革命根据地财政经济史长编》(下)，人民出版社 1982 年版，第 201 页。

③ 中国社会科学院经济研究所中国现代经济史组：《革命根据地经济史料选编》(上)，江西人民出版社 1986 年版，第 83 页。

④ 中国社会科学院经济研究所中国现代经济史组：《革命根据地经济史料选编》(上)，江西人民出版社 1986 年版，第 83 页。

⑤ 中国社会科学院经济研究所中国现代经济史组：《革命根据地经济史料选编》(上)，江西人民出版社 1986 年版，第 108 页。

⑥ 中国社会科学院经济研究所中国现代经济史组：《革命根据地经济史料选编》(上)，江西人民出版社 1986 年版，第 85 页。

⑦ 中共龙岩地委党史资料征集领导小组，龙岩地区行政公署文物管理委员会：《闽西革命史文献资料》(第 2 辑)，1982 年，第 328 页。

务,于每年或每帮结算后,赚得红利数目"①,对红利数目"二百元以下者免收"②。苏区为了促进商业发展,在 1931 年 11 月中华苏维埃政府颁布的《暂行税则》中,规定了商业税的减免办法:依法成立的消费合作社并经政府批准登记的,可免税;肩挑小贩及农民直接出卖其剩余产品的,可免税;商人遭遇意外损害的,经查验核实者,可免税;对于政府急需的日用品和军用品,可随时免税,等等。③ 1932 年 3 月,福建省第一次工农兵代表大会通过的经济财政问题决议,提出要依照中央政府所颁布的暂行税则以征收商业税,"从前闽西政府所规定的摊子税应立即取消",以减轻小摊贩的负担。苏区政府不仅规定了商业税的减免对象,而且还规定了关税的减免商品种类,比如,对食盐、洋火、洋油、棉布、米谷、石灰、铁等苏区紧缺商品,免收进口税;对苏区盛产的黄豆、茶叶、花生等产品出口时,就抽低税。这些规定就是在于鼓励合作社和当地商人设法将苏区的农产品输出到白区,并从白区输入日用必需品,以促进商品流通。

(2)资金支持。苏区政府不仅采取优惠的税收政策促进苏区商业发展,而且还对发展商业给予资金支持。为解决粮食调剂局收购粮食资金紧张的问题,闽西工农银行成立后,"发行纸币,其中以一部分贷给粮食调剂局购粮"④。苏区政府还提出合作社有向工农银行借贷的优先权⑤,要求"工农银行应借大批现款于合作社,使合作社迅速发展"⑥。1931 年 11 月,全国一苏大通过的《关于经济政策的决议案》中规定,"苏维埃对于合作社应给予财政的帮助与税的豁免。"⑦1933 年 7 月,中央政府决定发行 300 万元经济公债,"100 万元交与粮食调剂局与国家贸易局来发展国家企业并调剂商品流通","100 万元帮

① 中共龙岩地委党史资料征集领导小组,龙岩地区行政公署文物管理委员会:《闽西革命史文献资料》(第 2 辑),1982 年,第 328 页。

② 中共龙岩地委党史资料征集领导小组,龙岩地区行政公署文物管理委员会:《闽西革命史文献资料》(第 3 辑),1982 年,第 213 页。

③ 许毅主编:《中央革命根据地财政经济史长编》(下),人民出版社 1982 年版,第 483 页。

④ 《邓子恢传》编辑委员会:《邓子恢传》,人民出版社 2006 年版,第 104 页。

⑤ 柯华主编:《中央苏区财政金融史料选编》,中国发展出版社 2016 年版,第 303 页。

⑥ 中共龙岩地委党史资料征集研究委员会,龙岩地区行政公署文物管理委员会:《闽西革命史文献资料》(第 5 辑),1984 年,第 137 页。

⑦ 中国社会科学院经济研究所中国现代经济史组:《革命根据地经济史料选编》(上),江西人民出版社 1986 年版,第 83 页。

助合作社的发展"①,其中支援消费合作社和粮食合作社的公债各 30 万元。苏区政府不仅对公营商业和合作社商业提供资金支持,同样支持私商向银行贷款,规定"商店向银行借款,规定月利一分,即 1%"②,以发展私营商业。

(二)宣传动员,搞好赤白通商

在国民党对苏区进行严密的经济封锁的艰难时刻,党和政府广泛动员民众,调动一切积极因素促进商品流通,以冲破敌人封锁。

1.发动群众,采购运输商品。当时外来工业品输入苏区十分困难,各地消费合作社运用各种方法解决。闽西群众特制双层粪桶到白区办货,下层密藏粮食、食盐,上层装运粪便。如,永定上溪南消费合作社进货,通过"白区县城东门待开酒店的亲友将物资用粪桶、粪箕装好,上面盖上火粪,找知心朋友以下田劳动为掩护,挑到西溪的坡头交货"。运回的物资,一部分在消费合作社销售,一部分转运上杭、长汀苏区。有的群众是将食盐、火柴、大米等装入竹担竿内,或是有的妇女将食盐装进布袋,捆在肚子上假扮孕妇,假装走亲戚把食盐带进苏区等等。1933 年《申报月刊》第三卷第三号载:

> 天下事,往往不能尽利而无弊。封锁之布置愈严,偷运之诡谋亦愈巧。"而且他们都是道地十足的老百姓,还顺便做着耕作、渔牧、小贩一类事情。怎能容易识破?"③

2.发动商人,建立赤白通商关系

苏区政府重视对商人的宣传动员,经常召开商人会议,鼓励他们积极办货,采取灵活机动的措施采购运输商品,如"允许商人对民团送上行贿走私"④。对于白区商人,千方百计地与他们建立通商关系。苏政府应设法在经济政策原则之下,尽量吸引白区商行来建立通商关系,并使他们投资来发展生

---

① 《全体工农群众及红色战士热烈拥护并推销三百万经济建设公债》,1933 年 7 月 26 日,载《红色中华》第 96 期。

② 柯华主编:《中央苏区财政金融史料选编》,中国发展出版社 2016 年版,第 304 页。

③ 许毅主编:《中央革命根据地财政经济史长编》(下),人民出版社 1982 年版,第 118 页。

④ 中共永定县委党史工作委员会编:《永定人民革命史》,厦门大学出版社 1989 年版,第 119 页。

产。对于愿意与苏区合作的白区商人,给其发放进入苏区的营业执照,不许对他们筹款、不许没收他们的商品,"我方免收税款,并在军事上检查时提供方便"①。对于地主兼工商业者这一特殊群体,苏区政府指示各地:只能没收其地主部分的财产,不能没收其商店和工厂。"苏区采取有利于从商者安心经商的举措,促进赤白之间的商品流通,以发展苏区经济。

(三)发展交通事业,畅通商品流通渠道

交通条件对苏区商品流通起着至关重要的作用。"只有运输事业的发展、运费的减轻,才能有力地流通苏区内的商品,调剂物价,发展苏区的经济,更进一步改善工农群众的生活。"②因此,苏区政府发动群众修桥筑路、整治航道发展水陆交通,以促进商品流通。

1.修桥筑路,促进陆运

福建省苏区政府为修桥筑路曾作出决议,"为着要使红军行动敏捷,转运军需品及胜利品的便利以及发展苏区经济等,对于河道的崩坏、桥梁的颓朽,定须有组织的、有计划地迅速进行修理好"③。1932年6月,苏区政府布置计划修筑的干线是"由河田到涂坊、南阳、旧县、白沙、茶地、泰拔、汤湖、金沙为向南的省路。长汀、古城、瑞金的是向西的省路"④。同时对修路的经费来源做了规定,"省路的渡船费(如旧县)由政府负责,预算在该区行政费用,特别发给"⑤。1933年4月,福建省苏区政府又做出决议要求修好长汀至永定,长汀至瑞金,河田至武平,长汀至彭湃,清流、武平至筠门县,新泉至南阳等交通线路。⑥ 同年11月,中华苏维埃临时中央政府在发布的第十八号训令中就提出修筑22条干线的计划,其中有9条干线在闽西或途经闽西。⑦ 但由于战争频繁、资金短缺、劳动力不足等原因,以上计划未能全部实施。

① 中共永定县委党史工作委员会编:《永定人民革命史》,厦门大学出版社1989年版,第119页。

② 中共长汀县委党史工作委员会编:《长汀人民革命史》,厦门大学出版社1990年版,第140页。

③ 许毅主编:《中央革命根据地财政经济史长编》(下),人民出版社1982年版,第667页。

④ 许毅主编:《中央革命根据地财政经济史长编》(下),人民出版社1982年版,第668页。

⑤ 许毅主编:《中央革命根据地财政经济史长编》(下),人民出版社1982年版,第670页。

⑥ 许毅主编:《中央革命根据地财政经济史长编》(下),人民出版社1982年版,第668页。

⑦ 许毅主编:《中央革命根据地财政经济史长编》(下),人民出版社1982年版,第673页。

2.整修河道，加快水运

在修桥筑路的同时，福建省苏区政府还发动群众修理汀江河道。汀江河道自宋代开辟以来，曾出现"上河三千，下河八百"的繁忙景象，它沟通了闽西与沿海城市的贸易往来。为加快水路运输，1933 年 11 月，福建省苏区政府对整修河道提出具体要求：

> (1)各级交通科协同苦力运输工会，组织成立修理委员会，同时把汀江河两岸颓坏的地方调查清楚。(2)由修河委员会举行募捐运动，按照中央内务部第四号训令以船为单位，向船老板、商人老板每人募捐大洋二元，但不能用强迫命令，要使他们了解修河的利益。(3)组织抢修队伍，在较短时间内修理完毕。①

经过修理委员会全体人员的共同努力，仅两个月就筹集资金 4 万余元用于河道整修工程。苏区政府还发动沿河群众疏河炸滩，清理航道。汀州市苏维埃政府还发动商人及老板募捐，整修了水东桥、五通桥、车子关等处的卸货码头。这一系列措施大大提高了货物运输量。

经过苏区群众的艰苦努力，闽西逐步形成了以长汀为中心的交通网络，建成了长汀通往瑞金和闽西各县的水陆交通运输线，这"不单有利于红军行动，同时对于群众粮食货物运输、苏区经济流通上亦有很大关系的"②。

第三节　"左"倾错误对闽西苏区工商业经济的影响

中央苏区的工业商业经济在取得成就的同时，也存在着"左"倾错误对其干扰与破坏的情况，严重影响苏区经济的正常发展。陈云、刘少奇、张闻天等对过

---

① 中共长汀县委党史工作委员会编：《长汀人民革命史》，厦门大学出版社 1990 年版，第 140 页。

② 许毅主编：《中央革命根据地财政经济史长编》(下)，人民出版社 1982 年版，第 667 页。

左政策进行坚决抵制和批评,为纠正经济建设的"左"倾错误做出重要贡献。

一、"左"倾经济政策的推行与危害

保护民族工商业是毛泽东一贯的经济思想,他提出要"保护工商业者的财产及合法营业,不受侵犯"[①]。这里的工商业者是指"一切独立的小工商业者和一切小的和中等的资本主义成分"[②]。早在第一次国内革命战争时期毛泽东就对中国社会各阶级作了精辟分析,他指出:手工业主、小商人是属于小资产阶级,"都是小生产的经济"[③]。小手工业者、小贩属于半无产阶级,"其地位和贫农不相上下"。[④] 因此,"一切半无产阶级、小资产阶级,是我们最接近的朋友"[⑤]。而中产阶级是代表中国城乡资本主义的生产关系,主要指民族资产阶级,他们对于革命具有矛盾的态度,"其右翼可能是我们的敌人,其左翼可能是我们的朋友"[⑥]。依据其经济地位和对革命的态度,对它们实行"在政治上既联合又斗争,在经济上则采取保护的政策"[⑦]。

但是,由于当时我们党还处于幼年时期,要全体共产党员都清醒地认识这一社会现实是相当困难的。因此,在土地革命战争时期,出现了以毛泽东为代表的正确主张同党内"左"倾错误政策交相进行的复杂情况。

土地革命战争时期的党内三次"左"倾错误,即瞿秋白"左"倾盲动主义错误、李立三"左"倾冒险主义错误和王明"左"倾教条主义。三次"左"倾错误发生的时间、起因、代表人物和代表思想等各有不同,但"左"倾机会主义者对当时中国社会的阶级关系都做出错误分析,将民族资产阶级视为可怕的敌人。瞿秋白认为"中国革命要推翻豪绅地主阶级,便不能不同时推翻资产阶级"[⑧],

① 《毛泽东选集》(第四卷),人民出版社 1991 年版,第 1255 页。

② 《毛泽东选集》(第四卷),人民出版社 1991 年版,第 1255 页。

③ 《毛泽东选集》(第一卷),人民出版社 1991 年版,第 5 页。

④ 《毛泽东选集》(第一卷),人民出版社 1991 年版,第 7 页。

⑤ 《毛泽东选集》(第一卷),人民出版社 1991 年版,第 9 页。

⑥ 《毛泽东选集》(第一卷),人民出版社 1991 年版,第 9 页。

⑦ 张侃,徐长春:《中央苏区财政经济史》,厦门大学出版社 1999 年版,第 190 页。

⑧ 金冲及:《二十世纪中国史纲》(第 1 卷),生活·读书·新知三联书店 2021 年版,第 371 页。

他将中国的资产阶级看成"绝对的反革命势力"①，中间的小资产阶级如"店东、小厂主等等以及所谓中小商人……在现时亦已经不是革命的力量，而是革命的障碍"②。因而，他主张"工厂归工人管，履行劳动法，如果小厂主怠工闭厂，便也没收他的工厂，歼灭一切工贼反革命派，征发有产阶级的财产，改良平民生活"③。李立三也认为"资产阶级已经是反动联盟的一部分"，他主张"不只是要没收土地，没收帝国主义的银行企业工厂，使民主革命彻底，而且要没收中国资产阶级的工厂、企业、银行"④。王明在《两条路线——拥护国际路线，反对立三路线》的小册子中照搬共产国际的决议，他认为"现在阶段的中国资产阶级民主革命，只有在坚决地进行反对资产阶级的斗争中，才能得到彻底胜利"⑤。王明同李立三一样，把反资产阶级同反帝反封建并列。同时认为一切资产阶级改良派别"都各是反动营垒的一翼"⑥，将"中间势力"看成最危险的敌人。在政治上王明主张实行"一切斗争，否认联合"，在经济政策上"打击和抑制一切剥削者"⑦。正是由于"左"倾机会主义者对阶级关系的错误估计，使得他们对民族工商业采取打击和抑制的态度。

（一）第一次"左"倾错误对工商业经济的影响

以瞿秋白为代表的"左"倾盲动主义错误始于1927年11月，止于1928年4月。在这一错误路线影响下，党内出现了不理智的盲动情绪，对私营工商业采取烧杀政策，当时各地出现了烧商店、烧账簿、杀商人等行为。闽西永定溪南里暴动时，就"焚烧商人账簿，没收丰稔市的商店"，永定金丰里还"抢下洋商店拉抢金丰商货"⑧，"上杭东三区白砂东五区等处，都规定自暴动债务一概取

① 许毅主编：《中央革命根据地财政经济史长编》（下），人民出版社1982年版，第203页。
② 许毅主编：《中央革命根据地财政经济史长编》（下），人民出版社1982年版，第204页。
③ 瞿秋白：《中国革命中无产阶级的新策略》，1927年11月。
④ 李立三：《新的革命高潮与一省或数省的首先胜利》，1930年6月11日。
⑤ 王桧林主编：《中国现代史（1919—1949）》（上）（修订本），北京师范大学出版社1991年版，第285页。
⑥ 王桧林主编：《中国现代史（1919—1949）》（上）（修订本），北京师范大学出版社1991年版，第285页。
⑦ 王桧林主编：《中国现代史（1919—1949）》（上）（修订本），北京师范大学出版社1991年版，第285页。
⑧ 中共龙岩地委党史资料征集领导小组，龙岩地区行政公署文物管理委员会：《闽西革命史文献资料》（第2辑），1982年，第187页。

消,有些且规定取消商家账目,如大、小池等则更焚烧商号账簿"①。暴动后,
"而多数拥有货财的地主土豪又杀的杀、跑的跑"②。据 1930 年 7 月闽西各县
商业消长比较表的统计数据(见表 4-5),可以看出这一过左政策对闽西商业
造成的危害。

表 4-5　闽西各县商业消长比较表

圩镇	1929 年 12 月比 1928 年 12 月（暴动前）/％	1930 年 6 月比 1929 年 12 月/％	1930 年 7 月比 1928 年 12 月(暴动前)/％
岩城	−30	0	−30
坎市	−50	0	−50
湖雷	−10	40	30
蓝家渡	0	10	10
白砂	10	20	30
南阳	0	30	30
芷溪、新泉	−30	20	−10
芦丰	−50	30	−20
回陇、官庄	20	−50	−10
丰稔市	−20	10	−10
陈东坑	−70	30	−40
龙冈乡	−50	20	−30
龙门	−30	−10	−30
古田	−40	0	−40
旧县	−20	−50	−70
下洋	−30	0	−30
雁石	−30	−50	−80

资料来源:江西档案馆,中共江西省委党校党史教研室:《中央革命根据地史料选编》
(上),江西人民出版社,1982 年版,第 320 页。

---

① 中共龙岩市委宣传部,中共龙岩市委党史和地方志研究室编:《闽西中央苏区文献
资料》(第 2 辑),1982 年,第 334 页。

② 中共龙岩地委党史资料征集领导小组,龙岩地区行政公署文物管理委员会:《闽西
革命史文献资料》(第 2 辑),1982 年,第 208 页。

表 4-5 是闽西 19 个圩镇商业消长情况,受"左"倾盲动主义影响,商业活动总体水平不高,80％的圩镇与暴动前相比,有不同程度的下降。从 1929 年与 1928 年的商业营业额比较看,仅有白砂、回陇、官庄等 3 个圩镇略有增加,减少的有 14 个,持平的 2 个。1929 年红四军入闽后,宣传保护中小商人的政策,圩镇商业有所复苏。1930 年上半年统计,在 19 个圩镇中有 9 个圩镇的商业营业额比 1929 年有所增加。苏区商业经济的兴衰,客观上受敌人经济封锁的影响,但与党的商业政策正确与否也有直接的关系。

(二)第二次"左"倾错误对工商业经济的影响

以李立三为代表的"左"倾冒险主义错误始于 1930 年 6 月,止于 1930 年 9 月,也被称为"立三路线"。1930 年 5 月,党中央在李立三的主持下制定了《劳动保护法》,6 月起在苏区各地推行。闽西根据这一《劳动保护法》在 1930 年 9 月对闽西第一次工农兵代表大会通过的《劳动法》进行修改,颁布了《修正劳动法令》。《修正劳动法令》增加了许多条款,其内容反映了严重的"左"思想。比如,在《工厂工人条例》中规定"工厂须津贴工人午膳",《工场作坊工人条例》规定"刨烟、理发、做纸工人,不是在东家处吃饭者,要由东家贴午饭一餐","工人被盖均由东家供给","东家因亏本倒闭者,须照发三个月工资"。还规定"东家无故停工者,其工具由工人没收使用",[①]也就是说,只要东家无故停工,作坊就要被没收。《商店工人条例》规定每年 12 月老板除要给工人发双薪外,还"要发寒衣费、年礼费等"。如果老板因亏本无力经营者,要给工人发"三个月工资和伙食费",还规定"远方工人,每年须给假二月,工资照给,如没有请假二月的,每年加发二个月工资"。并且规定"老板最高限度工资"等等。在《女工条例》中增加了"女工在月经期内,五天不做工工资照给"和"女工带有小孩者,其小孩由东家娘负责照顾"两条。《修正劳动法令》总纲第十条规定"工人有监督生产及资本之权"[②],还特别单列《劳工监督条例》这一章,规定四条:

　　一、工人有监督资本之权,店东不得乱用或移挪资本。

　　二、工人监督店东办货,禁止商人怠工。

———————

　　①　中共龙岩地委党史资料征集研究委员会,龙岩地区行政公署文物管理委员会:《闽西革命史文献资料》(第 4 辑),1983 年,第 166 页。

　　②　中共龙岩地委党史资料征集研究委员会,龙岩地区行政公署文物管理委员会:《闽西革命史文献资料》(第 4 辑),1983 年,第 165 页。

　　三、工人监督生产。

　　四、工人监督店东,司阜(师傅)不得乱造谣言及阴谋破坏革命。[①]

　　立三路线所说的"监督资本",其内容与一般意义上的监督不同。1930 年10 月 25 日《闽西第一次工人代表上杭县三选大会决议案》对"怎样去监督资本和监督生产"做了具体规定:

　　(1)不许老板滥支资本,老板要支钱须经过工友同意;

　　(2)反对老板家属带店,不劳动老板开除出店;

　　(3)限制老板工资,按月支取;

　　(4)如老板顽固有舞弊者,可以把他扣留起来;

　　(5)工友有妥协者亦将同业换店;

　　(6)工友如有侵吞资本者,亦扣留起来;

　　(7)财政账目应经工友管理;

　　(8)反对老板怠工,故意不办货者亦经苏维埃批准,没收归工友采办。[②]

　　从以上规定可以看出,当时将"监督资本和监督生产"变成了工人管理资本和管理生产,要求"把现金完全集中于工人管理,不让资本家有丝毫权柄来支配现金"[③],这种做法势必使私人资本难以生存。

　　(三)第三次"左"倾错误对工商业经济的影响

　　以王明为代表的"左"倾教条主义错误始于 1931 年 1 月,止于 1935 年 1 月,在党内统治时间长达四年。第三次"左"倾错误对私营工商业的策略,体现了理论与实际的相分离,一方面提出保护私营工商业,鼓励私人投资,允许自由贸易;另一方面却制定了扼杀私营工商业的过"左"政策。过"左"政策主要

　　①　中共龙岩地委党史资料征集研究委员会,龙岩地区行政公署文物管理委员会:《闽西革命史文献资料》(第 4 辑),1983 年,第 168 页。

　　②　中共龙岩地委党史资料征集研究委员会,龙岩地区行政公署文物管理委员会:《闽西革命史文献资料》(第 4 辑),1983 年,第 278 页。

　　③　许毅主编:《中央革命根据地财政经济史长编》(下),人民出版社 1982 年版,第209 页。

有以下几个方面。

1.过"左"的劳动政策

1931 年 11 月,一苏大通过了《中华苏维埃共和国劳动法》,该劳动法不顾苏区的具体情况提出了过"左"的劳动政策。

一是过高的劳动条件。机械规定八小时工作制和星期日休息制,"所有雇佣劳动者,通常每日工作时间,依本劳动法的规定,不得超过八点钟"。"每个工人每周经常须有持续不断的 42 小时的连续休息",还规定"在任何企业内的工人继续工作到六个月以上者至少须有两个星期的例假,工资照发"①等。

二是过高的工资待遇。提出不切实际的工资要求,如规定"所有劳动检查机关和工会所特许的额外工作,工人须得双薪","工人和职员如每年的例假时,在例假期间的工资,应在例假前提前发给",工厂女工"产前产后休息八星期,工资照发",机关女职员"产前产后的休息六星期,工资照发"。②

三是片面的福利要求。如规定"无论何种企业必须发给工人专门衣服","由工厂出资建筑工人寄宿舍,无代价的分给工人及其家庭。未建筑寄宿舍的,每月由工厂津贴相当房金"。③ 还规定"免费的医药帮助",工人或因工作致病、遇险受伤都支付医药费,"其家属也同样享受免费的医药帮助";还有"失业津贴费""残废及老弱的优恤金""婴儿的补助金""丧葬津贴费""工人家属贫困补助费"等等。

上述过"左"的劳动政策的推行,给苏区的经济造成了较为严重的危害。例如,不考虑企业经营状况,机械要求最低工资数额,"汀州京果店学徒每月工资 19 元,结果使老板负担不起"④,"好些店的老板欠工人工资,最多欠 400元"⑤。

---

① 中共中央文献研究室、中央档案馆编:《建党以来重要文献选编(1921—1949)》(8),中央文献出版社 2011 年版,第 706 页。

② 许毅主编:《中央革命根据地财政经济史长编》(上),人民出版社 1982 年版,第 624 页。

③ 中共中央文献研究室、中央档案馆编:《建党以来重要文献选编(1921—1949)》(8),中央文献出版社 2011 年版,第 710 页。

④ 许毅主编:《中央革命根据地财政经济史长编》(上),人民出版社 1982 年版,第 636 页。

⑤ 井冈山干部学院主编:《斗争(苏区版)》第 1 辑,中国发展出版社 2017 年版,第 359 页。

又如,当时汀州市的恒丰荣烟店共有资本毛洋4000角,"曾由工会介绍二个半工人去做工,其中刨烟工人李振光,从1931年11月8日起,至次年的4月20日止,每月工资大洋20元,又年关双薪20元,年关鞋袜大洋5元,特别要求大洋3元等等,老板共计付出1458毛"[1]。但事实上这个工人在苏维埃政府或其他地方做事了,"并没有在店内做过一天工",但依照《劳动法》规定"都不得克扣工资"[2]。机械地执行劳动法,规定过高的工资待遇、片面的福利要求,使苏区的私营企业难以承受沉重负担,只好关门歇业,工人也随之失业。

2.过"左"的财税政策

过"左"的财税政策与王明推行的"左"倾错误军事路线紧密相关。"左"倾机会主义者在军事上提出要夺取中心城市以实现革命在一省或数省的首先胜利,必然要"猛烈地扩大红军"。而且又以苏联红军编制为依据改编我们的红军,提出红军正规化,"红军专负作战任务"[3],取消主力红军筹款任务,红军战争费用仅由政府供给。但是,当时政府的财政收入(主要是土地税)有限,不足以应付战争需要,政府只能通过发行战争公债和提高商业税率的方式增加财政收入。1932年7月,中华苏维埃共和国临时中央政府重新颁布《暂行税则》,规定征收商业率的期限"由每年征收两次,改为每月征收一次,季节生意也改变为按次征收"[4],商业税的起征点从200元下降到100元,"肩挑商的资本在100元以上者,也同样要收税"[5],并大幅提高税率,如资本200~300元者,税率由2%提高到7%,税率增加率为250%,资本在3000~5000元者,税率由6.5%提高到12%,税率增加率为84.6%。资本在5000元以下者为中小商人,商业税率的提高加重了中小商人的负担。

过高的商业所得税直接影响私营商业的发展,使苏区的商品流通出现极

---

① 井冈山干部学院主编:《斗争(苏区版)》(第1辑),中国发展出版社2017年版,第195页。

② 井冈山干部学院主编:《斗争(苏区版)》(第1辑),中国发展出版社2017年版,第195页。

③ 许毅主编:《中央革命根据地财政经济史长编》(上),人民出版社1982年版,第165页。

④ 中国社会科学院经济研究所中国现代经济史组:《革命根据地经济史料选编》(上),江西人民出版社1986年版,第424页。

⑤ 中国社会科学院经济研究所中国现代经济史组:《革命根据地经济史料选编》(上),江西人民出版社1986年版,第425页。

大的困难。"部分商人经营消极,坐吃山空,经济上起了自我封锁的不良后果。……城市坐商的营业日渐衰落,最后陷于停顿。"①如,1933 年 11 月,毛泽东到才溪乡调查时发现,像才溪这样工作很出色的地方,"卖'外货'的私人商店,除一家江西人开的药店外,全区绝迹(逐渐削弱至此),只圩日有个把子私人卖盐的"②。错误的税收政策抑制了原本发展缓慢的苏区商业。

3.过"左"的分田政策

一苏大通过的《土地法》规定"地主不分田,富农分坏田"的过左政策,闽西苏区一改 1931 年前"豪绅地主与农民一样分田"③的原则,执行中央"左"倾的土地政策,在"全闽西来举行一个检查土地的运动"④。没收地主的土地及其房屋财产用具,富农所分的好田都要清查出来,其"多余耕牛、农具、房屋、菜园、粪缸都要检查出来没收"。同时,还特别指出如"工头、老板、商人"等对象,若"过去有分田者就检查收回"。⑤ 这一政策的执行同样也严重影响苏区工商业。在当时的闽西苏区农村中,好多地主兼工商业,开商店办工厂,富农、富裕中农也做买卖,甚至中农也兼做小商小贩,执行过左政策后,地主和富农无法做生意了,富裕中农、中农也不敢做小买卖了。过左的分田政策同样对苏区的工商业造成严重的消极影响。

总之,三次"左"倾路线都对私营工商业采取错误的政策,抑制了私营工业的发展,也使商业出现凋零。1933 年春后,全党对党的私营经济政策做了一次全面反思,纠正了《劳动法》和《税则》的一些不合理规定,但在当时严重的"左"倾思潮下,私营经济的存在与发展总会受到干扰与破坏。

二、陈云等对"左"倾错误的抵制与批评

王明"左"倾教条主义的错误,使中共中央在上海不能立足。1933 年 1 月

---

① 许毅主编:《中央革命根据地财政经济史长编》(下),人民出版社 1982 年版,第 211 页。

② 《毛泽东农村调查文集》,人民出版社 1982 年版,第 346 页。

③ 中共龙岩地委党史资料征集研究委员会,龙岩地区行政公署文物管理委员会:《闽西革命史文献资料》(第 6 辑),1985 年,第 108 页。

④ 江西省档案馆,中共江西省委党校党史教研室:《中央革命根据地史料选编》(下),江西人民出版社 1982 年版,第 474 页。

⑤ 江西省档案馆,中共江西省委党校党史教研室:《中央革命根据地史料选编》(下),江西人民出版社 1982 年版,第 475 页。

临时中央迁入了中央苏区。陈云、刘少奇、张闻天等中央领导人目睹了"左"倾政策在实际工作中给苏区经济带来的危害,他们对此进行了坚决抵制,尤其是对过"左"劳动政策提出了许多切中时弊、实事求是的批评。

1933 年 1 月下旬,在江西瑞金组建中华全国总工会苏区中央执行局,刘少奇为全总委员长,陈云担任党团书记、副委员长兼福利部部长。陈云同刘少奇对全总机关工作作了初步安排后,来到有"红色小上海"之称的汀州(今福建省长汀县)考察指导工会工作。一到汀州,陈云就召集工会干部座谈,了解苏区主要行业工会的具体情况。通过考察调研,他根据自己从事工运的实际经验,感到中央苏区在执行《劳动法》①中存在"左"的错误。这部《劳动法》许多条文照搬照抄苏联的经验,忽视苏区的农村状况和所处的战争环境,片面追求工人的工资福利待遇,提出不切实际的要求,如"不问企业的工作状况,机械地实行八小时和青工六小时的工作制"②,还有"不顾企业的经济能力,强迫介绍失业工人,在年关斗争中,许多城市到处举行有害苏区经济流通的总同盟罢工"③等等。这些只能适用于大城市的做法,在中央苏区被机械地执行,使企业和作坊不堪重负,纷纷破产倒闭,劳资关系失衡。一方面,失业工人剧增,据统计,汀州纺织工人因工厂老板不办纱关厂,"整个汀州六七十个纺织工人有五分之四失业了"④,工人生活日益困难;另一方面,资本家借机哄抬物价,使工人脱离党和工会的领导。陈云将自己调查所得和感受写成《关于苏区工人的经济斗争》一文,发表在中共中央机关报《斗争》第 9 期,文中对"左"倾教条主义进行尖锐的批评。陈云认为苏区党在领导工人的经济斗争中,"只看到行业的狭小的经济利益,妨碍了发展苏区经济、巩固苏维埃政权的根本利益"⑤。在斗争方式上,无视客观实际,犯了命令主义的错误。他批评那种因过高的经

① 指 1931 年 11 月中华苏维埃工农兵第一次全国代表大会通过并于同年 12 月 1 日颁布实施的《中华苏维埃共和国劳动法》。

② 中共中央文献编辑委员会编:《陈云文选》(第 1 卷),人民出版社 1995 年版,第 9 页。

③ 中共中央文献编辑委员会编:《陈云文选》(第 1 卷),人民出版社 1995 年版,第 9 页。

④ 中央苏区工运史征编协作小组编著:《中央革命根据地工人运动史》,改革出版社 1989 年版,第 166 页。

⑤ 中共中央文献编辑委员会编:《陈云文选》(第 1 卷),人民出版社 1995 年版,第 9 页。

济要求无法实现时,就"用恐怖手段威迫群众,派人以武力制止工人进厂工作,去造成罢工形势"①的斗争方式,这是照搬白区罢工斗争经验。陈云指出"在去年年关斗争中,又到处采取了总同盟罢工的方式……同样是没有经过群众慎重地讨论,只是上级机关的命令"②。他分析了产生这种错误的根源在于政治上的工团主义和领导上的官僚主义。因此,他提出:党与工会"必须在工人群众中详细解释,工人阶级一方面要争取改善自己的生活,另一方面必须把发展苏区的经济、巩固工农经济联盟、巩固苏维埃政权看成工人自己根本解放的任务"③。要将工人争取日常利益的斗争与争取革命完全胜利的斗争联系起来。同时,党和工会"对经济斗争的领导,必须纠正官僚主义,要重新审查各业集体合同的具体条文……不能不顾实际情况,千篇一律地抄录劳动法"④。

陈云坚持实事求是、一切从实际出发的原则,对过"左"的劳动政策产生的根源及给根据地建设带来的严重危害进行深刻剖析,在文章最后他指出:

> 职工运动中忽视工人经济斗争,忽视改善工人生活的要求与阻止工人积极性的发展的右倾机会主义和经济斗争中的妨碍苏区经济发展的工团主义的倾向,都是与党在苏维埃运动中正确的路线,不能并立。党必须清楚地估计工人经济斗争中的"左"右机会主义是对于巩固和发展苏维埃的莫大危险。⑤

紧接着,陈云开始深入思考如何纠正苏区工人运动在执行劳动法方面的"左"的错误。在调研中,他发现"各业的集体合同虽然不断地订立,但是每个

---

① 中共江西省委党史研究室编:《中央革命根据地历史资料文库:党的系统》(1),中央文献出版社、江西人民出版社 2011 年版,第 440 页。

② 中共中央文献编辑委员会编:《陈云文选》(第 1 卷),人民出版社 1995 年版,第 11 页。

③ 中共中央文献编辑委员会编:《陈云文选》(第 1 卷),人民出版社 1995 年版,第 10 页。

④ 中共中央文献编辑委员会编:《陈云文选》(第 1 卷),人民出版社 1995 年版,第 10 页。

⑤ 中共中央文献编辑委员会编:《陈云文选》(第 1 卷),人民出版社,1995 年版,第 10 页。

行业工人的迫切要求仍是没有解决"①。集体合同是依据《劳动法》精神制定的，其相关内容是《劳动法》中"左"的倾向的具体体现。因此，陈云认为纠正《劳动法》的"左"倾错误，就应该以修订符合实际的集体合同为突破口。1933年6月，陈云再次来到汀州，选择了一家京果业②店铺作为重新签订劳动合同的示范点。在初步了解企业的具体情况和工人的要求后，陈云主持召开三次党的支部会议，他始终认为开展工会工作要加强党对工会的领导，要充分依靠群众。在深入实际调研、广泛听取群众意见的基础上，陈云帮助京果业订立比较切合实际的有弹性的劳动合同。对工人工资、劳动时间、每年例假、社会保险等都做了具体规定，"这一合同的条文，并不重复劳动法上已定各种保护工人的条例"③。合同在维护工人的利益同时，也考虑雇主的承受能力，对过去追求过高的工资福利待遇的条文进行修改，如对工作时间与星期日休息，合同作了灵活的规定："工作时间以八小时为标准，但工人可以按照每日店内营业时间的忙闲来安排"，"工人工作六天，休息一天。为使星期日店内继续营业，工人可在七天中轮流休息"④等。总之，增减的条款都是根据企业的具体情况予以修订，在陈云的亲自主持领导下，中央苏区修订集体合同的范围从京果业扩大到其他行业。京果业订立的弹性合同，成为中央苏区私营企业订立劳动合同的范本。

时任全国总工会委员长的刘少奇，也深入长汀开展调研工作。他在汀州市总工会主席黄玉书的陪同下，视察了手工业作坊和基层工会，从中了解到苏区的劳资关系中存在种种问题。1933年夏，刘少奇在《苏区工人》上发表了《停止"强迫介绍"与救济失业工人》《在两条战线斗争中来改订合同》《改订合同中应注意的几个问题》等重要文章，批评了苏区经济斗争中的"左"倾错误。他指出："'左'的倾向在社会上、政治上、经济上、人心上会发生严重的影响，必

---

①　中共中央文献编辑委员会编：《陈云文选》(第1卷)，人民出版社1995年版，第10页。

②　京果业是当时经营南北土特产(糕饼、果子、粉条、香菇等)的杂食店，在闽西较有特色和影响。

③　中共中央文献编辑委员会编：《陈云文选》(第1卷)，人民出版社1995年版，第18页。

④　中共中央文献编辑委员会编：《陈云文选》(第1卷)，人民出版社1995年版，第18页。

然导致企业倒闭,资本家停业与逃跑,物价飞涨,货物缺乏,市民怨恨,士兵与农民反感。"①正确的方式应该是"根据工人的切身要求、地方的程度、雇主的经营情况,以及该项营业的特殊劳动条件等,来灵活地运用《劳动法》上规定的条件"②。他极力反对强迫介绍失业工人到私人店铺做工,这种不管企业是否需要、工人是否合乎条件,都要求收下来的做法,是"一种'挖肉补疮'的办法"③。刘少奇认为强迫介绍失业工人到"能够维持的工厂、店铺中去做工",只会增加这些私人企业的负担而使其倒闭,造成更多的工人失业。他同样反对机械照搬白区同盟罢工的斗争方式,他指出,"实现工人的要求,在苏区采用总同盟罢工的方式是错误的"④。刘少奇还批评"过早地消灭私人资本,以及在订合同时没有必要地逮捕资本家等"⑤错误做法,他认为"这些'左'的错误是必须纠正的。因为这些错误的继续发展,直接影响到工农联盟、苏维埃政权的巩固"⑥。

陈云、刘少奇批评和抵制"左"倾错误的文章,引起了党内其他领导人的高度关注。时任中共临时中央政治局常委的张闻天,认真研究《劳动法》和苏区的实际情况,于 1933 年五一前夕在《斗争》第 10 期发表《五一节与劳动法执行的检阅》一文。张闻天分析了《劳动法》在苏区执行中的种种情况,他肯定由于《劳动法》的部分执行,"工人的生活是部分地改善了,工人的积极性是大大地提高了"⑦,但他认为这部法律是"为了大都市大生产所订立的劳动法,在经济上比较落后的苏维埃区域内,是不能完全机械执行的"⑧。他在文中列举了机械地执行劳动法带来的诸多危害,如,造成私人企业不堪重负而倒闭,工人失

---

① 刘少奇:《停止"强迫介绍"与救济失业工人》,1933 年 7 月 15 日,《苏区工人》第 3 期。

② 刘少奇:《在两条战线斗争中来改订合同》,1933 年 6 月 30 日,《苏区工人》第 2 期。

③ 刘少奇:《停止"强迫介绍"与救济失业工人》,1933 年 7 月 15 日,《苏区工人》第 3 期。

④ 刘少奇:《在两条战线斗争中来改订合同》,1933 年 6 月 30 日,《苏区工人》第 2 期。

⑤ 刘少奇:《在两条战线斗争中来改订合同》,1933 年 6 月 30 日,《苏区工人》第 2 期。

⑥ 刘少奇:《在两条战线斗争中来改订合同》,1933 年 6 月 30 日,《苏区工人》第 2 期。

⑦ 井冈山干部学院主编:《斗争(苏区版)》(第 1 辑),中国发展出版社 2017 年版,第 193 页。

⑧ 井冈山干部学院主编:《斗争(苏区版)》(第 1 辑),中国发展出版社 2017 年版,第 193 页。

业,还造成师徒对立、师傅不愿意带徒传艺等等,最终"必然是工商业的凋零"①。他强调"劳动法的执行,决不能使我们苏区的经济衰落",他批评了在实际工作中"我们的党与政府对于这一基本问题的许多不了解与漠不关心的态度"。他指出"要发展苏维埃的经济,在目前不尽量利用私人资本是不可能的"②。私人资本的发展,"可以增加我们苏区内的生产,流通我们的商品,而这对于苏维埃政权现在是极端重要的"③。但私人资本在苏区都是小企业,"所以在小的企业中间,劳动法上的有些条文,是不能机械执行的。……我们完全不能同意木船青工因为要实行他的六小时工作,所以撑船到半路上就停下来了"。因此,他提出执行劳动法时,"不是官僚式的下命令,而是能够具体地估计到企业的大小、企业的特点与实际情形,而有伸缩性"④。因此,张闻天认为"必须同那些不顾任何情形,企图完全机械地执行劳动法的'左'倾的倾向作斗争"⑤,要把这种"左"的障碍物清除出去。

张闻天深刻认识到机械执行《劳动法》的危害,提出修改该法的主张。他认为那些严重背离实际情况的条文"必须立刻修改"。"这种新的劳动补充法令的订立与旧的劳动法的修改,不但不会引起工人的不满意,而且更能够引起工人对于党、工会与苏维埃政府的信仰。"⑥

经过陈云、刘少奇、张闻天等人的多方努力,最终促成"左"倾的《劳动法》的修改。1933年3月28日召开的中央政府人民委员会第38次例会讨论了《劳动法》的内容并决定修改,并于同年4月组成修改《劳动法》的起草委员会。《劳动法》的起草委员会特发布通告,阐明修改《劳动法》的目的及意义,提出要

---

① 井冈山干部学院主编:《斗争(苏区版)》(第1辑),中国发展出版社2017年版,第195页。
② 井冈山干部学院主编:《斗争(苏区版)》(第1辑),中国发展出版社2017年版,第195页。
③ 井冈山干部学院主编:《斗争(苏区版)》(第1辑),中国发展出版社2017年版,第195页。
④ 井冈山干部学院主编:《斗争(苏区版)》(第1辑),中国发展出版社2017年版,第196页。
⑤ 井冈山干部学院主编:《斗争(苏区版)》(第1辑),中国发展出版社2017年版,第197页。
⑥ 井冈山干部学院主编:《斗争(苏区版)》(第1辑),中国发展出版社2017年版,第196～197页。

将修改的《劳动法草案》印刷出来,"分送各机关各企业,各群众团体"①并加以讨论,收集讨论结果以提交中央司法部。

在广泛听取各方的意见后,1933 年 10 月 15 日,中华苏维埃政府颁布修订后的《劳动法》。修改后的新劳动法的内容具有灵活性,比如区别雇主对象、8 小时工作制等方面规定,更符合农村实际和企业行业的具体情况,对某些过高福利要求作了删除或适当限制。

毛泽东对新的《劳动法》作了评价:"此次修改的劳动法,对于城市与乡村,对于大企业与小企业,都能使之应用适当。"②新的《劳动法》修改了不适合革命根据地实际情况的条文,一方面,增进了苏区群众的利益,调动他们参加革命和发展生产的主动性;另一方面,保护了苏区私营工商业主的合理合法的权益,有利于促进单薄的苏区资本经济的发展,对繁荣苏区经济起着积极的作用。

第四节　闽西苏区工商业经济的 特点及历史作用

苏维埃政权建立后,闽西苏区政府大力发展工商业经济。尽管在此期间遭到"左"的错误干扰,但由于贯彻毛泽东根据地经济建设的正确思想,执行正确的经济政策,闽西工商业战线取得了重大成就,对促进闽西苏区经济社会发展起着重要作用。

一、闽西苏区工商业经济的特点

苏区工商业是在炮火纷飞的战争年代、在敌人的经济封锁中创建和发展起来的,具有这一时期的鲜明特点。

---

① 余伯流,凌步机著:《中央苏区史》(下),江西人民出版社 2017 年版,第 933 页。
② 江西省档案馆,中共江西省委党校党史教研室:《中央革命根据地史料选编》(下),江西人民出版社 1982 年版,第 314 页。

（一）优先发展军需企业，以服务战争需要为主

在"炮火围墙"里的苏区，发展工商业以满足苏区的军需民用为目的。但当时"经济建设必须是围绕着革命战争这个中心任务的"①。苏维埃经济体制是典型的战时经济体制，苏区事业"每件都是为着战争"②。发展工商业经济同样是以服务战争为中心任务。一苏大通过的《关于经济政策的决议案》就明确要求"苏维埃特别注意保障供给红军的一切企业的发展（工厂、作坊、手工业、家庭企业等）"③。因此，发展军工企业成为苏维埃政府发展工商业经济的优先对象。

闽西苏区兴办公营工业是从军事工业开始的，军事工业也成为公营工业的主体。闽西除了建立兵工厂外，还创建了红军被服厂、弹棉厂、织布厂和红军斗笠厂等军工企业，为红军部队提供装备保障。闽西苏区兴办的公营商业除了粮食调剂局、对外贸易局外，还有公营商店、红色旅馆、红色饭店、公营商业公司，这些商业企业为苏区群众的日常生活提供商品与服务，但主要是服务于战争需要。如商业公司，其采办物品以军需品、药品为主，采购品中有灰气氧（造子弹的原料）、奎宁、阿司匹林、碘酒、食盐等等。

（二）企业经营规模小，以私营经济和个体经济为主

闽西苏区时期的工商业总体而言规模小，虽然建立了一批公营企业和合作社，但数量不多、规模小，苏区经济的主要成分仍然是私营经济。

闽西的工商业主要集中在汀州，汀州是中央苏区最大的城市，其"手工业、公营工业占了整个苏区工业的二分之一"④。但手工业合作社规模小，即便是公营工业规模也不大。以被服厂为例，位于长汀的中央被服厂第二厂拥有工人300多人，其规模不如位于瑞金七堡村的中央被服厂第一厂。第一被服厂有100多架缝纫机，全厂有700多名工人。1933年7月的生产计划是单衣1.8万套、帽子1.7万顶、毯子4000床。⑤ 第二被服厂由于规模小，生产产值也

① 《毛泽东选集》（第一卷），人民出版社1991年版，第123页。
② 《毛泽东选集》（第一卷），人民出版社1991年版，第123页。
③ 柯华主编：《中央苏区财政金融史料选编》，中国发展出版社2016年版，第20页。
④ 中共长汀县委党史工作委员会编：《长汀人民革命史》，厦门大学出版社1990年版，第152页。
⑤ 《七堡被服厂的青年工人怎样为着红军不受冻而努力》，《青年实话》第3卷17号，1934年4月1日。

小。同样,这一时期闽西苏区的商业规模也不大。就拿对外贸易分局来说,新泉对外贸易分局与赣县的江口对外分局是中央苏区当时最大的对外贸易分局,江口分局下设五个采办处[①],有职员107人,"每月出口营业额至少60余万元,多则150万元以上,进口少时130万元,多则200万元以上"[②]。而新泉分局仅有两个采办处,职员20余人[③],规模远不如江口对外分局。

苏区私营经济占有很大的比重,私营手工业"在苏区工业中居主要地位"[④],私营商业和农村圩场是苏区商品流通的主阵地。尤其在对外贸易方面,私营经济起着不可替代的作用。[⑤] 当年的永定县峰市镇店铺云集,每日往来商船数以千计,是闽粤两省主要商品集散地之一,鼎盛时人口达数万,曾被称为"小香港"。而被誉为"红色小上海"的汀州,经济往来更是活跃,据1933年有关资料统计,汀州私营商店数达367家,还有大大小小的红色圩场。各地手工业品和农副产品云集于此,成为中央苏区陆路、水路的交通枢纽,是闽粤赣三省边界的商贸中心,其繁荣程度如汀州人民所说:"一年365天有300天繁华。"周恩来盛赞"汀州之繁盛,简直为全国苏区之冠"[⑥]。

(三)支柱产业不强,在艰难中缓慢发展

当时的闽西支柱产业主要有纸业、烟业、木业等。纸是闽西各县向外输出的重要商品,据民国《上杭县志》载:"本邑出产以纸为大宗,每年运售潮汕各属及漳州者,旧时价值不下百余万。"[⑦]长汀的纸品,"远在民国初年,营业额就有银圆200万元以上,因此,当时的山城,山区经济直接、间接有70%以上靠纸。"[⑧]后因洋货入侵,销路又为洋纸所逐,随而锐减,"槽户倒闭,和纸商歇业"[⑨]。土地革命战争时期,更因国民党经济封锁,根据地所产土特产销不出

① 张侃,徐长春:《中央苏区财政经济史》,厦门大学出版社1999年版,第168页。

② 许毅主编:《中央革命根据地财政经济史长编》(下),人民出版社1982年版,第102页。

③ 许毅主编:《中央革命根据地财政经济史长编》(下),人民出版社1982年版,第103页。

④ 蒋伯英主编:《福建革命史》(上、下),福建人民出版社1991年版,第437页。

⑤ 蒋伯英主编:《福建革命史》(上、下),福建人民出版社1991年版,第445页。

⑥ 石仲泉、陈登才主编:《周恩来的故事》,中共党史出版社2006年版,第108页。

⑦ 上杭县地方志编纂委员会编:《上杭县志》,福建人民出版社1993年版,第363页。

⑧ 政协福建省长汀县委员会文史资料编辑室:《长汀文史资料》第五辑,1983年,第103页。

⑨ 中共龙岩地委党史资料征集领导小组,龙岩地区行政公署文物管理委员会:《革命史文献资料》(第1辑),1981年,第204页。

去,价格猛跌,便"无人造纸了"①。苏区政府采取各种措施发展纸业生产,"闽西的纸,1933 年恢复了三分之一,1934 年产量已经达到 10 万担"②。1935 年 2 月 8 日的《申报》报道了长汀纸品出口概况,说"中华商业公司特组织造纸公司一所,委一兴国人为之经理,资金 20 万,曾将其出品一部……运到潮、汕出售,获利甚丰"③。长汀纸业虽引起国民党报纸的关注,但此时的纸品交易额远远未达到先前的水平。又如,闽西的烟业,烟丝是闽西永定、上杭、连城等县向外输出的又一重要商品。以永定条丝烟为例,"民国十五年以前,每年出口达五六万箱(约 1562.5～1875 吨),约值 200 余万银圆"④。同样,因为洋货入侵,卷烟市场日益扩大,"卷烟打倒了条丝"⑤,再加上敌人经济封锁,永定条丝烟销量逐年减少。"至民国 25 年,永定条丝烟输出量仅 500 吨"⑥,此时永定条丝烟的销量仅相当于先前销量的三分之一。可见,闽西的支柱产业在苏区时期总体发展能力不强。

(四)产品附加值低,交易范围狭小

闽西苏区地处贫瘠山区,经济十分落后,没有什么现代工业,整个社会的生产大部分还是农业生产,工业则停留在手工业阶段。由此,闽西各地商店或圩场出售的商品主要以农副产品或手工业制品为主。农副产品多为初级加工产品,附加值低;手工业出品以纸、木排、刨烟、织布、茶、鞭炮、陶瓷、制糖、农具等等为主。但闽西手工业生产规模小,"未进行技术上的提升与改造,已危机四伏。然……墨守成规,没有科学的技术,不知发达与进步的方法,致出品日形恶劣"⑦。手工业品由于生产技术水平低,产品附加值也低,市场竞争能力弱。

---

① 《毛泽东农村调查文集》,人民出版社 1982 年版,第 350 页。

② 中央苏区工运史征编协作小组编著:《中央革命根据地工人运动史》,改革出版社 1989 年版,第 76 页。

③ 许毅主编:《中央革命根据地财经经济史长编》(上),人民出版社 1982 年版,第 557 页。

④ 周雪香:《明清闽粤边客家地区的社会经济变迁》,福建人民出版社 2007 年版,第 247 页。

⑤ 江西省档案馆、中共江西省委党校党史教研室:《中央革命根据地史料选编》(上),江西人民出版社 1982 年版,第 278 页。

⑥ 周雪香:《明清闽粤边客家地区的社会经济变迁》,福建人民出版社 2007 年版,第 247 页。

⑦ 中共龙岩地委党史资料征集领导小组,龙岩地区行政公署文物管理委员会:《革命史文献资料》(第 1 辑),1981 年,第 204 页。

另外,苏区时期工商业交易范围狭小,局限于苏区。由于国民党实施了残酷的封锁政策,虽然苏区政府发动群众拓宽商品交易的渠道,采取减免税收和提高利润以吸引白区商人做买卖,将交易范围从苏区扩展到白区,但白区商人要冒着"'通匪',抓去便杀"[①]的巨大风险,只能偷偷开展赤白贸易。所以,闽西苏区工商品经济的交易范围有限,对外(白区)贸易少。

二、闽西苏区工商业经济的历史作用

(一)保障红军物资供给,支援革命战争

苏区政府在"竭力促进工业发展",应"特别注意保障供给红军的一切企业的发展"的思想指导下,优先发展军需工业。闽西苏区创建了红军兵工厂、红军被服厂、汀州弹棉厂、中华织布厂、红军斗笠厂和福建军区卫生材料厂等一批军工企业。早在1930年3月,闽西工农兵第一次代表大会就提出:苏区"政府要办理修械处、子弹厂以增加武装"[②]。同年8月22日,中共闽西特委在《关于军事问题草案》中要求:"依据目前的需要,闽西应建立小规模的兵工厂。"经过几年的艰苦奋斗,闽西兵工形成了枪炮、弹药、杂械三个生产系列[③],为红军部队提供子弹、枪支等作战物资。红军被服厂为红四军首次统一军装制作了4000套军服,后陆续为红军提供军衣、军帽、子弹带、绑腿、单被、夹被、干粮袋等军需物资。汀州弹棉厂,每日加工4000多斤棉花,棉被30多床,棉花全部交中华织布厂生产军用布匹、药用纱布。中华织布厂为红军部队生产布匹和医疗纱布,每月可产布匹和医疗纱布等18000多匹。[④] 红军斗笠厂为红军生产了大量斗笠,1934年只生产8个月,产量就超过20万顶[⑤],确保红军

---

① 许毅主编:《中央革命根据地财政经济史长编》(下),人民出版社1982年版,第104页。

② 中共龙岩地委党史资料征集领导小组,龙岩地区行政公署文物管理委员会:《闽西革命史文献资料》(第3辑),1982年,第191页。

③ 中国人民解放军历史资料丛书编审委员会:《后勤工作·文献》,解放军出版社1997年版,第370页。

④ 李鸿:《馆藏苏区时期长汀公营工业系列文物赏析》,载《文物鉴定与鉴赏》2020年6月。

⑤ 蒋伯英主编:《福建革命史》(上),福建人民出版社1991年版,第436页。

战士人人都有一顶"红军斗笠"。

闽西除了军需工业还发展民用工业,如硝盐厂、纺织厂、造纸厂、冶炼厂、家具厂、印刷厂等满足军民两用。比如,硝盐厂生产的盐供苏区军民食用,硝给兵工厂做弹药。还有冶铁厂,生产的铁主要供应兵工厂和农具厂。

闽西首创粮食调剂局,建立粮食合作社和对外贸易局等商业机构,保证了红军战士的粮食供给。同时,对外贸易局还千方百计为红军部队购进苏区急缺物资,如药品、军工材料和无线电器材等。

总之,闽西工商业保证了红军部队的武器装备、衣物、军粮的供给和急需军用物资的补给,有效地支援了革命战争,有利于苏区政权的建设。

(二)打破敌人经济封锁,促进苏区经济发展

1934年1月,毛泽东在第二次全国工农兵代表大会的报告中指出"国家经营的经济事业,在目前,只限于可能的和必要的一部分。国营的工业或商业都已经开始发展,它们的前途是不可限量的"。而"对于私人经济,只要不出于政府法律范围之外,不但不加以阻止,而且加以提倡和奖励"①。在这样正确的根据地经济思想指引下,闽西政府尽其可能发展国营经济,建立一批军工企业、民用企业等国营工业,为军需民用提供基本的物资保障;创办了粮食调剂局和对外贸易公司等国营商业机构,大力发展合作社经济组织,纾解了工农业产品价格"剪刀差"问题带来的种种消极影响,促进工农业生产的恢复与发展;鼓励私营经济发展,尤其是采取各种措施发展私营商业,开展赤白贸易,促进了商品流通,活跃了苏区市场。闽西苏区政府实施各项推进当地工商业发展的政策与措施,极大地缓解了苏区经济的窘况,这对于打破敌人的经济封锁,促进苏区的经济发展发挥了重要的作用。

(三)保障工农群众利益,改善苏区群众生活

在《我们的经济政策》中,毛泽东指出:"我们的经济政策的原则,是进行一切可能的和必须的经济方面的建设,集中经济力量供给战争,同时极力改良民众的生活。"②因此,改善人民群众的生活也就成为苏区发展工商业经济的重要目的。苏区政府除发展"可能的和必要的"国营经济外,集体经济性质的合作社组织在保障苏区群众利益方面发挥了重要作用。遍及闽西苏区各地的各类手工业合作社解决工人的就业问题,增加了工人收入。在二苏大的报告中

① 《毛泽东选集》(第一卷),人民出版社1991年版,第133页。
② 《毛泽东选集》(第一卷),人民出版社1991年版,第130页。

就列举了 1933 年汀州 12 个行业工人的工资变动表,每个行业的工人工资都比革命前有不同程度的提高,"最少的增加了 32%(木匠),最多的竟增加了 14.5 倍(布业工人)"[①],从而使工人的生活得到改善。各类合作社商业抵制了商人对苏区群众的盘剥,不但使社员享有优先购买、低价购买商品的权利,而且还能按照入股的比例得到分红。还有私营商店和圩场,点多面广、货种齐全、自由交换,既繁荣了苏区市场,又方便了群众生产生活所需。总之,苏区政府大力发展工商业经济,保障了工农群众利益,改善了苏区群众生活。

纵观闽西苏区工商业战线的伟大实践,虽然受到"左"倾错误的干扰与破坏,但总体而言,这一时期的工商业建设所取得的成绩还是巨大的。苏区工商业生产的恢复和发展,保障了军需民用的物资供给,活跃了苏区商业流通,促进了苏区市场的繁荣,大大地增加了财政收入,对于打破敌人的经济封锁、巩固苏区政权和改善民生,都起了十分重要的作用。

---

① 江西省档案馆、中共江西省委党校党史教研室:《中央革命根据地史料选编》(下),江西人民出版社 1982 年版,第 315 页。

第五章　中央苏区时期红色金融在闽西的实践探索

金融主要是指货币资金融通,即货币的发行、流通和回笼,存款的存入和提取,贷款的发放和收回,汇兑的往来等经济活动。它与信用紧密相连,因此,"金融又是货币流通调节和信用活动的总称"[①]。在商品经济条件下,金融活动对社会经济生活起着不可或缺的作用。没有货币的流通,商品流通就无法进行,工农业生产所需的资金就无法周转,同样影响到民众的日常生活。

闽西苏维埃政府成立后,在金融战线上,苏区党就立即着手摧毁反动的金融体系,组织信用合作社,创建闽西工农银行,建立了为工农群众服务的红色金融体系,促进了苏区经济建设的发展。

第一节　闽西苏区重构金融体系的必要性

金融是经济的重要组成部分,有序的金融活动有助于经济建设的发展。闽西暴动后,整个社会的金融活动乱象重重,严重制约着苏区经济的恢复与发展,影响人民生活的改善和苏维埃政权的稳定。因此,重构金融体系成为中国共产党领导苏区人民开展经济工作的重要内容。

一、改变闽西苏区混乱金融环境的客观要求

闽西革命根据地建立之初,市场上流通的货币杂乱无章,币值不稳。当时

---

① 张侃,徐长春:《中央苏区财政经济史》,厦门大学出版社1999年版,第205页。

旧政府和旧银行遗留下来的各种杂钞劣币充斥着市场,金融秩序混乱不堪。金属币主要是银圆、银毫、铜板三种,其中"毫洋有袁头毫、广东毫、福建官毫,以及各种杂牌旧毫"①。纸币有国民党统治区域的中国银行、中南银行发行的纸币,以及闽西南军阀张贞办的"民兴银行"和各地商会、商店印发的纸币。②货币种类多且币值不统一,"大洋小毫不能一致通行,一地一样"③。如"永定湖雷合溪市面光洋用十三毛,中纸用十二毛五厘,癸亥毛(即时洋)七厘半,民国老毛及福建官局毛用足一毛,铜片每毛十八枚;太平区光洋十四毛四厘,花洋十四毛,癸亥毛八厘;金丰区光洋十六毛,癸亥毛七厘"。银价是极不统一,有的还不能相互通用、兑换。有些奸商趁机从广东市场输入大量廉价劣质银币,购买金银和土产出口,而苏区群众拿这种劣币到白区购买货物时,要打几折,损伤较大。④ 同时由于军阀混战,国民党资本家的银行面临倒闭的结局(如中南银行的主人黄弈柱,因南洋生意失败,影响到银行资本的缩小,而且趋于倒闭的前途)⑤,其发行的纸币一夜之间变成废纸。面对混乱的金融市场,苏区群众担心"货币无用"而不敢使用,有的地方甚至退回以物易物的境地。苏区商品流通受到阻碍,影响经济活动的正常进行。这要求必须建立新的金融体系,统一货币,以促进商品流通。

二、解决农民告贷无门的现实需要

闽西在暴动后就开展了废债斗争,债券焚烧,高利贷债务不还。但有的地方却便是取消一切债务,如"上杭东三区白砂东五区等处,都规定自暴动债务一概取消,有些且规定取消商家账目,如大、小池等则更焚烧商号账簿"⑥。使得民间正常的借贷出现萎缩,乡村金融融通完全停滞。旧的借贷关系被废除,

---

① 许毅主编:《中央革命根据地财政经济史长编》(下),人民出版社 1982 年版,第 233 页。

② 蒋九如:《福建革命根据地货币史》,中国金融出版社 1994 年版,第 26 页。

③ 中央档案馆,福建省档案馆:《福建革命历史文件汇集》(苏维埃政府文件 1930 年),1985 年,第 127 页。

④ 邓子恢:《龙岩人民革命斗争回忆录》,福建人民出版社 1961 年版,第 34 页。

⑤ 《闽西苏维埃政府经济委员会扩大会决议案》,1931 年 4 月 25 日。

⑥ 中共龙岩市委宣传部,中共龙岩市委党史和地方志研究室编:《闽西中央苏区文献资料(1928 年 11 月—1929 年 12 月)》(第 2 辑),1982 年,第 233 页。

新的借贷关系还未建立,农民在收获季节需要支付帮工的工资或购买生活日用品,却因无资金周转,只好贱卖粮食以资救济,从而形成严重的工农业产品的"剪刀差"现象。"剪刀差"现象造成农民购买力削弱,商场冷落,工业缩小,形成整个社会经济的衰落。因此,需要帮助农民建立一个低利率的借贷组织来进行资金融通,这样,一方面,可以使农民不至于告贷无门而贱卖粮食,受奸商剥削;另一方面也可以使农村中的资本得以集中,促进金融流通,以解决农村的生产与生活问题。

三、巩固苏维埃政权的重要环节

劣质旧版杂毫充斥市场,且国民党统治的银行发行的纸币依旧在市面流通,群众担心受骗,产生不安情绪与心理,不可避免对苏维埃政权有不同的看法,而商人更为敏感,对苏区政权稳定性产生怀疑。混乱的金融环境需要治理,国民党经济封锁造成严重的工农业品剪刀差问题需要解决。如果苏区党没能很好地解决这一问题而使农民群众得到利益,"便给反动派以极好的宣传的机会",[①]说什么"共产党欺骗农民""共了产农民无好处"等。在苏维埃政权初创时期,农民群众极易被反动派欺骗群众的反动口号所蒙蔽,甚至会减弱革命热情,从而影响苏维埃政权的巩固。

总之,建立新的金融体系关乎闽西苏区经济建设和群众生活改善,关乎苏维埃政权的稳定与巩固。中国共产党及时根据当时苏区经济社会背景,开展一系列的金融实践。

第二节　中国共产党在闽西苏区的
　　　　具体金融实践

闽西红色金融体系是在废旧立新的过程中形成的,一方面,闽西苏区政府利用政权力量,摧毁旧的金融体系;另一方面,发动群众创办信用合作社,组建

---

①　中共龙岩地委党史资料征集领导小组,龙岩地区行政公署文物管理委员会:《闽西革命史文献资料》(第2辑),1982年,第209页。

工农银行,发行货币,规范金融秩序。在相关政策的推动下,中国共产党领导的金融活动对闽西苏区的经济社会产生了积极的影响。

一、建立红色金融机构

(一)废止高利贷,允许正常借贷

1928 年春夏,中共闽西党组织遵循"八七"会议的精神,发动群众,相继发动了龙岩后田暴动、平和暴动、上杭蛟洋暴动和永定暴动等闽西四大暴动。闽西暴动一开始,各地就把"缴枪、杀土豪、烧契"①当作首要任务,提出了"取消一切债务"的口号,在斗争实践中中共闽西党组织认识到这是"政策上的错误"。毛泽东曾对废债问题提出要分清"债"与"账","债是废除二分以上的高利贷,该欠商人的叫作账。"②1929 年 7 月,中共闽西第一次代表大会关于土地问题决议案对债务问题做了特别规定,明确提出:"工农穷人欠土豪地主之债不还,债券借约限期缴交苏维埃政府或农会焚毁";"工农穷人自己来往账目及商家交易之账,仍旧要还,但民国十六年底以前的旧债及非本身之债务不还";"商家土豪地主欠众堂、农民,或小资产阶级之债务,不论新旧都要还"。③ 闽西在废除高利贷的同时,允许民间正常借贷,因为"目前社会还需要金融之周转,利息不能取消"④。还规定了借贷的利率,不宜过低,否则富人闭借,对农民不利,"各地得斟酌情形规定利息为一分至一分五毫(厘),或其他相当率"。1930 年 3 月,闽西第一次工农兵代表大会通过的《借贷条例》明确规定"以后往来利息,最高不得超过一分五厘以上"⑤。闽西特委还对民间的银会问题,采取了改造政策,认为"银会为农民经济互助组织,各县须调查实际情形,审慎处理之",要允许其在一定时间和范围内存在,针对有土豪参与的银会,如果是"土豪先得者,多则照旧维持,但须割免首会会款",而"农民先得者,多则取消之"。⑥

---

　　①　中共龙岩市委宣传部,中共龙岩市委党史和地方志研究室编:《闽西中央苏区文献资料(1928 年 11 月—1929 年 12 月)》(第 2 辑),第 232 页。

　　②　《毛泽东农村调查文集》,人民出版社 1982 年版,第 176 页。

　　③　《中共闽西第一次代表大会关于土地问题决议案》(1929 年 7 月 27 日)。

　　④　《中共闽西第一次代表大会关于土地问题决议案》(1929 年 7 月 27 日)。

　　⑤　《闽西第一次工农兵代表大会法案》,1930 年 3 月。

　　⑥　《中共闽西第一次代表大会关于土地问题决议案》(1929 年 7 月 27 日)。

总之,中共闽西党组织及时纠正过去取消一切债务的错误观念,根据实际情况,采取区别对待的原则,分清债务类型,开展废债斗争,有序打破不合理的借贷关系。同时引导民间金融市场发展,允许正常借贷。

1932 年 1 月,临时中央政府颁布《借贷暂行条例》,宣布"过去高利贷契约完全无效并焚毁之",规定苏区的借贷利率短期月息不得超过一分二厘,长期周年不得超过一分,"一切利息不得利上加利",违者将处以没收资金,并予以法律制裁。[①] 各级苏维埃政府彻底采取措施肃清封建剥削,禁止高利借贷,同时对"帮助各种生产事业的发展和便利于工农群众的资金周转之借贷,不加干涉"[②],有利于改善农民生活和提高生产积极性。

闽西的废债斗争除了禁止一切高利贷外,还将取消当铺列入废债的内容。"当铺是以收取衣物等动产作抵押,向贫苦人民放款的高利贷机构。"[③]一般情况,当铺向农民发放的当金数额很低,通常为抵押品价格的五成以下,利率极高。为不使农民吃亏,闽西苏维埃政府对当铺不采取没收的办法,《借贷条例》规定"典当债券取消,当物无价收回",如果发生典屋纠纷就"照土地法房屋规定解决","出典店房者由出典人收回,出典其他建筑物如水车等由出典人收回。"[④]苏区政府让工农穷人凭着"当票"无偿收回抵押品,减轻了农民的经济负担,进一步提高了农民群众的革命热情。

（二）发展信用合作社

闽西苏区坚决禁止一切高利贷剥削,摧毁旧的金融体系,使农民摆脱具有人身依附型的借贷关系,得到群众的拥护。苏区政府虽然允许民间正常的借贷关系,但在经济交往中出现了"地主、富农、商人把钱带走,或私运出境,不走的埋藏起来,不肯拿出来流通","农民中有些存款也各自保藏,没有借贷",[⑤]农村中的借贷停止,金融流通完全停滞,农民急需用钱时却告贷无门,只好贱卖农产

---

① 中国社会科学院经济研究所中国现代经济史组:《革命根据地经济史料选编》（上）,江西人民出版社 1986 年版,第 367 页。

② 中国社会科学院经济研究所中国现代经济史组:《革命根据地经济史料选编》（上）,江西人民出版社 1986 年版,第 367 页。

③ 李飞等主编:《中国金融通史》（第五卷）,中国金融出版社 2008 年版,第 41 页。

④ 中国社会科学院经济研究所中国现代经济史组:《革命根据地经济史料选编》（上）,江西人民出版社 1986 年版,第 356 页。

⑤ 《邓子恢文集》编辑委员会:《邓子恢文集》,人民出版社 1996 年版,第 40 页。

品以解生产生活之困难。这又加剧了农产品价格狂跌、工业品价格暴涨的剪刀差问题。因此,建立新的金融体系成为苏维埃政府发展经济的重要任务。

1929 年 9 月,中共闽西特委为解决剪刀差问题,提出要开办银行、设立借贷所和组织信用合作社等金融组织。1929 年 11 月,闽西特委 13 号通告又强调要"建立合作社之组织"以解除群众之痛苦。1930 年 3 月,闽西第一次工农兵代表大会在《经济政策决议案》中提出要保存现金,"普遍发展信用合作社组织",并通过《合作社条例》,以规范合作社组织的建立。

信用合作社是"以便利工农群众经济的周转,与帮助发展生产,实行低利借贷,抵制高利贷的剥削为宗旨"[1]。其资金主要来自群众集股,每股股金通常为一元。在资金缺乏的情况下,信用合作社筹集的资金只低利借给本社员,"信用合作社的款子,只许借给社员(资本充足时有外借)"[2]。这样对广大告贷无门的贫苦群众有极大的吸引力。

在闽西,信用合作社成立时间早、发展速度快的地方通常是苏维埃政权较巩固的县、区,如永定和上杭等地,如表 5-1 所示。

表 5-1　闽西信用合作社概况

信用合作社名称	开办时间	成立时募集的股金	社址	纸币面值	纸币流通范围
永定县太平区	1929 年 10 月	3000 元	西陂	一元纸币	永定坎市、高陂、虎岗和龙岩红坊乡悠湾村、上杭大洋坝
上杭县北四区	1929 年 10 月	2000 元	蛟洋	二角、五角流通券	上杭古蛟区、连城庙前、龙岩大池、小池
永定县第三区(后改为第一区)	1929 年 11 月	5000 元	湖雷	一毫、二毫、五毫	永定湖雷、丰田、溪南、金丰、合溪

资料来源:蒋九如主编:《福建革命根据地货币史》,中国金融出版社 1994 年版,第28~36 页。

表 5-1 列举的三个信用合作社属于闽西最早建立的信用合作社,且都发

---

[1]　中国社会科学院经济研究所中国现代经济史组:《革命根据地经济史料选编》(上),江西人民出版社 1986 年版,第 381 页。

[2]　中共龙岩地委党史资料征集领导小组,龙岩地区行政公署文物管理委员会:《闽西革命史文献资料》(第 3 辑),1982 年,第 128 页。

行了纸币。纸币都是以银圆为价值基础，可以兑现。无论纸币面值以毫为单位或以角为单位，凑足10毫或10角均可兑换一块银圆（大洋）。[①] 每个合作社发行的纸币有其流通区域，只能在特定的范围作为商品交换的媒介。

为规范纸币发行，1930年3月25日，苏维埃政府颁布《取缔纸币条例》，对纸币发行做了特别规定：

(1)各地不得自由发行纸币。

(2)发行纸币机关，要信用合作社才有资格。

(3)信用合作社要有5000元以上现金，请得闽西政府批准者，才准发行纸币，但不得超过现金之半数。

(4)纸币数量起限一角、二角、五角三种，不得发到10角以上。

(5)各地所发纸币不合上列条例者，要限期收回。

《取缔纸币条例》对于纸币的发行，做了严格限制：

一是规定发行纸币的机关。当时闽西市场流通的辅币短缺，造成商品流通不便，于是有的商家就发行小面额的纸币，使得货币流通混乱。条例强调各县区不得自由发行纸币，只有信用合作社才有资格，需要得到闽西政府的批准。与《取缔纸币条例》同时颁布的《商人条例》也规定："商人不得操纵金融，银价涨跌须经苏维埃批准"，"商人贩运或私造铜银、假造纸币者严重处分"。[②]这些规定不仅使货币发行权相对集中，而且使苏维埃政权领导下的红色金融机构掌握了货币发行权。

二是规定纸币发行的基金数额。发行纸币的信用合作社必须拥有5000元以上现金，且纸币发行量不得超过现金的半数。表5-1列举的信用合作社中永定县太平区信用合作社和上杭县北四区信用合作社股金都不足5000，在条例颁布前信用合作社只要取得政府同意便可发行纸币，没有明确限定。"如太平区信用合作社发行纸币一万元，所募集的股金只有三千余元，大大超过其掌握的现金数额。"[③]这一规定直接控制信用合作社滥发纸币，有利于稳定金融市场的货币流通。

三是规定纸币的券别结构。当时闽西的货币流通比较混乱，使用的银毫

---

① 蒋九如：《福建革命根据地货币史》，中国金融出版社1994年版，第36页。

② 中国社会科学院经济研究所中国现代经济史组：《革命根据地经济史料选编》（上），江西人民出版社1986年版，第296页。

③ 蒋九如：《福建革命根据地货币史》，中国金融出版社1994年版，第38页。

主要有"净洋"和"时洋"两种①,这两种银毫与大洋(银圆)的兑换率不同,奸商乘机操纵银毫兑换率,时高时低,造成民众的恐慌心理,致使民众拒绝使用银毫。市场上缺少辅币银毫,势必影响商品交易。为此,条例对纸币面值规定为"一角、二角、五角三种"。规定纸币的券别结构,可以避免使用银毫的烦琐换算,免受奸商的操纵,有助于市场货币流通的稳定。

在苏区政府的大力支持下,信用合作社在龙岩、上杭、长汀、连城、永定、宁化、清流、兆征等县区陆续兴办起来。据统计,至 1931 年 4 月,永定县的信用社就有 9 个,共有基金 10528 元。②

信用合作社的建立,对苏区的金融经济产生了积极影响。一是解决了群众告贷无门的困难。借贷与存款方便了群众,有利于苏区群众生产的发展和生活的改善。二是稳定市场货币流通。信用合作社发行小额纸币,虽是苏区党掌握货币发行权的过渡性措施,但它可以起到规范货币流通秩序,促进商品流通的作用。

(三)创办闽西工农银行

闽西苏维埃政府规定信用合作社有发行纸币的资格,但合作社发行纸币数额不多,流通范围又受区域性的制约,"只在一区或一乡通行"③。当时信用合作社发展缓慢,并非所有区乡信用合作社都发行纸币。市面上流通的信用合作社的纸币难以在闽西苏区的货币市场占据主导地位,各种版别的劣质货币依然充斥市场,一地一价,银价难以统一。因此,信用合作社所发行的纸币只能满足部分区域对商品交换媒介的需要,但在驱逐劣币和对敌区经济斗争方面仍感力量不足,无法发挥其应有的作用。随着经济斗争的发展,中共闽西党组织认为要建立自己的工农银行。

1.闽西工农银行的组建

邓子恢在 1930 年 9 月初的政府工作报告大纲中提出要"建立工农银行消

---

① 福建造币厂铸造的黄花岗纪念币和民国八年至民国十二年广东铸的银毫,俗称"净洋";福建造币厂铸的中华癸亥银毫,俗称"时洋"。

② 中国社会科学院经济研究所中国现代经济史组:《革命根据地经济史料选编》(上),江西人民出版社 1986 年版,第 69 页。

③ 中央档案馆,福建省档案馆:《福建革命历史文件汇集》(苏维埃政府文件 1930年),1985 年,第 127 页。

灭高利贷,集中现金发展社会经济"①。同月召开的闽西第二次工农兵代表大会决定建立闽西工农银行。大会通过的《修正财政决议案》指出:"目前为要调节金融,保存现金,发展社会经济以争取社会主义胜利的前途,唯一的办法是设立闽西工农银行,各县分行,总行随闽西政府所在地而定。"②并决定:银行委员会的主任必须由闽西苏维埃政府任命;股东拥有监督银行账目的权利;银行资本定为 20 万元,分 20 万股;银行以"存款、借款、汇兑、买卖金银、储金、贴现、发行纸币、保管财政、收买期票等"③为主要业务。

闽西第二次工农兵代表大会后,闽西苏维埃政府主席团签发关于设立闽西工农银行的第七号布告,提出:"设立闽西工农银行,调剂金融,保存现金,发展社会经济,实行低利借贷。现已推举阮山、张涌滨、曹菊如、邓子恢、蓝维仁、赖祖烈(长汀推举一人)七人为银行委员会委员,阮山为主任,成立筹备处,着手进行。"在颁发布告的同时,还颁布了《闽西工农银行章程》,这是"中央苏区最早颁布的银行组织纲要"④。

经过两个多月的准备,开了六次筹备会,闽西工农银行于 1930 年 11 月 7 日(俄国十月革命纪念日)在龙岩城正式营业。"行长阮山,会计科长曹菊如,出纳科长陈寄今,营业科长兼秘书赖祖烈,全行共约十余人,业务干部多来自店员。"⑤由于战争的影响,闽西工农银行的行址随着闽西苏维埃政府而先后转移到永定的虎岗、长汀的涂坊、上杭的白砂和长汀县城等地。1931 年 8 月红军攻下汀州,"银行先派二人带了两担银圆入城,做发行兑换和代财政收款工作,约一个月后,局势稳定,全体人员才进城营业,从此一直到闽西银行结束,都在汀州城"⑥。该行原计划在闽西各县政府所在地建立分行,在各乡区政府所在地附设代理机关,但因战事频繁未能实现,只是在上杭南阳、白砂、永定湖雷设立了兑换所。

---

① 中共龙岩地委党史资料征集研究委员会,龙岩地区行政公署文物管理委员会:《闽西革命史文献资料》(第 4 辑),1983 年,第 92 页。

② 许毅主编:《中央革命根据地财政经济史长编》(下),人民出版社 1982 年版,第 249 页。

③ 柯华主编:《中央苏区财政金融史料选编》,中国发展出版社 2016 年版,第 309 页。

④ 余伯流著:《中央苏区经济建设》,中央文献出版社 2009 年版,第 165 页。

⑤ 柯华主编:《中央苏区财政金融史料选编》,中国发展出版社 2016 年版,第 491 页。

⑥ 柯华主编:《中央苏区财政金融史料选编》,中国发展出版社 2016 年版,第 491 页。

2.闽西工农银行的性质与管理制度

闽西工农银行是由各级政府、工会、机关工作人员及工农群众共同募股而组成的股份制银行。"银行资本定 20 万元,分 20 万股,股金以大洋为单位,收现金不收纸币,旧银器每两折大洋陆角,金器照时价推算,限期 9 月内募足。"①闽西苏维埃政府要求各县、区成立募股委员会,县级委员会由 5 人组成,区级委员会由 3 人组成,各工会、各部队 3~5 人。募股的对象除了工农群众外,要求合作社资本每百元至少购买 10 元股票,而粮食调剂局每百元资本至少购买 20 元股票,而"各级政府、各工会及各机关工作人员,每人至少应买股票 1 元"②。各县、区的募股委员会根据政府的布告要求,积极开展募股工作,发动广大群众参股入股。闽西以募股的方式建立银行,这"在苏区经济建设中是独一无二的,具有首创意义,它既使银行具有广泛的群众基础,同时又在筹募资金中宣传了工农银行的宗旨,扩大工农银行的影响"③。

在《闽西工农银行章程》中规定了银行的组织架构及管理制度。由闽西苏区政府选派七人组成银行委员会,银行委员会有权计划银行的一切事宜,任免并监督银行主任及各科科长,审查银行的预算决算及银钱账目等。"银行委员会选派主任一人,统管银行一切事务,直接对委员会负责。由委员会选派秘书一人,会计科长一人,司库一人,分别管理各科事宜,直接对主任负责,间接对委员会负责。其余工作人员,由主任及各科科长斟酌选出并指挥之。"④从章程看,闽西工农银行实行的是银行委员会主导下的集体管理制,如图 5-1 所示,主任及各科各司其职,最终都对银行委员会负责。

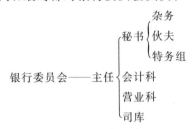

图 5-1　集体管理制

---

①　柯华主编:《中央苏区财政金融史料选编》,中国发展出版社 2016 年版,第 318 页。

②　中共龙岩地委党史资料征集研究委员会、龙岩地区行政公署文物管理委员会:《闽西革命史文献资料》(第 4 辑),1983 年,第 194 页。

③　张侃,徐长春:《中央苏区财政经济史》,厦门大学出版社 1999 年版,第 214 页。

④　柯华主编:《中央苏区财政金融史料选编》,中国发展出版社 2016 年版,第 319 页。

另外,闽西工农银行对资本的分配比例及红利分配也做了规定。银行资本的30%作为准备金存库不动,市面流通13%、社会保险7%,还有50%的资本作为贷款以发展经济,10%的资金投给闽西苏区各级政府,25%的资金贷给各种合作社,15%的资金投到苏维埃商店和土地生产。根据银行的经营状况,银行赢利后,按照2:2:6的比例进行分配,银行提留利润的20%作为公积金,20%的红利奖励给银行工作人员,60%的红利按股份分配给股东。

3.闽西工农银行的主要业务

在《闽西工农银行章程》中规定了银行的营业内容,但由于战争环境,汇兑和铸造铜圆的业务没有开展,该行当时除了发行与组织管理货币外,主要有以下业务:

(1)代理财政金库,经办政府收支[①]

收款是闽西工农银行的业务之一。代理财政收款是政府将从豪绅地主那里没收的钱款、战争中缴获的财物以及向富农借款、城市商人捐款等等,由银行代收,作为财政存款。这就使得银行收集了相当的款项,使银行起到了代理金库的作用。[②] 银行代理金库服务于苏区财政,成为革命战争时期"建立在农村根据地的银行能够而且应该负担的恰当任务"[③]。

(2)吸收存款,开展储蓄业务

闽西工农银行的存款来源主要是"公家的存款",即国家机关、企事业单位的存款,还有少量的私商和工农群众的私人存款。如,据《闽西工农银行日计表》(1934年11月10日)统计,在"各机关往来"这项中共收到"公家的存款"额为26878.01元,而私人存款金额不多。

银行在章程中规定了存款的利息,定期存款半年以上者,月利为0.45%,活期存款月利为0.3%,每一周年复利一次。定期存款有整存整取和零存整取,整存整取的"存款数目最少五元,期限至少三个月,至多一年,本利一次取偿",零存整取是"约定期限至少六个月,按一定数目分期存入银行,到期将本利一次取回",每期存款数目不少于五角。活期储蓄即零存零取,存款数目也是至少五角以上。"五角以下的,发行五分储蓄票,由各区、乡信用合作社代

---

①　李飞等主编:《中国金融通史》(第五卷),中国金融出版社2008年版,第88页。

②　赖祖烈:《回忆土地革命时期闽西对敌经济斗争》,载《福建论坛》1982年第3期。

③　中国人民银行金融研究所编:《曹菊如文稿》,中国金融出版社1983年版,第15页。

售,凡储蓄满五角时可向银行换取正式储金存折。"[1]吸收存款是银行将社会上闲散的资金集中起来,增加银行资本,扩大贷款的资金来源,以服务苏区经济建设。

(3)发放贷款,支援苏区经济

"发展社会经济,实行低利借贷"是创办闽西工农银行的任务之一,因此,发放低利贷款也就成为它的主要业务,并规定放款月利为0.6%。从资本分配的比例来看,闽西工农银行10%的资金投给闽西苏区各级政府,25%的资金贷给各种合作社,投到苏维埃商店和土地生产的资金占总资本的15%,这三项投入共占银行总资本的50%。可见,闽西工农银行资金用于苏区经济建设的贷款占比高。主要用于以下几方面:

一是农业生产的贷款。农业在苏区各业中的比重最大,成为苏区经济的主体部分,因此,农业贷款也就成为银行放贷的重点。对缺乏生产资金、农具、种子、肥料的劳动合作社、犁牛合作社及个体农民提供一定数额的贷款。如,1930年9月,闽西苏维埃政府经济、财政、土地委员会联席会议决定"政府要向银行取出一部分钱来买洋肥,照原价分与农民借用"[2]。决议案强调了要帮助农民发展生产。

二是合作社的贷款。闽西苏区政府重视合作社运动的发展,从资金上予以大力支持,提出合作社有向工农银行借贷的优先权[3],要求"工农银行应借大批现款于合作社,使合作社迅速发展(指雇农、贫农、中农组织及经过正式手续的合作社)"[4]。对苏区急需但又发展缓慢的手工业给予特别扶持,比如,"工农银行,须投资一部分到石灰生产合作社里去"[5]。1931年9月,该行迁到长汀后"对急需的造纸、铸铁等手工业给予了必要的投资或贷款,纸业合作社得到贷款后,纸业生产迅速恢复发展起来,纸农工资收入亦普遍提高了几倍"[6]。根据"闽西工农银行日计表"记载,1934年11月10日,该行贷给畲心

---

① 孔永松,邱松庆著:《闽西革命根据地的经济建设》,福建人民出版社1981年版,第81页。

② 柯华主编:《中央苏区财政金融史料选编》,中国发展出版社2016年版,第305页。

③ 柯华主编:《中央苏区财政金融史料选编》,中国发展出版社2016年版,第303页。

④ 《闽西苏维埃政府布告第十二号——目前经济政策》(1931年4月4日)。

⑤ 柯华主编:《中央苏区财政金融史料选编》,中国发展出版社2016年版,第305页。

⑥ 黄马金编:《长汀纸史》,中国轻工业出版社1992年版,第41页。

区和圳下村石灰合作社、宁化炼铁合作社、福建省纸业合作社的金额共计1766.55元。

三是粮食调剂局的贷款。粮食调剂局是闽西特委为平抑粮价和解决工农业产品"剪刀差"问题的创举，它的资金除了从群众中募集外，还有很大部分来源于银行贷款。闽西工农银行成立后，"发行纸币，其中以一部分贷给粮食调剂局购粮。这种政策当时甚受农民欢迎，粮价也从此稳定下来。这种政策同时也推广到闽西各县"①。

四是私营商店的贷款。遍布在城乡各地的私营商店和小商贩是活跃苏区经济的重要力量，对恢复生产、保障军需民用的物资供给都起着一定的作用。因此，苏区政府支持私商向银行贷款，规定"商店向银行借款，规定月利一分，即1％"②，以发展私营商业。

(4)收购金银，再铸银圆

闽西工农银行发行纸币主要实行银本位制，金银等贵金属成为银行发行纸币的准备金。只有充足的现金才能保证纸币随时兑现，这是提高货币信用度的前提条件。为此，工农银行将收购金银作为其主要业务之一，千方百计"收买旧银器估价深入银行为股本，然后再铸银圆使金融能活动"③。苏区政府鼓动各地妇女变卖首饰等各种旧银器，"以备铸造银圆，变死的银器为活的货币"④。银行将收购的银器送到炼银厂，将其熔成银饼，输到白区购买苏区急需的物质。当时收购金银其实是只买不卖，且禁止私人收购首饰银器，如果发现"在赤区收买者，处以十倍之罚金，出口者处以死刑"⑤。

(5)经营进出口贸易⑥

为打破敌人的经济封锁，沟通赤白贸易，闽西工农银行1931年迁入长汀

① 《邓子恢传》编辑委员会：《邓子恢传》，人民出版社2006年版，第104页。
② 柯华主编：《中央苏区财政金融史料选编》，中国发展出版社2016年版，第304页。
③ 中央档案馆，福建省档案馆：《福建革命历史文件汇集》(闽西特委文件1928—1936年)，1984年，第173页。
④ 中央档案馆，福建省档案馆：《福建革命历史文件汇集》(闽西特委文件1928—1936年)，1984年，第212页。
⑤ 柯华主编：《中央苏区财政金融史料选编》，中国发展出版社2016年版，第304页。
⑥ 许毅主编：《中央革命根据地财政经济史长编》(下)，人民出版社1982年版，第319页。

后,在水东街专设了一个营业部,办理"进出口贸易"。根据 1934 年 11 月 10 日"闽西工农银行日计表"第 5 号记载:该行当时结存的纸张、食盐、布匹、杂货等价款有 6986.30 元[①](见图 5-2)。该行当时主要经营的物资,出口的有纸张、木材、钨矿及其他土特产品,进口的物资主要有食盐、布匹、煤油、药品等苏区军民急需的日用必需品。营业部还负责供应军粮,"仅 1932 年东路军攻打漳州的时候,就供给大米十几万斤,保证了革命战争的顺利进行"[②]。

闽西工农银行日计表
公历1934年11月10日　　　　　　　　　　　　　　　　　元为单位
第 5 号

万	千	百	十	元	角	分	厘	科　　　目	万	千	百	十	元	角	分	厘
5	7	2	2	4	3	3	6	承　前　页				1	7	7	0	0
			1	0	0	0	0	张克斌								
		3	3	2	0	0	0	钟接财								
		3	3	5	0	0	0	吴玉标								
		1	6	0	0	0	0	丘启栋								
		2	1	1	2	7	0	丘德升								
		7	6	0	0	0	0	新泉县苏国民经济部								
								货　　品								
	5	4	2	6	9	0	0	重纸								
	1	2	5	6	5	0	0	长行								
		2	6	7	4	0	0	白盐								
			1	8	4	0	0	杂货								
			2	2	1	0	0	布匹								
	5	6	3	2	8	4	3	现金								
								资　本　金								
								基金	4	5	3	1	6	7	5	0
								本行兑换券		1	6	8	9	0	0	0
								公　债　金		7	6	5	3	1	4	5
								暂　时　存　款								
								龙岩苏维埃商店			2	4	7	6	0	8
7	1	6	5	6	7	4	9	接　次　页	5	4	9	2	4	2	0	3

　　行长　　　　　　　　会计科长　　　　　　制表员

图 5-2　闽西工农银行日计表

①　李飞等主编:《中国金融通史》(第五卷),中国金融出版社 2008 年版,第 96 页。

②　赖祖烈:《回忆土地革命时期闽西对敌经济斗争》,载《福建论坛》1982 年第 3 期。

（四）信用合作社与闽西工农银行相互促进发展

信用合作社是闽西苏区为解决贫苦农民借贷无门而建立的群众之间互助的金融组织,成为消灭高利贷的有力工具。闽西工农银行是苏区政府为调剂整个闽西金融、发展社会经济而组建的金融机构,是中央苏区第一家股份制银行。闽西工农银行的建立没有取代先于它产生的信用合作社,二者是互相促进、相辅相成的紧密关系,主要体现在以下几方面：

1.资金相互支持

信用合作社与闽西工农银行在资金上相互支持。一方面,信用合作社增加银行的股金。闽西工农银行成立之初,在全闽西广泛募股,凡是合作社资本每百元至少购买 10 元股票,信用合作社同样也积极入股。随着银行业务的拓展,信用合作社又将自己股金的 10％入股银行,以充实银行资本。如,杭武县的信用合作社曾"将股金缴 10％到工农银行入股"[①]。据《闽西工农银行日计表》(1934 年 11 月 10 日)统计,在银行筹集资金的过程中,永定县丰田区信用合作社就曾注入 2408.55 元资金。正是有信用合作社的大力支持,闽西工农银行才得以快速筹建与发展。另一方面,银行也帮助信用合作社充实资本。闽西工农银行在章程中规定了银行资本的分配比例,将银行资本的 25％投入支持包括信用合作社在内的各类合作社的发展,并提出合作社有向工农银行借贷的优先权。这样,较好地解决了部分县、乡、区信用合作社资本募集不足的困境。

2.制度相互融合

信用合作社先于闽西工农银行成立,运行中初步形成了有利于信用合作社发展的制度与规定。在组建闽西工农银行过程中,中共闽西特委抽调永定太平区、丰田区信用合作社的创办人阮山、赖祖烈负责筹建银行。闽西政府选派七人组织银行委员会,委员会推举阮山为主任,即闽西工农银行行长,赖祖烈担任营业科长兼秘书。他们将信用合作社的办社经验、相关制度和做法融入银行的组建中,并颁布了《闽西工农银行章程》,规定了银行的基本信息、组织架构、管理制度、业务范围及红利分配等,成为中央苏区最早的银行组织纲要。

3.业务相互补充

一是银行增加信用合作社的结算便利。永定太平区信用合作社、丰田区

---

① 中共龙岩地委党史资料征集研究委员会,龙岩地区行政公署文物管理委员会:《闽西革命史文献资料》(第 6 辑),1985 年,第 21 页。

信用合作社以及上杭县北四区信用合作社是闽西最早建立的信用合作社,它们都发行了纸币,但纸币流通范围又受区域性的制约。工农银行成立后,信用合作社就停止发行纸币,由银行统一行使货币发行权。货币统一后,解除了信用合作社存款结算、银圆兑换的区域限制,使信用合作社的货币融通、结算便利的优势得以体现。二是信用合作社代理银行业务。信用合作社在开展存款、贷款业务的同时,还为银行代理私人借款业务。闽西政府规定"私人向银行借款,由信用合作社代理"[①],信用合作社采取"再贷款"的形式,从银行获得低利资金向私人发放贷款,保障群众生产生活需要。三是信用合作社维护银行货币信用。一方面,为尽快驱逐市场上流通的杂钞劣币以建立统一的货币体系,信用合作社帮助银行收兑旧币并有计划地运往白区;另一方面,信用合作社以贴近群众的优势,做好宣传及"推销银行纸票工作"[②],一致"拥护工农银行的纸币,维持工农银行的信用"[③]。

总之,信用合作社和闽西工农银行是苏维埃政府通过摧毁旧的金融体系而建立起来的红色金融机构。信用合作社辅助银行开展业务,是银行的得力助手,它的发展推动了闽西工农银行的发展。同样,银行的建立对信用合作社在闽西各区的普及起着带动作用。二者相互支持帮助、共同发展,成为中共闽西党组织开展对敌经济斗争的重要手段。

金融活动的开展与货币体系的建立是密不可分的。在恶劣的战争环境下,建立统一的货币体系是一场错综复杂的经济斗争,但苏区党领导工农群众克服一切困难、采取一系列措施,以建立和稳定货币体系。

二、建立货币体系,提高纸币信用

(一)区别对待旧货币,有序驱逐

针对杂钞和劣币充斥市场的问题,闽西苏区政府并非以一刀切的方式解决,而是采取有针对性的禁止性原则。

---

① 柯华主编:《中央苏区财政金融史料选编》,中国发展出版社2016年版,第304页。

② 中共龙岩地委党史资料征集研究委员会,龙岩地区行政公署文物管理委员会:《闽西革命史文献资料》(第6辑),1985年,第21页。

③ 中央档案馆,福建省档案馆:《福建革命历史文件汇集》(苏维埃政府文件1931—1933年),1985年,第3页。

一是对有实际价值的时杂洋允许其流通。时洋、杂洋是由金、银、铜等贵金属铸成的通货,考虑到其有一定重量和面额价值,是群众积累财富的一个标志,短时间内难以从金融市场退出,故采取允许其流通的政策,这也有利于赤白贸易。1930 年 6 月,闽西苏维埃政府颁布《关于金融流通问题》第十六号布告,为流通金融起见,提出"无论时洋杂洋自应一体流通""特规定袁头毫、广东毫、福建官局毫以及各种杂版旧毫,凡是银质的每元一十四角,各商店应一律行使。"[1]为了使有价值的旧币流通顺利,不致金融阻滞,同年 7 月,闽西政府又颁布第十八号布告,按照毫洋成色,规定各种毫洋市价。明确"福建官局与广东元年至七年的毫,每大银一元兑十二角半;黄花岗与广东八年至十二年的毫洋,每大银一元兑十四角(即系净毫);陈炯明制的土版与袁头毫,每大银一元照时毫兑十七角半"[2]。同年 9 月,闽西苏维埃政府在经济、财政、土地委员会联席会决议案中又规定:"龙岩杂洋与光洋一样价格,值时洋十八毛。"[3]1931 年 8 月,闽西苏区政府再次规定,大洋与工农银行的纸币同价使用[4]。闽西政府出台统一旧币币值的政策,允许其在市场上流通,以便把"银色好的杂洋集中至赤色区域的市面来"[5]。

二是对待劣币及白区纸币的处理。大量的劣质银币和白区纸币的存在,会给金融市场带来混乱。闽西苏区政府最初规定"禁止劣币及白区钞票使用",[6]对纸币采取废弃和禁用的政策。在反"围剿"战争中,红军战士缴获到白区纸币不知如何处理,有的直接丢弃,有的用来生火熏蚊子。后来知道把"敌人的票子要拿到敌占区买我们所必需的东西"[7]。于是,闽西苏维埃政府改变了对白区纸币的政策。对于国民党军阀、资本家的中国银行及中南银行

---

①　柯华主编:《中央苏区财政金融史料选编》,中国发展出版社 2016 年版,第 298 页。

②　中央档案馆,福建省档案馆:《福建革命历史文献汇集》(苏维埃政府文件 1930年),1985 年,第 192 页。

③　柯华主编:《中央苏区财政金融史料选编》,中国发展出版社 2016 年版,第 304 页。

④　许毅主编:《中央革命根据地财政经济史长编》(下),人民出版社 1982 年版,第380 页。

⑤　柯华主编:《中央苏区财政金融史料选编》,中国发展出版社 2016 年版,第 298 页。

⑥　许毅主编:《中央革命根据地财政经济史长编》(下),人民出版社 1982 年版,第378 页。

⑦　许毅主编:《中央革命根据地财政经济史长编》(下),人民出版社 1982 年版,第378 页。

发行的白色纸币,虽然无法一下子将其驱逐,但可以采取限制使用的办法。最初规定白区纸币按照原来的价值使用,"纸票照旧十七毛半"①。后来提出"中国银行、中南银行的纸票由工农银行规定价格"②,进一步明确白区纸币"一定要照大洋价减四分"③折价使用。闽西苏区政府认为这些旧纸币最终一定要运出苏区,以免资本家的银行倒闭,群众遭受损失。因此,要求"各合作社及银行须按期换起来,有计划地运送出口,价格由银行规定"④。这种驱逐排挤国民党货币和地方杂币的方式,一方面可以消除敌方货币贬值对苏区造成的负面影响,另一方面将这些旧币运到白区购买苏区急需的物资,可以满足苏区群众的生产生活需求。

闽西苏区政府根据当时的具体情况,在信用合作社、闽西工农银行的纸币还未能全面占领市场时,对旧币采取区别对待的政策,循序渐进而非快刀斩乱麻地让旧币有序退出市场。一方面,可以有效维护旧币持有者的利益;另一方面,避免市场因拒收旧币而陷入金融壅滞。这对建立统一的苏区货币市场发挥了积极的作用。

(二)掌握货币发行权,统一币制

在闽西工农银行建立之前,苏区政府规定只有信用合作社才有发行纸币的资格,拥有 5000 元以上现金的信用合作社,经闽西苏维埃政府批准,可发行现金 50% 的纸币。同时,明令禁止商人操控金融,影响银价涨跌,对贩运或私造铜银者、假造纸币者严惩不贷。闽西工农银行成立后,苏区政府重新调整政策。1932 年 3 月,《福建省第一次工农兵代表大会的决议案》指出:"国家银行才有发行纸币之权,已发的勒令他们拿现金收回,由政府监督销毁。"⑤同年 4 月,闽西苏维埃政府做出决定:已发出纸币的信用合作社应立即向经委会登

---

① 柯华主编:《中央苏区财政金融史料选编》,中国发展出版社 2016 年版,第 304 页。

② 中央档案馆,福建省档案馆:《福建革命历史文件汇集》(苏维埃政府文件 1931—1933 年),1985 年。

③ 许毅主编:《中央革命根据地财政经济史长编》(下),人民出版社 1982 年版,第 380 页。

④ 许毅主编:《中央革命根据地财政经济史长编》(下),人民出版社 1982 年版,第 380 页。

⑤ 许毅主编:《中央革命根据地财政经济史长编》(下),人民出版社 1982 年版,第 381 页。

记,"以后合作社不得再发纸票,过去发的纸票如超过限制的,应收回"①,明确了纸币由闽西工农银行统一发行,取消了合作社发行纸币的资格。

随着苏区的扩大,各苏区的金融机构不统一,苏维埃政府有必要"实行统一币制",方便群众使用和实现金融统一管理。1931年11月,"全苏一大"通过的《关于经济政策的决议案》提出要开办苏维埃国家银行,并在苏维埃区域内设立分行,强调只有国家银行"有货币发行之特权"②。1932年7月7日,国家银行正式发行统一的新纸币——苏维埃国币。闽西工农银行在国家银行成立后,改组为福建省分行,不再发行纸币。但由于它原来"发行的纸币信用很好,仍继续流通",与国家银行发行的纸币"还同时流通一个时期,才逐渐收回"。③货币发行权由最初的信用合作社、地方银行行使,逐步发展到由国家银行单独行使,单一的货币制度在中央苏区建立起来了。中国共产党掌握了货币发行权,有利于开展对敌经济斗争。

(三)提高纸币信用,保障纸币流通

1.实行银本位的货币发行政策

马克思说"金银天然不是货币,但货币天然是金银"④,它明确了金银与货币的关系。由于金银自身体积小价值大,具有便于分割、携带等特点,最适合固定充当一般等价物而成为货币。货币本位制是货币制度的主要内容,闽西工农银行发行的纸币主要实行银本位制。闽西苏区政府在筹办工农银行时,就规定"银行资本定二十万,分二十万股,股金以大洋为单位,收现金不收纸币,旧银器每两扣大洋陆角,金器照时价推算"⑤。1930年11月,为方便金融流通,新成立的闽西工农银行印发暂行纸币3万张,"每张一元,与光洋同价"⑥,也就是说一元纸币相当一元银圆。后来,在1931年五六月间,闽西工

① 许毅主编:《中央革命根据地财政经济史长编》(下),人民出版社1982年版,第380页。

② 柯华主编:《中央苏区财政金融史料选编》,中国发展出版社2016年版,第21页。

③ 许毅主编:《中央革命根据地财政经济史长编》(下),人民出版社1982年版,第263页。

④ 洪远明:《通俗资本论》,上海科学技术文献出版社2009年版,第50页。

⑤ 柯华主编:《中央苏区财政金融史料选编》,中国发展出版社2016年版,第318页。

⑥ 中央档案馆,福建省档案馆:《福建革命历史文件汇集》(苏维埃政府文件1930年),1985年,第280页。

农银行迁址到永定虎岗,又发行面额为一元、一角、二角的纸币。1930年版和1931年版的一元纸币,票面上都印有"凭票兑付通用银圆",一角的辅币印有"凭票十张兑付大洋一元",二角的辅币则印有"凭票五张兑付大洋一元"。纸币票面的文字告诉人们,纸币在流通领域中只是充当银圆兑换券,也明确了纸币与货币之间的兑换比例。1932年6月,临时中央政府专门对兑换国家银行钞票问题发出命令,其中强调"一元钞票一张,兑付光洋一元"[1]。《中华苏维埃共和国暂行财政条例》规定,各级财政部的账簿单据,其"银钱记账单位,应一律折合成大洋计算"[2]。会计核算也是以银圆为本位币。苏区实施银本位制度,使货币发行有贵金属做保障,也迎合了自明清以来民众使用金银货币的习惯,可以提高其对苏区货币的信用度。

(1930年版一元券)

2.现金储备充足,保证纸币随时兑现

为了维护纸币信用稳定,必须做到纸币的充分兑现。闽西苏区政府对此有深刻的认识,无论是信用合作社还是工农银行,其发行纸币的数量与准备金数额直接相关。1930年3月,闽西第一次工农兵代表大会通过的《取缔纸币条例》规定:发行纸币的信用合作社必须拥有5000元以上现金,且纸币发行量不得超过现金的半数,多少财力发行多少纸币。闽西工农银行成立时,苏维埃

---

① 中国社会科学院经济研究所中国现代经济史组:《革命根据地经济史料选编》(上),江西人民出版社1986年版,第368页。

② 柯华主编:《中央苏区财政金融史料选编》,中国发展出版社2016年版,第24页。

政府规定了该行资本分配的比例,其中"存库不动的现金30％"[①],也就是银行将30％的现金作为准备金,以保证纸币能够兑现。对于纸币的态度,闽西苏区群众开始是有顾虑的,于是"持纸币兑换银圆者较多",但银行准备了充足的现金,做到来者不拒、随时兑换。为方便群众兑换,甚至在上杭南阳、白砂、永定湖雷等地设立了兑换所。由于有充足的准备金能保证纸币的充分兑现,"持纸币来兑换银圆者日渐稀少"[②],甚至在群众中出现不愿意要银圆而要纸币(因纸币携带方便)的现象,结果"纸币的信用很快就建立和巩固起来"[③]。

3.加大宣传,提高纸币的信用

为提高纸币的信用,闽西苏维埃政府在发布《通行闽西工农银行纸币》的布告中,要求各级机关使用工农银行发行的纸币,"缴纳土地税以及一切政府税收和市面交易都当光洋使用"[④]。还规定各级政府以及合作社一律负责兑现[⑤],做好推销银行纸票工作,"假如有不明了的人不要银行纸票,应向他宣传并给予现洋换他的纸票,不能强迫他用纸票,只有加紧宣传工作,群众缴土地税、山林税及政府缴款可尽量用纸票"[⑥]。为了做好宣传工作,闽西苏维埃政府还专门印发了《设立闽西工农银行宣传大纲》[⑦],让群众明白使用"自己的纸币"是为了集中现金存储于工农银行,防止即将成为废纸的旧纸币输入,而将已经输入的旧纸币逐渐输出到白区,则是避免金融危机的有效手段。苏区政府要求银行在刊物上登载文章面向群众宣传,"银行应出三日刊或五日刊登载关于经济上的理文、各地通讯、各地报告、社会经济状况广告等,各级政府也一样注意银行的宣传"[⑧]。此外,还通过召开各种会议宣传。"在工商座谈会上,

---

① 柯华主编:《中央苏区财政金融史料选编》,中国发展出版社2016年版,第304页。

② 柯华主编:《中央苏区财政金融史料选编》,中国发展出版社2016年版,第491页。

③ 中国人民银行金融研究所编:《曹菊如文稿》,中国金融出版社1983年版,第3页。

④ 《闽西苏维埃政府布告第五号——通行闽西工农银行纸币》(1930年11月25日)。

⑤ 中央档案馆,福建省档案馆:《福建革命历史文件汇集》(苏维埃政府文件1930年),1985年,第280页。

⑥ 《闽西苏维埃政府经济委员会扩大会议决议案》(1931年4月25日)。

⑦ 许毅主编:《中央革命根据地财政经济史长编》(下),人民出版社1982年版,第387页。

⑧ 中国社会科学院经济研究所中国现代经济史组:《革命根据地经济史料选编》(上),江西人民出版社1986年版,第70～71页。

李六如讲述了发行钞票的意义;在展览会上,用金条摆成一个金塔,用银圆做一个银塔。"①

这样,有利于群众了解银行的货币政策,而金塔银塔的实物展览,更进一步增强了群众特别是商人对纸币的信任。"一些经营较远贸易的商人,在群众之间,要求用银圆换纸币者,还愿付百分之几的贴水。"②闽西苏区通过各种途径宣传纸币,在提高群众对闽西工农银行的信赖的同时,也稳定了闽西金融市场。

4.打击破坏苏区金融的行为

随着苏区的发展扩大,国民党在加紧对苏区实施军事围剿的同时,也千方百计地破坏苏区的经济建设。这种破坏活动在金融领域集中表现为苏区货币信用的破坏,有的"假造银毫混进苏区,来破坏苏维埃货币的信用"③;有的拒绝使用纸币而故意撕毁,有的散布谣言贬低苏区发行的纸币,甚至出现制造假币的。如,上杭北四区的豪绅、地主、流氓、动摇分子等企图破坏革命,倾覆苏维埃、拒绝使用"苏币","并将闽西工农银行的纸币撕碎"④。有的奸商趁机捣乱,在市场交易中制造软货硬货不同的谣言。如上杭的一些商家在售卖货物时,区分两种价格。比如豆子,一元银币可买豆子一斗多,一元纸票只能买四升豆子;盐的价格也相差很大,相同重量的盐,纸币支付需要50多元,光洋(银圆)支付只要20多元。⑤ 这实际上是在提高现洋的价格,故意压低纸币的价格,制造金融市场的恐慌。苏区政府号召发动广大群众,肃清一切反动政治派别,对破坏工农银行的信用,"如有借端不用者,应予以相当的处分。"⑥1934年

---

① 许毅主编:《中央革命根据地财政经济史长编》(下),人民出版社1982年版,第390页。

② 中国人民银行金融研究所编:《曹菊如文稿》,中国金融出版社1983年版,第3页。贴水指一种货币与另一种货币兑换时,其加价部分即为贴水。

③ 许毅主编:《中央革命根据地财政经济史长编》(下),人民出版社1982年版,第393页。

④ 中共龙岩地委党史资料征集研究委员会,龙岩地区行政公署文物管理委员会:《闽西革命史文献资料》(第5辑),1984年,第100页。

⑤ 许毅主编:《中央革命根据地财政经济史长编》(下),人民出版社1982年版,第395页。

⑥ 中共龙岩地委党史资料征集研究委员会,龙岩地区行政公署文物管理委员会:《闽西革命史文献资料》(第5辑),1984年,第20页。

3月,明光县(今连城)发现反革命分子假造国家银行所发行的纸币,对于制造假币贩卖假币的行为,一经查处,便处以极刑。中央苏区各级政府对破坏货币信用的行为,严厉打击,以稳定苏区的金融市场。

(四)加强现金管理,限制现金出口

苏区的现金主要是指银圆和金条等有价值的金属货币,它是苏区工农银行发行纸币的准备金,对稳定苏区金融市场、改善群众生活和保障战争经费起着极为关键的作用。但由于国民党的经济封锁,苏区内的现金出现短缺。一方面,苏区生产的农产品除大米外,其他都无法输出;另一方面,苏区所需的工业日用品必须用现金从白区购买。也就是说"我们苏区不得不以现金来偿付入超的数目"①,造成了大量现金外流,出现现金匮乏的困难局面。苏维埃政府深知现金短缺势必影响苏区的经济发展和财政金融的稳定,进而影响苏维埃政权的巩固。为此,苏区政府采取各种措施对现金进行管理。

1.广开现金回笼渠道

一是收购现金。闽西工农银行将闽西各地妇女们佩戴的银质饰物和稀有的金质制品收购,"使群众久搁无用的死银器,能够变换活的现金来使用"②。

二是打土豪筹款。1932年8月,福建省苏维埃政府按上级指示组建游击队,到白区去发展游击战争,主要目的是"积极进攻敌人和捉拿反动土豪,筹足现金"③。向地主富农罚款与筹款是苏区政府的一项重要工作,如1933年10月,中共福建省委工作报告中列举经济战线工作的成效,指出"在短时间内,在查田运动的初步开展中,罚款与筹款已达到十二万余元"④。豪绅地主,多有埋藏现金及其他宝贵东西的习惯,1934年五六月间,长汀光挖出一个地主的地窖,就得了7000元。同年7月,兆征县获得17000元现金。⑤ 通过打土豪筹款方式获得现金,使其成为政府的现金储备。

三是努力发展对外贸易。苏区政府鼓励商人自由营业,保护货物流通。

---

① 许毅主编:《中央革命根据地财政经济史长编》(下),人民出版社1982年版,第406页。

② 中国人民银行金融研究所编:《曹如菊文稿》,中国金融出版社1983年版,第8页。

③ 古田会议纪念馆编:《闽西革命史文献资料》(第7辑),2006年,第300页。

④ 江西省档案馆,中共江西省委党校党史教研室:《中央革命根据地史料选编》(上),江西人民出版社1982年版,第510页。

⑤ 张侃,徐长春:《中央苏区财政经济史》,厦门大学出版社1999年版,第237页。

如上杭县委就号召各乡要"设法使土产出口,使商人买货不须运出现金",以"保存现金维持市面之流通"①。

四是号召群众用现金购买公债票②和上交土地税,"要做到在宣传鼓动下有十分之九以上是征现金"③,且要求"现金随收随缴"④。

2.严禁私人从事金银买卖

金器、银器可以转变为银币,闽西苏区政府认为贩卖金银首饰与私运银币出口一样属于捣乱金融的行为。因此,1930年10月,闽西政府专门颁布《禁止私人收买金银首饰》的布告,"如有私人在赤色区域收买首饰,一经查出,处以十倍以上之罚金。其将首饰运到白色区域贩卖或在赤区私铸银币,则处以死刑"⑤。

3.建立严格的现金出口登记制度

1933年4月,邓子恢签署临时中央政府财政人民委员部第十九号训令,颁布了《现金出口登记条例》,严格规定现金出口的登记制度。"凡苏区群众往白区办货,或白区商人运货来苏区贩卖,须带现洋(大洋及毫子)出口,在二十元以上者(未与中央苏区联系之苏区由当地省政府酌定数量)须向当地区政府或市政府登记,现洋出口在一千元以上者,须到县政府登记,汀州商人带一千元以上出口者,则须到省政府登记。登记后取得现金出口证,才准通过出口检查机关。"不得向"非为办货目的或货卖完回去输运现金出口者"颁发给出口证。商人只有持现金出口证方可向银行及兑换所兑换现洋,无出口证者,一律兑换国币及毫洋。携带现金到白区办货的商人,必须限期如数将货物采购回苏区,"并于货物回来后开具清单向原登记政府报销案,如到期无货回来,或所办货价比运出现金较少者,即严厉处分该商人"。条例还规定了各关税处、国家政治保卫队,以及边区之区乡政府的职责,"须负责检查现金出口,检查后,

---

①　中共龙岩地委党史资料征集研究委员会,龙岩地区行政公署文物管理委员会:《闽西革命史文献资料》(第4辑),1983年,第456页。

②　中央档案馆编:《闽粤赣革命历史文件汇集(1932—1933)》,1985年,第198页。

③　古田会议纪念馆编:《闽西革命史文献资料》(第7辑),2006年,第315页。

④　中央档案馆,福建省档案馆:《福建革命历史文件汇集》(苏维埃政府文件1931—1933年),1985年,第153~154页。

⑤　中央档案馆,福建省档案馆:《福建革命历史文件汇集》(苏维埃政府文件1930年),1985年,第262页。

须将该出口证收回,每十天汇集寄回原发给出口证机关,以便审查,凡满二十元无出口证者,将该出口现金没收"①。中央苏区实行严格的现金管理制度,防止豪绅地主资本家私运现金出口,以保持苏区现金流通,稳定苏区金融市场。

三、红色金融在实践探索中存在的困境

闽西红色金融机构主要有信用合作社和闽西工农银行。相对于中央苏区赣南等地的金融机构而言,它们产生时间早、存续时间长,诞生于闽西红色政权后的稳定期。红军主力长征后,由于福建省省级机关被敌人破坏,直到1935年4月才宣告结束它的历史。红色金融是新兴事物,在其发展过程中,难免存在着不成熟和稚嫩之处,主要有以下几个方面。

(一)信用合作社发展缓慢

闽西苏区的信用合作社建立始于1929年10月,闽西特委发布关于解决剪刀差问题的通告后,各地陆续兴办起来,而后发展到赣西南苏区等地。但在临时中央政府成立两周年纪念的工作报告中指出:"各地消费合作社与粮食合作社已在风起云涌的发展中……信用合作社则在开始计划。"②毛泽东在"全苏二大"讲话也提到,"信用合作社的活动刚才开始"。③ 可见,当时整个中央苏区信用合作社发展是比较缓慢的。闽西虽然首创信用合作社组织,同样是发展慢。"各乡区苏维埃虽曾开办信用合作社……但金融不能流动,成绩不好。"④"信用合作社,组织很不普及"⑤,1930年12月,闽西苏维埃政府关于发展合作社流通商品问题的通告中指出,合作社没有普遍的平衡的发展。

信用合作社的社数少、规模小、发展慢,主要是由于入社的比较效益不同,

---

① 柯华主编:《中央苏区财政金融史料选编》,中国发展出版社2016年版,第112页。

② 《中华苏维埃共和国临时中央政府成立两周年纪念对全体选民的工作报告》(1933年10月24日)。

③ 《毛泽东选集》(第一卷),人民出版社1991年版,第133页。

④ 中央档案馆,福建省档案馆:《福建革命历史文件汇集》(闽西特委文件1928—1936年),1984年,第173页。

⑤ 中央档案馆,福建省档案馆:《福建革命历史文件汇集》(闽西特委文件1928—1936年),1984年,第212页。

相对于消费合作社与粮食合作社而言,加入信用合作社的比较效益低。农民群众加入消费合作社、粮食合作社等其他类型的合作社,能立竿见影获得好处,投入信用合作社的资金回报周期较长。况且闽西经济落后,苏区群众生活还比较困难,手中余钱少,这就限制了参加信用合作社的资金投入,造成信用合作社的发展相对落后于消费合作社与粮食合作社的发展状况。信用合作社的建设不够,影响其作为银行助手作用的充分体现,使得"现有生产合作社与消费合作社的资本的一大部分,还是由于国家的直接帮助"①。

(二)银行融资不畅,资本金不足

1930年9月,闽西苏维埃政府颁布关于设立闽西工农银行的第七号布告,成立银行筹备处,决定银行资本为20万元,各级政府、各工会、各部队组织募股委员会,向广大群众募股。第一期预定募集12万元,两个月后银行正式开业,可所募集的资金"尚未达预定额——12万的六分之一"②。闽西各级政府发动群众开展募股活动,次年6月,闽西政府又发布关于扩大银行股金的第57号、第60号通知,虽然各地群众积极响应,但"结果,依然没有多大成绩"③。在银行资本的分配比例中,50%的资本是投向各级政府、各种合作社、商店及土地生产等。银行资本未能按照计划足额募集,就直接影响银行对工农业生产的资本投入量。

银行资本未能足额募集,从根本上说还是源于落后的苏区经济无法支撑金融的快速发展。金融发展的根基是农业、工业、商业等实体经济,在中央苏区时期,闽西的实体经济是相当薄弱的,社会资金少,闽西群众经济收入低,要完成募集20万元资本的计划就难以实现。

(三)纸币流通区域受限且币值不稳

闽西最早建立的信用合作社,如永定县太平区、上杭县北四区和永定县第三区(后改为第一区)信用合作社,它们都发行纸币。但合作社发行纸币数额

---

① 中国社会科学院经济研究所中国现代经济史组:《革命根据地经济史料选编》(上),江西人民出版社1986年版,第169页。

② 中央档案馆,福建省档案馆:《福建革命历史文件汇集》(闽西特委文件1928—1936年),1984年,第212页。

③ 《闽西苏维埃政府通知第六十三号—关于工农银行的人员与股金问题》(1931年6月28日)。

不多,流通范围又受区域性的制约,"只在一区或一乡通行"①。闽西工农银行成立后,信用合作社停止发行纸币,工农银行行使纸币发行权,该行发行的纸币有充足的现金储备,总体来说纸币信用高。1931 年 4 月,闽西苏维埃政府经济委员会扩大会议决议案中指出"工农银行纸票,除极小部分乡村外均通行"②。但也说明"纸币的使用还不能深入广大农村中去"③。说明纸币在偏远农村宣传不够,群众接受度有限。

工农银行的纸币是流通于闽西金融市场法定的"苏币",流通区域有限,且币值也曾出现波动。在 1931 年曾有一度出现"有些商店和群众以种种借口拒绝使用"④纸币的现象,备受广大工农群众欢迎的纸币发生了信任危机。币值稳定与否与根据地的巩固与否密切相关。由于受"左"倾错误的干扰,"1930年下半年到 1931 年,闽西苏区的军事、经济、土地革命等方面受到了严重的损失"⑤。闽西革命形势曾一度低落,根据地从 48 个区缩小到 22 个区,⑥这一形势必然引起币值的波动,降低群众对纸币的信任度,找借口拒绝使用纸币也在所难免。随着第三次反"围剿"胜利和闽西红军与中央红军在长汀会师,恢复了大片苏区,闽西根据地的局势日趋稳定,工农银行的纸币信用也随之提高,"持纸币来兑银圆者日渐减少"⑦。可见,在战争环境下,工农银行的纸币流通范围与币值的稳定深受武装斗争形势的制约。

(四)对民间金融市场缺乏引导

信用合作社与闽西工农银行是在苏区政府的极力推动下建立起来的金融组织,备受政府的重视。相对于"官办"金融机构,民间金融组织也应该成为金融活动的有益补充。苏区党对此有比较深的认识,闽西在废除高利贷的同时,允许民间正常借贷,并规定了借贷利率,对民间"银会"采取了改造政策。但是随着阶级斗争的发展,逐渐将银会等民间互助借贷等同于高利贷,提出"银会、

① 中央档案馆,福建省档案馆:《福建革命历史文件汇集》(苏维埃政府文件 1930年),1985 年,第 127 页。
② 《闽西苏维埃政府经济委员会扩大会议决议案》(1931 年 4 月 25 日)。
③ 柯华主编:《中央苏区财政金融史料选编》,中国发展出版社 2016 年版,第 74 页。
④ 蒋九如主编:《福建革命根据地货币史》,中国金融出版社 1994 年版,第 62 页。
⑤ 蒋伯英:《闽西革命根据地史》,福建人民出版社 2019 年版,第 330 页。
⑥ 蒋九如主编:《福建革命根据地货币史》,中国金融出版社 1994 年版,第 60 页。
⑦ 中国人民银行金融研究所编:《曹菊如文稿》,中国金融出版社 1983 年版,第 3 页。

谷会、孝子会、牛会……自暴动日起一律取消""以前借约、债券一概焚毁无效"。① "工农贫民欠商家账目一律取消。"②这些规定忽视了民间借贷在农村中存在的必要性,"用一刀切的手法处理"③是错误的。1932年1月,临时中央政府颁布的《借贷暂行条例》对上述错误进行纠正,提出"私人借贷之非高利贷性质的周转和为帮助某种生产事业而举行的各种借贷……苏维埃政府不加入干涉"④。虽然纠正错误,但"不加入干涉"的结果就是放任自流,民间借贷的资金使用"仍局限于嫁娶婚丧等日常事务"⑤。政府没有采取必要的引导措施,导致民间资本无法有效地服务于苏区的生产活动。

闽西对民间借贷的态度经历了反复的过程,闽西暴动后苏区党就提出了"取消一切债务"的口号,但很快认识到这是"政策上的错误"⑥并予以纠正,允许民间非高利贷的低利息借贷,后又规定禁止民间借贷,再到对民间借贷"不加入干涉",放任自流。苏区对民间金融政策上的反复性,说明了严酷的战争环境中阶级斗争的复杂性,苏区党对民间金融存在的必要性认识不够,还未能充分把握经济金融建设的规律。

红色金融毕竟是新生事物,中国共产党人在开创金融事业过程中没有经验可借鉴,出现不足与困境在所难免。

第三节　闽西苏区金融事业的历史价值及其现实启示

闽西苏区金融实践是中央苏区时期经济建设的重要内容,是中国共产党

①　中国社会科学院经济研究所中国现代经济史组:《革命根据地经济史料选编》(上),江西人民出版社1986年版,第356页。

②　《闽西第二次工农兵代表会议决议案》,1930年9月。

③　张侃,徐长春:《中央苏区财政经济史》,厦门大学出版社1999年,第249页。

④　中国社会科学院经济研究所中国现代经济史组:《革命根据地经济史料选编》(上),江西人民出版社1986年版,第367页。

⑤　张侃,徐长春:《中央苏区财政经济史》,厦门大学出版社1999年版,第249页。

⑥　中共龙岩市委宣传部,中共龙岩市委党史和地方志研究室编:《闽西中央苏区文献资料》(1928年11月—1929年12月)(第2辑),第233页。

在中央苏区时期局部执政的重要方面。它为当时的革命战争和巩固红色政权提供了物质支撑,其成功实践的经验也为新时代中国特色社会主义的伟大事业提供了有益的启示。

一、闽西苏区金融事业的历史价值

闽西苏区红色金融体系的建立,为打破敌人经济封锁、改善群众生活、保障革命战争的物质供给起着极其重要的作用。

(一)促进经济发展,改善民生

闽西红色金融机构无论是信用合作社还是闽西工农银行,其建立的初衷都是为了满足苏区生产和农民生活对资金的需求。信用合作社是"为便利工农群众经济的周转和借贷,以抵制高利贷的剥削"的组织,解决了农民告贷无门的困境。闽西工农银行成立后,以"发展社会经济,实行低利借贷"为己任,将银行总资本的 40% 用于苏区经济建设的贷款。闽西工农银行将农业贷款作为银行放贷的重点,以帮助农民发展生产;支持合作社的建立和发展,给予合作社借贷优越权;将一部分资金贷给粮食调剂局购粮,以平抑粮价和解决工农业产品"剪刀差"问题,保障广大工农群众的生活给养;向私营商店贷款,以发展私营商业,扩大商品流通,活跃苏区经济。同时,闽西苏区为稳定货币信用体系出台了一系列措施,以防止金融市场动荡造成的金融恐慌,有效地保护了苏区群众的根本利益。总之,闽西苏区金融工作在促进了苏区社会的经济发展的同时,也改善了苏区群众的生活水平。

(二)支援革命战争,巩固政权

为应对国民党频繁的军事"围剿",苏区需要不断扩大红军队伍。一方面,发动群众参加红军,必须解决其经济问题。"在扩大斗争中,扩大红军,向外发展,如果没法解决群众经济困难,必有碍于斗争的扩大。"而闽西工农银行为工农群众提供低息借贷,调剂金融及发展社会经济服务,这样"可使工农安心执行扩大斗争的任务,不致因封锁而灰心"[1]。另一方面,扩大红军,需要庞大的军费开支,以保证主力红军和地方武装力量的粮食、军用物资及日常生活用品的供给,这一切需要财政给予支持。而作为金融机构的银行,其主要任务是

---

[1] 许毅主编:《中央革命根据地财政经济史长编》(下),人民出版社 1982 年版,第388 页。

"发行纸币,支持财政以供给革命战争的需要"①。工农银行在支援革命战争的同时,也进一步巩固了红色政权。红色政权的建立与发展,有赖于坚实可靠的财政基础。其中"保管财政"成为闽西工农银行的业务之一,该行履行"代理财政金库,经办政府收支"职责,服务于苏区财政,为各级政府费用和政府工作人员的供给提供保障。

（三）培养金融人才,提供经验

1.闽西苏区的金融实践,培养了一批金融人才

闽西苏区的金融实践是前无古人的伟大创举,它造就了一批懂金融会财政的本土金融精英。1930年9月,闽西苏维埃政府着手成立闽西工农银行筹备处,"推举阮山、张涌滨、曹菊如、邓子恢、蓝维仁、赖祖烈（长汀推举一人）七人为银行委员会委员,阮山为主任"②。其中,阮山是太平区和丰田区信用合作社发起者,后负责筹建闽西工农银行并成为该行首任行长。邓子恢于1932年5月就任中华苏维埃临时政府财政部长,兼代理土地部长。曹菊如先后任闽西工农银行委员会委员,闽西工农银行会计科科长兼总务科科长及营业科科长,1932年调入瑞金,协助毛泽民筹建苏维埃国家银行,后任国家银行西北分行副行长、行长,中央财政经济部副部长等。赖祖烈负责创办永定太平、丰田等区信用合作社,闽西工农银行成立后,担任营业科科长兼总务科长。后来同样成为毛泽民的得力干将,参与筹建苏维埃国家银行和福建省分行,担任分行行长兼福建金库主任,还兼中华同业总公司经理。这些土生土长的闽西红色金融精英,在新中国成立后,依然在各自的工作岗位中发挥着重要作用。如,邓子恢历任中央农村工作部部长、国务院副总理、全国政协副主席;曹菊如历任政务院财经委员会委员、副秘书长,中国人民银行首任行长兼党组书记等;赖祖烈历任中共中央办公厅特别会计室主任兼周恩来总理财政秘书、政务院参事、国务院外国专家招待事务管理局局长、中南海管理局局长、中央警卫局局长等。③

2.闽西苏区的金融实践,为红色金融制度和新中国金融事业奠定了基础

---

① 中国人民银行金融研究所编:《曹菊如文稿》,中国金融出版社1983年版,第16页。

② 柯华主编:《中央苏区财政金融史料选编》,中国发展出版社2016年版,第318页。

③ 邱子祥:《闽西工农银行:革命根据地金融创新的鲜活样本》,载《福建金融》2019年第6期。

闽西苏区在创办红色金融机构伊始，就注重自身的制度建设。《合作社讲授大纲》对信用合作社的组织架构、内部管理机制、社员权利、红利分配、办社手续等进行全面规范。1930 年 9 月闽西在筹建工农银行之初，就颁布了《闽西工农银行章程》，这被称为"中央苏区最早颁布的银行组织纲要"[①]，规定了银行业务、银行资本、股票种类、组织架构、内部管理机制及红利分配等。在实践中，闽西工农银行建立了现金管理、业务核算、金银买卖、货币发行、税款征收、代理金库等一系列银行管理制度，为其他革命根据地提供了开办工农银行经验，也为苏维埃国家银行的建立奠定了坚实的基础。时任闽西工农银行会计科科长的曹菊如，认真学习和研究《银行簿记实践》并结合本职工作，掌握了银行制度中的会计、营业和出纳的内容，"次年筹备国家银行时，就是用的那套制度"[②]。闽西工农银行的实践，不仅为苏维埃国家银行的建立作了制度和技术上的准备，也为中国人民银行的建立提供了借鉴模式和经验积累。

二、闽西苏区金融事业的现实启示

(一)坚持党的领导是金融工作有序开展的关键

闽西苏区的金融事业是在中国共产党的领导下一步一步从无到有地发展起来的。信用合作社和闽西工农银行从其诞生起，就直接在苏区党的领导下开展工作。苏区党为红色金融机构的建立，不断宣传群众、发动群众，为保证红色金融机构的正常运作，苏维埃政府陆续出台各种条例、章程，制定相关政策，引导金融机构有序开展工作。正是由于中国共产党对金融事业的正确领导，才使闽西苏区的金融实践沿着健康轨道向前发展，为打破敌人经济封锁、促进生产发展发挥着重要作用。进入新时代，我国发展的国际国内形势发生了巨大变化。金融业面对复杂多变的形势，要充分发挥"金融服务于经济"的功能，必须坚持党的领导不动摇。就是要坚持党管金融，"加强党对金融工作的领导，坚持党中央集中统一领导"[③]。要求地方各级党委和政府"按照党中央决策部署，做好本地区金融发展和稳定工作，做到守土有责，形成全国一盘

---

① 余伯流著：《中央苏区经济建设》，中央文献出版社 2009 年版，第 165 页。

② 中国人民银行金融研究所编：《曹菊如文稿》，中国金融出版社 1983 年版，第 6 页。

③ 《习近平在中共中央政治局第四十次集体学习时强调金融活经济活金融稳经济稳，做好金融工作维护金融安全》，载《人民日报》2017 年 04 月 27 日 01 版。

棋的金融风险防控格局"①。只有这样,才能维护金融安全,从而更好地使金融"服从服务于经济社会发展"②。

（二）一心为民是金融工作顺利开展的前提

闽西苏区的金融实践,之所以能在极其恶劣的军事斗争环境中得以实施与发展,其根本原因在于苏区党始终坚持人民立场,把群众利益作为金融工作的出发点和落脚点。1929 年 9 月,中共闽西特委发出第七号通告,要开办农民银行、创办信用合作社,"使农民卖米买货不为商人所剥削,而农村贮藏资本得以收集,使金融流通"③,解决农民告贷无门贱卖粮食的问题。闽西工农银行以"为谋工农利益"为宗旨,苏维埃政府强调:"工农银行是斗争的武器,有健全巩固的工农银行,才能扩大合作社基金,解决群众生活困难,保存现金。"④为此,他们积极购买银行股票加入"自己的银行"⑤,甚至有的劳动妇女还将自己的婚嫁首饰变价购买股票。苏区群众的热烈拥护,正好诠释了红色金融实践根本目标就是真心实意为群众解决生产生活问题。在新时代条件下,金融工作要始终坚持"金融为民"的初心,着力解决群众的操心事、烦心事,为人民群众多办事、办好事,以增强人民群众的获得感幸福感。

① 《习近平在中共中央政治局第四十次集体学习时强调金融活经济活金融稳经济稳,做好金融工作维护金融安全》,载《人民日报》2017 年 04 月 27 日 01 版。

② 《习近平谈治国理政》(第二卷),外文出版社 2017 年版,第 278 页。

③ 蒋伯英主编:《邓子恢闽西文稿(1916—1956)》,中共党史出版社 2016 版,第 133 页。

④ 裘有崇,杨期明编著:《信用合作社起源与发展》,江西人民出版社 1997 年版,第 176 页。

⑤ 中国人民银行金融研究所编:《曹菊如文稿》,中国金融出版社 1983 年版,第 8 页。

第六章　中央苏区时期闽西财政战线的破与立

　　财政是一个经济范畴,它"以国家或政府为主体,通过政府收支活动,集中一部分社会资源,用于行使政府职能和满足社会公共需要的经济活动"[①]。可见,财政与国家紧密相连,成为"国家治理的基础和重要支柱"[②]。在中央苏区时期,毛泽东明确指出:"苏维埃财政的目的,在于保证战争的给养与供给,保证苏维埃一切革命费用的支出。"[③]这表明能否有效地开展财政工作,直接关乎政权的稳定、革命战争的推进和根据地各项事业的发展。因此,苏维埃政权建立后,在废除封建性的财政制度的同时,苏区政府就着手探索建立崭新的财政制度。

第一节　闽西苏区财政由分散走向统一的必然性

一、闽西苏区初创时财政分散状况的原因

　　在闽西根据地初创时期,各地财政自收自支,各自为政,处于分散独立的状态。这种状态是由当时的客观条件所决定的。首先,根据地小且分散。1928年春闽西暴动失败后,仅存"龙岩白土、上杭县蛟洋、永定县金丰里和溪

---

① 李鸿昌,杨贵仓主编:《财政与金融》,北京邮电大学出版社2015年版,第19页。
② 《十八大以来重要文献选编》(上),中央文献出版社2014年版,第521页。
③ 1934年1月毛泽东在第二次全国工农兵代表大会上的报告。

南里四个'赤色区域'还在坚持斗争"①。1929 年随着红四军两次入闽,游击区域扩大到闽西六县,即"永定全县、龙岩东南西三面、连城南乡、上杭东北西区、武平长汀一部分都成了赤色或游击区域"。虽然此时闽西革命地初步形成,但红色区域尚未连成一片,县域内的区与区、乡与乡之间还存在赤白相间。其次,红军数量少,且处于游击状态。1929 年 1 月,红四军主力撤离井冈山,转战赣南、闽西。红军人数仅有 3600 人,且在赣南闽西之间游击作战。国民党对苏区的残酷摧残,使根据地在战争环境中时而扩大时而缩小,苏区政权不稳定。再次,财政处于无税时期,没有固定的收入来源。闽西暴动后,苏区党就领导工农群众开展反对苛捐杂税的斗争,破除了旧的财政制度。封建性的税收被废除,但新的税收制度未能在短期内建立起来。只是"在政权比较稳固、田已分完的地方"率先征收土地税,苏区落后的经济,一时难以开征累进所得税,使得苏区政府的行政经费和红军的给养主要靠打土豪解决。而各地财政收入的多寡由土豪数量决定,处于不稳定状态。由于上述原因,初创时期的闽西苏区在财政上出现各自为政、独立分散的局面。

二、财政统一是适应形势发展的客观需要

随着土地革命的深入,武装斗争的不断发展,各自为政、独立分散的财政状况无法适应客观形势发展的需要。首先,红军队伍的壮大,需要集中庞大的军事费用。为应对国民党的大举进攻,苏区不断扩大红军。1930 年 6 月,中国工农红军第一军团在长汀成立,红一军团及所部兵力共 2 万余人。② 到1930 年底第一次反"围剿"时,红军人数达到 3.3 万。随着战争规模的升级,军费开支越来越多,分散独立的财政难以保障红军的给养。其次,打土豪筹款的不确定性,无法为苏区政府提供持续与稳定的财政收入。在武装暴动成功之初,苏区内的地主豪绅几乎被打尽,出现"赤色割据之内无土豪可打"的局面。再次,闽西苏区分散独立的财政实践暴露诸多问题。一是财务制度不健全。各地财政各自为政,"各县区乡财政收入与支出没有统一的支配与统计",收支

---

① 蒋伯英主编:《闽西革命根据地史》,福建人民出版社 2019 年版,第 113 页。

② 凌步机著:《中央苏区军事史》,中国社会科学出版社 2009 年版,第 170 页。

不明晰。政府、军队及革命团体的财政不分,导致"用钱查不出来"。① 没有建立检查制度,导致下级政府有"打埋伏的与浪费的"。二是财政支出紊乱。各地财政苦乐不均,"有些很少收入的地方政府,苦到没有煤油点灯,有些收入多的地方政府,特别浪费"②。例如,上杭新泉区苏,一个月的开支高达 3000 元大洋。还有的地方滥开客饭,如永定"有些乡政府吃饭的人很多,工作却一点都没有"③。由于浪费大量的财力,造成财政困难,影响正常供给。三是管理混乱,流弊滋生。由于管理不规范,"各级政府财政多数无预算不统一,而且过滥开支,财政困竭了无办法,更有些派起捐来"④。且财政不公开,甚至出现滥用舞弊贪污现象,引发群众不满,不信仰苏维埃政府。⑤

闽西苏区在财政上存在的上述问题,使闽西特委认识到,如果不克服分散独立的财政带来的种种弊端,最终会造成政府脱离群众,影响政权稳定。因此,闽西特委将统一财政看成是"统一政权指挥之先决条件",要求"各县政府必须以极大努力统一全县财政之收支"。⑥ 只有这样,才能"实现集中力量向外扩大斗争的任务"⑦以巩固苏维埃政权。

---

① 江西省档案馆,中共江西省委党校党史教研室:《中央革命根据地史料选编》(下),江西人民出版社 1982 年版,第 249 页。

② 古田会议纪念馆编:《闽西革命史文献资料》(第 7 辑),2006 年,第 129 页。

③ 中共龙岩地委党史资料征集领导小组,龙岩地区行政公署文物管理委员会:《闽西革命史文献资料》(第 3 辑),1982 年,第 296 页。

④ 中共龙岩地委党史资料征集领导小组,龙岩地区行政公署文物管理委员会:《闽西革命史文献资料》(第 2 辑),1982 年,第 324 页。

⑤ 中共龙岩地委党史资料征集领导小组,龙岩地区行政公署文物管理委员会:《闽西革命史文献资料》(第 3 辑),1982 年,第 298 页。

⑥ 中共龙岩地委党史资料征集研究委员会,龙岩地区行政公署文物管理委员会:《闽西革命史文献资料》(第 4 辑),1983 年,第 161 页。

⑦ 中共龙岩地委党史资料征集研究委员会,龙岩地区行政公署文物管理委员会:《闽西革命史文献资料》(第 4 辑),1983 年,第 162 页。

第二节　闽西苏区建立统一财政的管理机制

闽西苏区为加强财政管理,克服各自为政的分散主义,进行了一系列的整顿工作,主要是建立了财政组织机构,规范了财政活动的制度,颁布严格的财经纪律。闽西苏区的统一财政工作,为中央政府成立后的财政统一工作提供了某些借鉴。

一、建立财政组织机构,是统一财政的组织保障

为实行财政的统一,闽西苏区确立了各级财政的组织机构。在 1930 年 3 月的闽西工农兵第一次会议上就明确了各级政府组织系统,分为权力机关系统和办事机关系统。其中闽西及县级财政委员会,是属于同级权力机关系统中的一个组织。闽西及县级财政委员会分别由 5 名、3 名财政委员组成,而区乡未设立财政委员会,各有 1 名财政委员。在财政委员会之下设立了办事机关,闽西苏区政府设立为财政部,县级政府设立财政科。同年 9 月的第二次工农兵代表会议对各级政府组织机构进行了调整,增设区级政府的财政委员联席会,加强了对各乡之间的财政协调。

为了有效开展工作,闽西苏区政府还制定了政府各部办事细则,明确各部门的分工与职责。在财政部办事细则中,规定了财政部之下设立会计科、出纳科、税收处、逆产清理处、公产保管处等处室,明确各自的职责。财政部长的职责是负责计划政府财政收支,监督各级财政,对政府负全责,并"受政府委员会之指挥主席之监督";秘书,承部长之命,撰拟及保管财政部内一切文件;会计科主要是负责政府全部预算、决算的编制,并审核各级财政收支情况,经常向部长、主席作报告;出纳科主要管理财政的收入与支出;税收处主要是管理一切税收事宜;逆产清理处,承清查逆产委员会之命,在部长监督之下清理一切逆产;公产保管处保管一切公产。[①]

---

　　① 中共龙岩地委党史资料征集领导小组,龙岩地区行政公署文物管理委员会:《闽西革命史文献资料》(第 3 辑),1982 年,第 287 页。

1931年11月,临时中央政府成立后,苏区的财政组织体系更加健全。在中央政府设立了财政人民委员部,这是中央苏区财政部门的最高领导机关,垂直领导省县区三级基层财政部。省县区的财政组织"则受各该级执行委员会主席团的指导,称财政部",城市的财政组织"则受城市苏维埃主席团的指导,称财政科"。① 同年12月,人民委员会颁布关于《统一财政、编制预决算制度》的训令中,就明确规定了财政部门组织系统,以及各级财政组织之间的关系和职责。福建省苏政府成立后遵照中央财政条例建立各级财政系统,到1932年12月,闽西苏区的财政机构"已实现有十分之九,除开宁化武平较差的,其余龙岩、上杭、永定、长汀、新泉,均照执行"②。财政机构的不断健全,为闽西苏区财政统一提供了组织保障。

二、规范财政活动的制度,是统一财政的制度保障

(一)统一收入制度

中共闽西党组织认为要解决各级政府财政各自为政的混乱问题,就要统一财政,建章立制,规范财政活动。③ 提出以全县为范围,统一财政,④一切税收由县政府统一征收,"由乡缴区,区缴县"⑤。而各区乡政府机关的经费,一律"由县政府发给,肃清以前滥行开支的流弊"⑥。统一财政,就要厘定税则。1930年3月25日,闽西第一次工农兵代表大会通过了《暂行税则条例》,同年4月,闽西苏维埃政府颁布关于《税则条例》的第六号布告,"以不妨害生产为原则,规定统一的所得累进税,直接向所得者征收"⑦。要求各级政府务必须

---

① 柯华主编:《中央苏区财政金融史料选编》,中国发展出版社2016年版,第57页。

② 江西省档案馆,中共江西省委党校党史教研室:《中央革命根据地史料选编》(下),江西人民出版社1982年版,第249~250页。

③ 古田会议纪念馆编:《闽西革命史文献资料》(第6辑),2006年,第427页。

④ 中央档案馆,福建省档案馆:《福建革命历史文件汇集》(苏维埃政府文件1930年),1985年,第159页。

⑤ 中共龙岩地委党史资料征集研究委员会,龙岩地区行政公署文物管理委员会:《闽西革命史文献资料》(第4辑),1983年,第142页。

⑥ 江西省档案馆,中共江西省委党校党史教研室:《中央革命根据地史料选编》(下),江西人民出版社1982年版,第50页。

⑦ 柯华主编:《中央苏区财政金融史料选编》,中国发展出版社2016年版,第296页。

遵照条例执行，"非经代表大会应收之税，政府不得征收"①，若发现额外征收者将予以追究查办。同年 9 月，修正后的税则条例还进一步强调了"征收田地税，由县政府派专人或委托区政府办理，农民缴款以县三联印收为凭"，营业所得税则委托各工会代收，"汇总交总工会转交给县政府"②。闽西各县执委常委会要求各级区乡政府遵照税则条例，制订统一征收、统一支配的详细计划。比如，上杭县就提出"今年（1930 年——编者注）起各种征收税归县苏收入"，要求"调查各区乡各种税额，由县苏制定各种税收调查表，发给各乡苏定期填报"。③ 各乡的"财政收入概由审查委员会主任负责，随收随缴区苏财政，由区苏汇缴县苏"④。

1932 年 3 月 18 日，福建省第一次工农兵代表大会制定了统一财政加强财政管理的措施，第一条就强调要"实行统一正式收入"，"依照中央政府所颁布的暂行税则征收农业税、商业税、工业税，……店铺出租由苏维埃征收店租。从前闽西……规定的摊子税应即取消，……"⑤要求各级政府收入，必须全数缴纳省苏，由省苏转解中央，不得自行支配。到同年 12 月，闽西除宁化、武平两县外，上杭、永定、龙岩、新泉、长汀等县都"遵照中央规定行政经费及统一财政办法，由下而上地缴上，由上而下地支给"⑥。

统一收入是统一财政的基础。福建省苏区成立后逐步实现"一切税收由省政府遵照中央政府的命令去执行"⑦，统一了各级苏区财政的收入。

（二）预决算制度

闽西苏区要求各级政府的经费应实行预算和决算，并提交代表大会通过。

---

① 中共龙岩地委党史资料征集领导小组，龙岩地区行政公署文物管理委员会：《闽西革命史文献资料》（第 3 辑），1982 年，第 138 页。

② 柯华主编：《中央苏区财政金融史料选编》，中国发展出版社 2016 年版，第 309～310 页。

③ 《上杭县苏第二届执委会决议案》（节录）（1930 年 7 月 2 日于白砂政府）。

④ 《上杭才溪区第二次工农兵代表大会决议案》（1932 年 9 月 17 日）。

⑤ 许毅主编：《中央革命根据地财政经济史长编》（下），人民出版社 1982 年版，第 440 页。

⑥ 江西省档案馆，中共江西省委党校党史教研室：《中央革命根据地史料选编》（下），江西人民出版社 1982 年版，第 250 页。

⑦ 许毅主编：《中央革命根据地财政经济史长编》（下），人民出版社 1982 年版，第 440 页。

1929 年 11 月，中共闽西特委就苏维埃工作问题提出"政府财政要有预算，量入为出，建立财政独立基础，预算决算要提出代表会通过，并尽量公布以取得群众信仰"[①]。次年，在闽西第一次工农兵代表大会上就明确建立预算制度，以限制开支。各级政府的经费要按照"量入为出"的原则编制预算，严格"按代表大会决定人员人数编造，超过者，应先报告上级批准"[②]。未经上级批准而滥行开支的经费，不予追认。各县政权机关经费，严格按照规定进行预算，做到月初预算、月终决算。一般情况，预算表于每月 1 号前上报并提交县代表会审查，审查核准后拨给经费。每月月底，各级政府要呈缴月终决算表，并"附算据缴县代表会，组织审查委员会审核"[③]，审核后予以公布。未经审查核准者，"多用了不追认"[④]。1932 年 3 月福建省第一次工农兵代表大会的决议案又强调要"严格执行预算决算制度"，要求"各级政府机关必须依地方政府组织条例和必需经费，制定预算，报告上期决算"。福建省政府相当重视预算决算制度，明确各级政府如果未能按期上报预算决算表并获得批准，"便不许取用一切行政经费。"[⑤]

在经费预算方面，闽西苏区规定了明晰的条款，可操作性强。政府的经费预算大体有政府经常预算、专项预算、临时费预算。

一是政府经常费预算。闽西政府要求各县级政权机关应按照不同等级制定经常经费预算。政府经常经费共有十项，即职员伙食费、职员零用费、办公费、购置费、书报费、会议费（代表会另外）、宣传费、应酬费、杂费、邮费。县政府、大区政府和小区政府的每月经常经费分别不得超过 500 元、140 元和 110元。同时，还规定了区级政府的经常经费各项细目的数额，如表 6-1 所示。

---

①　中共龙岩地委党史资料征集领导小组，龙岩地区行政公署文物管理委员会：《闽西革命史文献资料》（第 2 辑），1982 年，第 290 页。

②　柯华主编：《中央苏区财政金融史料选编》，中国发展出版社 2016 年版，第 304 页。

③　中共龙岩地委党史资料征集领导小组，龙岩地区行政公署文物管理委员会：《闽西革命史文献资料》（第 3 辑），1982 年，第 125 页。

④　中共龙岩地委党史资料征集研究委员会，龙岩地区行政公署文物管理委员会：《闽西革命史文献资料》（第 4 辑），1983 年，第 332 页。

⑤　许毅主编：《中央革命根据地财政经济史长编》（下），人民出版社 1982 年版，第440 页。

表 6-1　区级政府经常经费细目数额

单位:元

	项目	大区额度	小区额度
1	职员伙食费	54	45
2	职员零用费	24	20
3	办公费	15	10
4	购置费	10	8
5	书报费	3	2
6	会议费	8(代表会另外)	5
7	宣传费	5	3
8	应酬费	5	3
9	杂用费	10	10
10	邮花费	2	2

资料来源:《永定县第四次工农兵代表大会决议案》(1930 年 11 月)①。

　　为了各级政府便于预算,闽西苏区政府将各区乡按照人口多少分为甲、乙、丙、丁四个等级(见表 6-2)。按照不同的等级,规定区政府的办事人员数(见表 6-3),而乡政府一般不设常驻人员,但接近白色区域及地方较阔的区域,需要派常驻人员时,必须经县苏维埃批准,人数最多不超过 3 人。② 规定了各级政府常驻工作人员的待遇,"各级政府办事人员每月伙食不得超过四元五角,零用钱每月暂定大洋二元"③。这样,各区乡根据自身的等级,确定办事人员的数量,按闽西政府规定的工作人员待遇标准制定预算,向县苏维埃领取相应的"职员伙食费"和"职员零用费"等。

---

　　①　中共龙岩地委党史资料征集研究委员会,龙岩地区行政公署文物管理委员会:《闽西革命史文献资料》(第 4 辑),1983 年,第 333 页。

　　②　中共龙岩地委党史资料征集研究委员会,龙岩地区行政公署文物管理委员会:《闽西革命史文献资料》(第 4 辑),1983 年,第 170 页。

　　③　中共龙岩地委党史资料征集研究委员会,龙岩地区行政公署文物管理委员会:《闽西革命史文献资料》(第 4 辑),1983 年,第 170 页。

表 6-2　闽西各区乡等级划分表

等　别	区　政　府	乡　政　府
甲	30000 人以上者	5000 人以上者
乙	20000 人至 30000 者	3000 人至 5000 人者
丙	10000 人至 20000 者	1000 人至 3000 人者
丁	10000 人以下者	200 人至 1000 人者

表 6-3　不同等级的区政府办事人员数量

甲等	乙等	丙等	丁等
11 人	9 人	7 人	5 人

二是专项经费的预算,包括文化建设经费、交通费、军事费等。其中,文化建设经费单独预算,与政府经费分开,并由县政府累集,提出县代表大会通过。"交通费由交通总局通告各级分局,造成预算汇交常委会核准"[1];军事费由军事部通告各纵队,各纵队每月制定预算表汇交常委会核准,由闽西政府财政部发给款项。交通费与部队经费的预算都要求在每月 1 日以前送交闽西政府常委会批准。[2]

三是临时费的预算。临时费包括医药费、各种纪念会用费、临时交通费、招待费、其他等项目。《修正财政问题决议案》对各区乡的临时性支出也做了具体规定,"每月份中乡以 10 元,区以 20 元为限"[3]。如果超出规定数额,各区乡必须报告县政府,只有得到批准才可支出临时性费用。

(三)审查制度

"闽西苏维埃政府建立的各级财政审查委员会可视为中央苏区审计制度之嚆矢。"[4]1930 年初,中共福建省委曾给闽西特委作出指示:在苏维埃经济问题方面"要组织财政管理委员会,一切的经济开支,要事前有计划的决定,事后

---

① 柯华主编:《中央苏区财政金融史料选编》,中国发展出版社 2016 年版,第 304 页。

② 中共龙岩地委党史资料征集研究委员会,龙岩地区行政公署文物管理委员会:《闽西革命史文献资料》(第 4 辑),1983 年,第 168 页。

③ 中共龙岩地委党史资料征集研究委员会,龙岩地区行政公署文物管理委员会:《闽西革命史文献资料》(第 4 辑),1983 年,第 183 页。

④ 朱钦胜,曾耀荣:《中央苏区审计制度述论》,载《中共福建省委党校学报》2011 年第 2 期。

要有预算的审查"①。随后,闽西苏区在闽西第一次工农兵代表大会上就提出"各县政府应组织财政审查委员会及清理逆产委员会,以整理全县财政"②。同年9月,闽西第二次工农兵代表大会再次强调建立财政审查委员会的必要性,本次会议要求县政府、各级政府都应成立财政审查委员会。会议结束后,永定县苏专门组织各区财政委员会主任召开联席会议,传达闽西苏区政府决议案精神,并要求各区财政审查委员会"限九月内要组织起来",清理县区财政,并规定乡由区审查,区由县审查。

财政审查委员会一般由5～7人组成,委员"由上级或本级执行委员会主席团委任之"③,其任务主要是审查政府财政的收入与支出。财政收入审查的主要内容包括是否有"未收之款"④,或是否存在舞弊等情形;财政支出审查的主要内容包括财政的预算和决算,以及政府经费是否按照规定进行预算,以及经费预算执行情况等。

闽西苏区在第二次工农兵代表会议后,普遍成立了各级财政审查委员会,以清理和整顿政府财政,规范政府财政收支。审查委员会的建立,不仅对闽西苏区经济的发展起到积极的促进作用,而且"为中央苏区审计制度的建立奠定了基础"⑤。

临时中央政府成立后,不仅规范了收入统一制度、预决算制度,还进一步建立了统一的会计制度、国库制度、审计制度、财政交代制度、票据制度等。

三、颁布严格财经纪律,是统一财政的纪律保证

闽西苏区为统一财政而建章立制,要发挥制度的优势,还需要有严格的纪

① 中共龙岩地委党史资料征集领导小组,龙岩地区行政公署文物管理委员会:《闽西革命史文献资料》(第3辑),1982年,第15页。

② 中共龙岩地委党史资料征集领导小组,龙岩地区行政公署文物管理委员会:《闽西革命史文献资料》(第3辑),1982年,第194页。

③ 中共龙岩地委党史资料征集研究委员会,龙岩地区行政公署文物管理委员会:《闽西革命史文献资料》(第5辑),1984年,第485页。

④ 江西档案馆,中共江西省委党校党史教研室:《中央革命根据地史料选编》(下),江西人民出版社1982年版,第154页。

⑤ 朱钦胜:《中央苏区反腐倡廉史》,中国社会科学出版社2009年版,第104页。

律保证。1930 年 3 月 25 日,闽西第一次工农兵代表大会通过了《政府工作人员惩办条例》,该条例明确规定"侵吞公款有据者"给予撤职并剥夺其选举权和被选举权,如果侵吞公款数额达到 300 元以上者,受贿数额达到 50 元以上者,对其实施枪决。① 各县积极贯彻条例精神,提出"县区乡工作人员如滥用财政按情处办"②。在上杭县才溪区第二次工农兵代表大会通过的决议案中,专门制定了财政纪律:"(1)如有不经上级批准而擅自开支浪费财政者应按情形轻重给予监禁;(2)如有埋藏舞弊等情形一经查出加倍赔罚;(3)如有吞食公款按情形轻重分别给予严重裁判。"③

　　闽西苏区严查违反财政纪律的行为,并对相关人员实施惩罚。如滥用公款,闽西总工会代理委员长陈日兴"财政收支不清,私人用过工会大洋 27 元"。福建省工联得到审查委员会的报告后,给予陈日兴"严重的警告",并责令其"清还在工会所用过的钱"。④ 同年 9 月,福建省苏召集执委扩大会通过决议,"对侵吞公款的上杭白砂区乡苏主席袁禄标处以死刑"⑤。闽西苏区还制定了统一打土豪筹款法则,明令禁止各级政府工作人员私自打土豪筹款,对"假借政府名义私打土豪有据者"实行枪决。⑥

　　闽西苏区还要求各级政府经费支出应实行节省原则,反对财政浪费,并将其纳入财政纪律以规范政府工作人员财政活动。1929 年 11 月,中共福建省委就指示闽西特委:"无论党或群众的机关,都要有计划地分配经济,不容许无谓的开支。这一问题在平常亦应严防,不然党一定要向腐化路上走的。"⑦闽西苏区贯彻节省主义原则,要求各级政府依据苏维埃组织法规定员额,应"裁

---

① 江西省档案馆,中共江西省委党校党史教研室:《中央革命根据地史料选编》(下),江西人民出版社 1982 年版,第 86～87 页。
② 《上杭县苏第二届执委会决议案》(节录)(1930 年 7 月 2 日于白砂政府)。
③ 录自才溪乡调查纪念馆。
④ 古田会议纪念馆编:《闽西革命史文献资料》(第 7 辑),2006 年,第 212 页。
⑤ 《福建省苏召集执委扩大会的经过》(1932 年 9 月 27 日),原载《红色中华》1932 年第 35 期。
⑥ 江西省档案馆,中共江西省委党校党史教研室:《中央革命根据地史料选编》(下),江西人民出版社 1982 年版,第 87 页。
⑦ 中共龙岩地委党史资料征集领导小组,龙岩地区行政公署文物管理委员会:《闽西革命史文献资料》(第 2 辑),1982 年,第 340 页。

汰冗员",严格控制政府职员的伙食费及零用费,"各级政府经费,须尽量节省"。① 同时,严惩浪费腐化等行为,福建省工农检察部联席会议对加强检察工作做出规定:"各级工农检察部如发现插腰包打埋伏及种种浪费财政现象,应严格检举,提起公诉,从严惩办,乃至枪毙其罪犯为止。"②

闽西苏区严格执行财经纪律,惩办贪污浪费行为,从而促进了财政管理机制的正常运行,使财政统一有了坚强的纪律保障。

总之,闽西苏区在统一财政方面做了大量的积极探索。苏维埃中央政府成立后,颁布了一系列规范财政活动的条例、训令、通告等,完善了财政组织机构,加强财政体系配套制度的建设,使财政工作有章可循,推进整个苏区的财政统一。

第三节　闽西苏区的财政收入和财政支出

一、财政收入渠道的多样化

为巩固苏维埃政权,保障革命战争的供给,苏区政府必须调动一切经济手段来组织财政收入。毛泽东认为,执行苏维埃的财政政策应坚持阶级的革命的原则。财政来源有:"(一)向一切封建剥削者进行没收或征发;(二)税收;(三)国民经济事业的发展。"③具体而言,苏区时期的财政收入主要有:向剥削者筹款、征收税收和公产收入、发行公债等其他收入等。

(一)取之于敌的筹款

取之于敌的筹款是指从剥削者身上获得财政收入,它是"指中央苏区政府对地主豪绅、富农和城市资产阶级等剥削者施加的一种财政负担"④。苏区政府根据土地革命时期的阶级路线,制定不同的筹款方式。对地主豪绅采取打

① 中共龙岩地委党史资料征集研究委员会,龙岩地区行政公署文物管理委员会:《闽西革命史文献资料》(第6辑),1985年,第229页。

② 古田会议纪念馆编:《闽西革命史文献资料》(第7辑),2006年,第328页。

③ 1934年1月毛泽东在第二次全国工农兵代表大会上的报告。

④ 张侃,徐长春:《中央苏区财政经济史》,厦门大学出版社1999年版,第279页。

土豪筹款的方式,没收其财产并罚款,剥夺剥夺者,对富农和城市资本家则实行捐款。

1.打土豪筹款

打土豪筹款是土地革命斗争的一项重要内容。早在井冈山时期,毛泽东就将打土豪筹款与打仗、做群众工作列为红军的三大任务。红四军转战赣南闽西,在开创中央革命根据地的过程中,打土豪筹款仍然是红军部队的重要工作之一。不仅于此,打土豪筹款也成为苏区各级政府的重要工作。

在闽西苏区建立的初期,财政收入"完全是靠打土豪向反动派筹款"①。闽西暴动发生后,苏区党就发动农民打土豪分田地,筹款子。这是革命的需要,各地赤卫队日常伙食及零用费的经济来源"多系打土豪而来"②。闽西苏区政府要求打土豪所得的款项都应纳入财政收入之中,"各区苏有些什么收入,如打土豪的钱,共有多少,应马上列表……一概要乡苏及区苏缴来本政府"③。福建省苏成立后,更是强调打土豪的钱要逐级上报并上交中央国库,"土豪反动派等没收款、罚款等等收入,都要按级报告,解缴中央国库,非经中央财政部的命令,和省苏根据命令而批准,不许动用分文"④。正如《中央苏维埃区域报告》中所说的那样,"各级政府的经费仍是过去所谓打土豪来的"。随着根据地的不断扩大,打土豪的范围扩展到白区。1932年8月,福建省苏维埃政府按上级指示组建游击队,到白区去发展游击战争,主要目的是"积极进攻敌人和捕拿反动土豪,筹足现金,帮助红军充足革命战争经费"⑤。因此,在苏维埃中央政府看来,"打土豪筹款还是目前政府财政收入的主要来源"⑥。

闽西苏区对打土豪筹款有政策要求和严格的纪律规定,严禁私打、乱打土豪。为规范打土豪的活动,"规定统一打土豪筹款法则"。一是明确筹款对象。

---

① 中央档案馆,福建省档案馆:《福建革命历史文件汇集》(苏维埃政府文件1930年),1985年,第158页。

② 中共龙岩地委党史资料征集领导小组,龙岩地区行政公署文物管理委员会:《闽西革命史文献资料》(第2辑),1982年版,第180页。

③ 《闽西苏维埃政府通知第一一八号——统一财政、节省开支》(1931年11月29日)。

④ 许毅主编:《中央革命根据地财政经济史长编》(下),人民出版社1982年版,第440页。

⑤ 《福建省苏维埃政府通告——省少队部组织游击队事》(1932年8月6日)。

⑥ 《邓子恢文集》编辑委员会:《邓子恢文集》,人民出版社1996年版,第47页。

"筹款的主要对象是地主豪绅,除没收其财产、田地、房屋、器具外,还可以罚款。"①对地主阶级没收财产、罚款等,以彻底消灭地主豪绅的经济。但没收财产的原则不得使用在富农、商人和资本家身上,而对于土豪兼商人双重身份的对象,不能没收其商业部分的财产,只没收其封建剥削部分的财产。这一规定体现了苏区对工商业的保护。二是明确筹款程序。首先,做好调查摸清土豪底细,"由县苏制定土豪调查表,发给各区乡调查"②。通过调查掌握土豪情况,再确定筹款数目,但"不可超过该土豪所能负担的数量"③,并规定交款日期。其次,打土豪要出具收据。最初收据由县苏出具,后来更规范,必须"由中央或财政部出具的三联收据才有效"④。再次,土豪款不得擅自使用。闽西苏区要求"各级政府打土豪,或没收反动派财产,必须按级报告上级政府,统一收入不得隐匿不报"⑤。土豪款的使用,各区乡只有经县苏批准,在预算范围内方可支出。⑥ 三是强调筹款方式。筹款禁止采取强取豪夺的方式,"关于筹款工作,亦要经过群众路线,不要由红军单独去干"⑦。"在打土豪时,须分派宣传员随保卫科出发作宣传"⑧,就是要充分宣传群众、发动群众。中共闽西特委认为,只要群众革命情绪高,就会"自动起来打土豪"⑨。要反对绑票式的打土豪,绑票方式只会造成"党脱离群众,并使内部分裂,异常危险"⑩。四是严明筹款纪律。要求各级政府"打土豪要归公""坚持执行筹款政策"等。闽西苏

---

① 许毅主编:《中央革命根据地财政经济史长编》(下),人民出版社1982年版,第461页。

② 《上杭县苏第二届执委会决议案》(节录)(1930年7月2日于白砂政府)。

③ 《土地问题讲授大纲》(1929年)。

④ 张侃,徐长春:《中央苏区财政经济史》,厦门大学出版社1999年版,第282页。

⑤ 中共龙岩地委党史资料征集研究委员会,龙岩地区行政公署文物管理委员会:《闽西革命史文献资料》(第6辑),1985年,第229页。

⑥ 《上杭县苏第二届执委会决议案》(节录)(1930年7月2日于白砂政府)。

⑦ 中共龙岩地委党史资料征集领导小组,龙岩地区行政公署文物管理委员会:《闽西革命史文献资料》(第2辑),1982年,第266页。

⑧ 中共龙岩地委党史资料征集领导小组,龙岩地区行政公署文物管理委员会:《闽西革命史文献资料》(第3辑),1982年,第255页。

⑨ 《中共闽西特委报告——武平工作情况》(1929年10月5日)。

⑩ 中共龙岩地委党史资料征集领导小组,龙岩地区行政公署文物管理委员会:《闽西革命史文献资料》(第2辑),1982年,第225页。

区明令禁止各级政府工作人员私自打土豪筹款,对"假借政府名义私打土豪有据者"实行枪决。①

明确的筹款政策和严明的纪律约束,规范了打土豪筹款的活动。后来由于受"左"倾路线的影响,中央苏区一度取消了主力红军筹款任务,红军战争费用仅由政府供给。1932年9月,中央财政部要求各级财政部门应"积极进行打土豪筹款工作",②并将其作为中心工作来抓。取消红军筹款,直接导致红军经费减少,政府财政困难。因此,从1933年1月起,重新恢复打土豪筹款工作。但此时打土豪,除了在老苏区调查漏网之地主豪绅的财产及追索其埋藏的现款外,主要是红军、地方武装力量向外游击,到白区和新区开展筹款,以充实战争经费。

2.向富农和城市资本家筹款

(1)对富农筹款

这是苏区党在农村实施的筹款政策。根据土地革命的阶级路线,苏区党认为"我们应在政治上、经济上去限制富农发展",而不是消灭富农。因此,对富农的筹款采取了不同于地主的筹款方式,"苏维埃不应用打土豪方式时〔去〕打击他"③,应该是"只捐款不没收他的财物"。不能将没收财产的原则适用于富农,对富农实施征募捐款有别于地主罚款,反对将富农现款捐尽。捐款的数目不是盲目的,要依据富农的家庭情况和过去是否交过捐款等经济能力而定。中央政府要求国家财政机关在坚持不妨碍富农生产原则的前提下,根据当时的具体情况规定筹款的最高数额,至多"不超过富农现有活动款项全数百分之四十"④。同时,强调筹款是临时性质,不同于经常的农业税,所以筹款次数不能是多次,应有限制。如果富农有兼营工商业的,必须在活动款项全数中扣除其营业资本后再对其实施筹款,这也是保护苏区工商业的举措。苏区政府明确要求各地在向富农筹款时,要确定阶级成分,分清中农与富农,"绝对不能侵

①　江西省档案馆,中共江西省委党校党史教研室:《中央革命根据地史料选编》(下),江西人民出版社1982年版,第87页。

②　《邓子恢文集》编辑委员会:《邓子恢文集》,人民出版社1996年版,第47页。

③　《中共闽西特委第二次代表大会情况与各项文件》(1930年7月8日—20日)。

④　中共中央文献研究室,中央档案馆编:《建党以来重要文献选编(1921—1949)》(10),中央文献出版社2011年版,第555页。

犯中农的利益"①。

（2）向商人或城市资本家临时筹款

这是苏区党在城市实施的筹款政策。中共闽西一大的政治决议案制定了有关商业资产阶级的政策，明确提出"对大小商店应取一般的保护政策"，除城市反动分子的财物要没收，"普通商人及一般小资产阶级的财物，一概不没收"②。反对因筹款而焚烧账簿、没收商店等破坏城市的行为。在城市筹款的对象仅限于中等以上商人，应依据累进制，按照"大商多捐，中商少捐，先捐大商，后捐中商"的方法摊派。资本越多摊派越多，比如，资本在 5000 元的派 1％，50000 元的派 10％，100000 元的派 20％，资本低于 3000 元以下不摊派。③如果是土豪兼商人，实行"又罚又捐"。城市筹款禁止采用"摊派普捐"的办法，不能向小商人筹款，"绝对不能侵犯小商人和城市贫民利益"④。

3.取之于敌筹款方式的意义及存在问题

（1）取之于敌筹款方式的积极作用

从经济意义上看，在苏区经济落后的情况下，贯彻"向一切封建剥削者进行没收或征发"⑤的政策，将苏维埃财政的担子安放在"一切剥削分子的肩上"，就是用强制力量向剥削者筹集财政收入，这是解决苏维埃财政困难的有效措施。在当时的战争环境下，"政府在财政上的主要任务，就是供给红军以充分的经济，使红军能安心作战消灭敌人"⑥。比如，1929 年 3 月 14 日，红四军首次入闽，消灭了土著军阀郭凤鸣。随后，在长汀城发动群众没收豪绅及反

---

① 中国社会科学院经济研究所中国现代经济史组：《革命根据地经济史料选编》（上），江西人民出版社 1986 年版，第 403 页。

② 红军第四军军党部：《告商人及知识分子》（1929 年）。

③ 许毅主编：《中央革命根据地财政经济史长编》（下），人民出版社 1982 年版，第 466 页。

④ 《筹款问题训练大纲》，中国社会科学院经济研究所中国现代经济史组：《革命根据地经济史料选编》（上），江西人民出版社 1986 年版，第 404 页。

⑤ 许毅主编：《中央革命根据地财政经济史长编》（下），人民出版社 1982 年版，第 460 页。

⑥ 《福建省苏维埃政府训令（第九号）——领导和发展革命战争》（1932 年 6 月 7 日）。

动派粮食财产,将其分发给工农贫民,"没收十余家反动派财产,罚得款子三万余元"[1]。红四军前委用所筹集的钱款为部队官兵赶制了 4000 套军服,红军第一次统一了着装。除没收反动派财产外,还向商人募捐 2 万元,使军队的军饷得以补充,官兵一律平等地领到了生活日用费,大大改善了红军的给养。打土豪、向商人捐款等成为红军和苏维埃政权的主要财政来源。

从政治意义上看,向一切剥削者筹款,对发动群众斗争、建设工农兵政权具有重要意义。中共对地主阶级的筹款政策是"坚决进攻地主阶级,彻底消灭封建经济基础"[2]。闽西在永定暴动后就提出要"立即进行土地革命,烧田契,废租废债,没收地主财粮分给穷人"[3],"不论男女都很热烈地起来斗争"[4],闽西各地工农群众革命热情高涨。"打土豪、杀反动、罚地主是经常的工作"[5],这是开展土地革命斗争,摧毁闽西反动封建势力的关键环节。而中共对于富农与商人的筹款政策不是要消灭他们,只是削弱其经济。富农和商人分别属于农村和城市中的资产阶级,对他们实施捐款以达到节制私人资本之目的,广泛争取工农群众开展斗争,以实现新民主主义革命的目标。

(2)取之于敌筹款方式的局限性

第一,出现私打土豪现象,影响了党群关系。

闽西苏区规定各级政府、各革命团体"不准私打土豪",这既是政策规定也是纪律约束,同样也是红军部队和地方武装的纪律要求。但有些地方武装、群众团体无视政策规定,私打、乱打土豪。有的群众团体,"不报告当地政府,擅自拿人和没收土豪东西的事实发生"[6]。在闽西的地方武装内部也出现打土豪发洋财的不良现象,游击队赤卫队不把精力用于"巩固赤色区域,而只是打

---

① 中共龙岩地委党史资料征集领导小组,龙岩地区行政公署文物管理委员会:《闽西革命史文献资料》(第 2 辑),1982 年,第 58 页。

② 中国社会科学院经济研究所中国现代经济史组:《革命根据地经济史料选编》(上),江西人民出版社 1986 年版,第 403 页。

③ 蒋伯英主编:《闽西革命根据地史》,福建人民出版社 2019 年版,第 61 页。

④ 《中共永定县委报告——政治、武装斗争,组织、宣传工作,及扩大会决议案》(1929 年 7 月 6 日)。

⑤ 《中共永定县委报告——政治、武装斗争,组织、宣传工作,及扩大会决议案》(1929 年 7 月 6 日)。

⑥ 中共龙岩地委党史资料征集研究委员会,龙岩地区行政公署文物管理委员会:《闽西革命史文献资料》(第 6 辑),1985 年,第 206 页。

土豪,抢白色乡村"①。他们脱离群众秘密打土豪,"许多游击队深入到白区后乱打土豪,以及打土豪不分给当地群众,致造成赤白对立的严重现象"②。这种现象引起群众的极大不满,所以赤白交界的群众说:"不怕洋共,怕土共。"③甚至有的地方党部将"打土豪筹款、分猪鸡肉为主要工作,而把党的工作视为次要"④。"各地党及群众机关可以自由打土豪筹款,随便滥用经费或向政府随意支款"⑤,使得党内滋生了腐化现象,破坏了党的形象,使党群关系紧张。

第二,政府过度依赖筹款使财政收入不稳定。

虽然,闽西苏区在 1930 年 3 月的第一次工农兵代表大会上就制定了税则,规定要开征土地税和商业税,但实际并未执行。"过去政府对土地和工商业累进税,则没有适当规定认真征收。"⑥在财政收入中比较重视打土豪筹款,在闽西苏维埃政府第 118 号关于统一财政、节省开支的通知中,就特别强调各区打土豪的收入按照预算至多留存二个月的费用,其余都应列表上报,"由乡报告到区苏,由区苏报告到本政府"⑦。但由于有的县区乡政府对预算决算制度执行不力,造成"有些政府用了许多钱,有些政府又没有钱用"⑧。而政府"没有钱用时乱打土豪"⑨,甚至"无钱乱向群众募捐或向银行借款"。政府过

---

① 中央档案馆编:《福建革命历史文件汇集》(闽西特委文件 1928—1936 年),1984 年,第 256 页。

② 古田会议纪念馆编:《闽西革命史文献资料》(第 7 辑),2006 年,第 329 页。

③ 《闽西的一般政治情形　项英在十二军警卫连部党团大会的报告》(1931 年 1 月 1 日)。

④ 中共龙岩地委党史资料征集研究委员会,龙岩地区行政公署文物管理委员会:《闽西革命史文献资料》(第 6 辑),1985 年,第 182 页。

⑤ 《中共闽粤赣省委通告(第四号)——为坚决执行节省一切经费的问题》(1932 年 4 月 20 日)。

⑥ 《福建省第一次工农兵代表大会决议案——经济财政问题决议》(1932 年 3 月 18 日)。

⑦ 《闽西苏维埃政府通知第一一八号——统一财政、节省开支》(1931 年 11 月 29 日)。

⑧ 江西省档案馆,中共江西省委党校党史教研室:《中央革命根据地史料选编》(下),江西人民出版社 1982 年版,第 249 页。

⑨ 江西省档案馆,中共江西省委党校党史教研室:《中央革命根据地史料选编》(下),江西人民出版社 1982 年版,第 249 页。

度依赖打土豪筹款,使财政收入无法得到持续稳定的保障。

第三,"左"的干扰使筹款发生偏向。

由于党内"左"倾错误的影响,误把富农当土豪打。1930 年 6 月南阳会议通过的《富农问题》决议否认了富农对革命的动摇和不稳定性,认为"这个阶级自始至终是反革命的"。因此规定"我们的策略便应一起始就宣布富农的罪恶,把富农当作地主一样看待"。[①]于是,"各地政府都采取打土豪的方式去打击富农,如派款、罚款、逮捕等"[②],有的地方行为更为过分,如"赤田区拷打富农罚款"[③]。尤其是有些地方扩大了"打土豪"的对象,"时常打倒〔到〕中农的身上"[④],"甚至看人家买猪肚而指为富农"[⑤]。对富农的过重打击,又误将富裕中农混同为富农,结果不仅引起富农恐慌,而且也使一般中农恐慌,"以为苏维埃政府不容许农民有一点存积"[⑥],从而挫伤了农民生产的积极性,妨碍社会经济发展。

闽西苏区虽然在筹款过程中曾一度出现违背政策的现象,对社会经济造成一定的负面影响,但从总体上讲,取之于敌的筹款减轻了苏区群众的财政压力,增加了政府收入,为支援革命战争提供了物质保障。

（二）取之于民的税收

在闽西苏区建立的初期,政府财政收入的主要来源是向剥削者没收或捐款,但这种取之于敌的方式尤其是打土豪不可能长久,不能成为政府的稳定收入。随着土地革命的深入,苏维埃政权的不断巩固和苏区经济的恢复与发展,为苏区政府开征税收奠定了物质基础。1929 年 7 月,中共闽西"一大"在土地问题决议案中提出,"为补助残废老病及建设地方公共事业,如创办学校,修路圳以及政府赤卫队用费等用途,政府得向农民征收土地税"[⑦]。决议案还规

---

① 中共龙岩地委党史资料征集领导小组,龙岩地区行政公署文物管理委员会:《闽西革命史文献资料》（第 3 辑）,1982 年,第 353 页。

② 《反富农斗争决议案》闽西第二次工农兵代表大会决议案（1930 年 9 月）。

③ 古田会议纪念馆编:《闽西革命史文献资料》（第 7 辑）,2006 年,第 329 页。

④ 中共龙岩地委党史资料征集研究委员会,龙岩地区行政公署文物管理委员会:《闽西革命史文献资料》（第 6 辑）,1985 年,第 91 页。

⑤ 《反富农斗争决议案》闽西第二次工农兵代表大会决议案（1930 年 9 月）。

⑥ 《反富农斗争决议案》闽西第二次工农兵代表大会决议案（1930 年 9 月）

⑦ 《中共闽西第一次代表大会关于土地问题决议案》（1929 年 7 月 27 日）。

定,土地税按照 5％、10％和 15％三个等级进行征收,实行累进税制,要求各地根据具体情形予以规定。在闽西苏区政权较稳定的地方,如永定、龙岩等县的工农兵代表大会都通过了税收问题决议案,陆续开始征税。为统一财政收入,1930 年 4 月,闽西苏维埃政府颁布了统一的《税则条例》。此后,闽西苏区财政开启了由取之于敌到取之于民的税收时期。中央苏区的税种主要有商业税、农业税、工业税三种,但由于"在目前为促进苏区的工业发展,暂时免收工业品的出厂税"①,因此,苏区实际征收的税种就是农业税和商业税两大类。

1.农业税

闽西苏区地处经济落后的山区,农业经济是整个苏区经济的基础。因此,农业税就成为苏区财政收入最重要的来源。在《中华苏维埃暂行税则》颁布前,闽西苏区的《税则条例》称农业税为土地税,土地税是闽西苏区政府最主要的收入。

(1)土地税

第一,土地税的课税对象。福建省苏维埃政府规定,"凡是苏维埃分配的或私人开垦的稻田,在下季种稻者,一律收税,但下季不能种稻而种杂粮不收税"②。这一规定可以看出,当时的土地税主要收粮食税。闽西苏区在 1930年 4 月颁布的《税则条例》中就规定:"农民领耕田地,应照所领田地所收实谷面积,向政府缴纳田地税。""茶山照政府规定出租额征收,不另收税,其农民自种者不收。"③除非"农民领耕茶山、竹山,有当田亩分的须照田亩额征收"④。1933 年 9 月中央人民政府颁布了《农业税暂行条例》,对"茶山、木梓山、菜园、当作稻田、麦地分配,成为主要生产品的,亦应征税"⑤。由此可见,土地税的课税对象主要是田地、山地等所产出的农产品。

第二,土地税的课税标准。闽西苏区最初规定,田地税是以分田的面积作为计税标准,农民依据"所领田地所收实谷面积向政府缴纳田地税"。"田地税

---

① 柯华主编:《中央苏区财政金融史料选编》,中国发展出版社 2016 年版,第 19 页。

② 《福建省苏维埃政府财政部训令第三号——关于征收下季农业税问题》(1932 年10 月 15 日)。

③ 柯华主编:《中央苏区财政金融史料选编》,中国发展出版社 2016 年版,第 297 页。

④ 柯华主编:《中央苏区财政金融史料选编》,中国发展出版社 2016 年版,第 310 页。

⑤ 许毅主编:《中央革命根据地财政经济史长编》(下),人民出版社 1982 年版,第474 页。

之征收以谷为标准",将所领田的面积折成实谷,然后将实谷再换算成干谷,"按照市价扣价收款,不收谷"。由于每年丰歉不同,谷价则"由征收人与政府协同决定"。具体来说,当地区苏召集各乡主席联席会议,依照当年各乡中等田所收获的实谷几成为标准,"收税时即照这个成数将该乡中每家所分田面折成实谷(其已折实田分者不得再折)按照税率收税,此区乡主席联席会所规定收几成应呈请县政府主席团批准之"①。

第三,土地税的征收要求。土地税通常在收获结束一个月后开始征收,"其双季田之税款可分两季对半征收"。县政府派专人或委托区政府办理征税业务,收土地税必须出具三联单,"纳税人、区苏、县苏各存一份,乡苏照数抄存,县苏须奖其税收详细报告闽西政府"②。"无收据者,以漏税论。"③闽西苏区最初规定农业税只收款不收谷,但这一规定,使得没有银子的农民为了交土地税"把米谷便宜出粜",市场谷价迅速跌落,致使农民收益减少,也造成粮食市场的恐慌。1931年4月,闽西苏维埃政府提出土地税"收款收谷均可"④。由于战争经费紧张,苏区政府又强调,土地税的征收以收钱为原则,贫农、雇农、中农最好能完全纳钱,有特殊情况才可以纳谷,且纳谷的数量至多不能超过总数的一半,富农一律纳现金⑤。闽西工农银行发行纸币后,为加强纸币的流通,提高其信用,苏区政府又倡导群众"缴纳政府的土地税可尽量用工农银行纸票来缴纳"⑥。1932年6月,福建省苏维埃政府颁布第二十号通令,就提出"一切税收要完全缴纳国家银行钞票及苏维埃二角银币,其他什币概不收受"⑦。1933年9月,国民党对中央革命根据地发起第五次军事"围剿",同时

①　许毅主编:《中央革命根据地财政经济史长编》(下),人民出版社1982年版,第475页。

②　柯华主编:《中央苏区财政金融史料选编》,中国发展出版社2016年版,第355页。

③　中共龙岩地委党史资料征集研究委员会,龙岩地区行政公署文物管理委员会:《闽西革命史文献资料》(第6辑),1985年,第362页。

④　中共龙岩地委党史资料征集领导小组,龙岩地区行政公署文物管理委员会:《闽西革命史文献资料》(第5辑),1984年,第173页。

⑤　《闽西苏维埃政府通知(第76号)——关于征收土地税问题》(1931年7月24日)。

⑥　中央档案馆,福建省档案馆:《福建革命历史文件汇集》(苏维埃政府文件1931—1933年),1985年,第160页。

⑦　《福建省苏维埃政府通令第二十号——设立国家银行兑换处兑换国家银行各种钞票》(1932年6月24日)。

加紧经济封锁,造成苏区军需民用物资极度短缺,尤其是粮食库存不足,直接影响红军部队的粮食供给。1934 年 1 月,中央政府做出决定,要求"土地税完全收谷子,不准折钱收谷,公债也须以收谷子为原则,使能充分保障红军给养"①。可见,土地税是实行实物税还是货币税,是根据当时苏区的革命战争发展的具体情况而定的。

第四,土地税的税率。闽西的农业税尤其是田地税的税率变动比较大。1929 年 11 月,中共闽西特委第一次扩大会通过《关于土地问题的决议》,明确了土地税征收标准,即土地税之征收以农民所得田地数目为标准:每人分田 3 担以下者收 5%,分田 5 担以下者收 10%,分田 5 担以上者收 15%,②担数以 16 两秤每担干谷 100 斤扣算。三个等级征收以双季田为标准,单季田按照双季田的 50%收取。田地税的征税标准是以按照分田时核定的田亩产量来计算的,1930 年 4 月,闽西苏区政府颁布了《税则条例》,基本上与闽西特委第一次扩大会议的决议精神一致。同年 9 月,闽西第二次工农兵代表大会通过了《修正税则条例》,修订了之前颁布的《税则条例》,税率有所提高。如表 6-4 所示。

表 6-4　闽西 1930 年前后的土地税比较

每人分田收谷担数	税率/%（1929 年 11 月）	税率/%（1930 年 4 月）		税率/%（1930 年 9 月）
	以双季田为标准,单季田减半	单季田	双季田	单季田收一次,双季田收两次
1	5	5	10	10
2	5	5	10	10
3	5	5	10	10
4	10	10	15	10
5	15	15	20	10
6 以上	15	15	20	15

---

① 中国社会科学院经济研究所中国现代经济史组:《革命根据地经济史料选编》(上),江西人民出版社 1986 年版,第 460 页。

② 中共龙岩地委党史资料征集领导小组,龙岩地区行政公署文物管理委员会:《闽西革命史文献资料》(第 2 辑),1982 年,第 294 页。

　　1930 年前后,闽西的土地税高于同时期的赣西南。1930 年 3 月,赣西南苏维埃政府颁布了《赣西南苏维埃政府土地法》,同时,兴国苏维埃政府也颁布《兴国县苏维埃政府土地法》。这两部土地法的内容完全相同,都规定土地税按照农民分田收谷数量分等征收,如表 6-5 所示。

表 6-5　1930 年 3 月赣西南的土地税[①]

每人分田担数	5 担以下	6 担	7 担	8 担	9 担	10 担	11 担	12 担	12 担以上每增 1 担
税率%	免征	1	1.5	2.5	4	5.5	7	8.5	加收 1.5

　　从表 6-4 与表 6-5 比较看,赣西南的土地法规定 6 担为起征点,6 担税率为 1%,闽西的《税则条例》没有规定免征数,且税率远远高于赣西南的税率。

　　虽然,闽西苏区税则规定了土地税依照农民"所领田地所收实谷面积"向政府纳税,但在实际征收中"不是以实谷多少计算,而以田地面积的宽狭征收"[②],并非实行累进制,结果分得瘠田的贫农中农与分得肥田的富农一样照面积缴纳土地税,"贫农中农加重了负担,富农得到了利益"[③]。因此,1931 年 4 月,闽西政府重新制定征收原则,实行统一累进税,提出"富农的土地税要比雇农贫农中农加倍征收",即收实谷 5 担以下者税率为 20%,5 担以上者税率为 30%。1931 年 12 月,闽西苏区政府召集各县区负责人会议,讨论减税问题和统一财政问题,认为闽西土地税太重(10%),与中央规定额相差太远。[④] 在 1932 年 8 月,福建省苏维埃政府发布关于征收农业税问题的布告,对 1931 年的税率进行调整,如表 6-6 所示。

---

　　① 许毅主编:《中央革命根据地财政经济史长编》(下),人民出版社 1982 年版,第 469~470 页。
　　② 中共龙岩地委党史资料征集研究委员会,龙岩地区行政公署文物管理委员会:《闽西革命史文献资料》(第 5 辑),1984 年,第 172 页。
　　③ 中共龙岩地委党史资料征集研究委员会,龙岩地区行政公署文物管理委员会:《闽西革命史文献资料》(第 5 辑),1984 年,第 172 页。
　　④ 中共龙岩地委党史资料征集研究委员会,龙岩地区行政公署文物管理委员会:《闽西革命史文献资料》(第 6 辑),1985 年,第 229 页。

表 6-6　福建省 1931 年 4 月和 1932 年 8 月税率的变化

贫农、中农税率表			富农税率表		
全年每人平均收获量/担	税率/%①		全年每人平均收获量(实谷)/担	税率/%	
	1931 年	1932 年		1931 年	1932 年
1	10	免征	1	20	5
2	10	5	2	20	6
3	10	6	3	20	7
4	10	7	4	20	8.5
5	10	8.5	5	20	10
6	15	10	6	30	11.5
7	15	11	7	30	13
8	15	13	8	30	14.5
9	15	14	9	30	16
10	15	16	10	30	18
11 以上	15	不累	11	30	20

　　福建省苏维埃政府本着减轻劳苦群众负担的原则,提高了 1932 年的农业税起征点,下调税率。富农的负担也较 1931 年减轻。

　　1932 年闽西土地税税率虽然降低了,但还是比中央同期税率高。1931 年 11 月,中华苏维埃共和国临时中央政府制定的《暂行税则》中规定了农业税税率。它以江西省农业税征收办法作为各省的参考,规定每家每人收获量的干谷作为征收标准,雇农贫农中农的农业税的起征点为 4 担,4 担税率为 1%,5 担税率为 2%,依次递增。对于富农,则是从 2 担起即抽 1%,3 担即抽 2%,依次类推。②1932 年 7 月,临时中央政府执行委员会颁布了《土地税征收细则》,对农业税的税率进行修订。同样以江西省农业税的税率作为参考,雇农贫农中农的农业税的起征点为 3 担,3 担税率为 4%,4 担税率为 5%,依次递增。对于富农,则是从 1 担起即抽 4%,2 担即抽 5%,依次类推。如表 6-7 所示。

---

　　①　中共龙岩地委党史资料征集研究委员会,龙岩地区行政公署文物管理委员会:《闽西革命史文献资料》(第 5 辑),1984 年,第 172 页。古田会议纪念馆编:《闽西革命史文献资料》(第 7 辑),2006 年,第 301 页。

　　②　柯华主编:《中央苏区财政金融史料选编》,中国发展出版社 2016 年版,第 19 页。

表 6-7　江西省农业税税率表

收获担数	一般农民		富农	
	老税则（1931 年）/％	新税则（1932 年 7 月）/％	老税则（1931 年）/％	新税则（1932 年 7 月）/％
1	免征	免征	免征	4
2	免征	免征	1	5
3	免征	4	2	6
4	1	5	3	7
5	2	6	4	8
6	3	7	5	9
7	4	8	6.5	10
8	5	9	8	11
9	6.5	10	9.5	12.5
10	8	11	11	14
11	9.5	12	12.5	15.5
12	11	13.5	14	17
13	12.5	15	16.5	18.5
14	14.5	16.5	18.5	20
15	16.5	18	20.5	22

资料来源:老的《中华苏维埃共和国暂行税则》(1931 年 12 月 1 日公布施行),转自《红旗周报》第 47 期,1932 年 8 月 10 日;新的《中华苏维埃共和国暂行税则》,载《红色中华》第 27 期,1932 年 7 月 14 日。

从表 6-6、表 6-7 的税率变化中可以看出,一是中央苏区的税收由原来按"田地面积的宽狭征收"转变成按"全年每人平均收获量"进行征收,实行统一的累进税率。二是征收的原则是"将纳税的重担放在剥削阶级身上,实为阶级累进税"[①],尽可能地减轻贫农中农等负担。三是闽西的农业税税率高于江西的税率。福建因人多田少,遂根据中央政府所颁布的暂行税则以及福建的具体情形,制定高于江西的税率。

第五,土地税的减免。苏区的农业税是本着阶级累进制的原则,将"纳税重担放在剥削阶级的身上",尽可能减轻劳苦群众负担。因此,苏区政府规定对于那些生活困难的极贫者(每年食不够的)应该免税,对遭受水灾者其受灾部分豁

① 王建华:《中央苏区财政动员》,载《东南学术》2017 年第 5 期。

免,受反动派摧残的乡村,可酌量减半,或免除税收。① 对红军及其家属免税,地方武装及其家属与红军同样一律免税,②对苏维埃工作人员及其父母、妻子实行减半征收。为了增加苏区农业生产,政府鼓励垦荒,"凡开垦荒田者六年之内不收土地税"③。对农民改进农业技术而增加的收入,如"因改良种子耕种所增加的农业收入免税"④。为打破敌人的经济封锁,福建省苏维埃政府号召"每家至少要种一百株棉花"⑤,政府奖励棉农并对种棉的田免征土地税。

(2)山林税和园地税

闽西苏区农业税中占比最大的是土地税(田地税),此外,农业税还包括山林税和园地税等。1930 年 4 月颁布的《税则条例》规定,山林税,"只收竹麻税",同年 9 月,颁布《修正税则条例》,农业税中又增加园地税,园地税包括水果园税、茶税、梓税等。山林税和园地税,都按照各自"每年出息价值征收",就是依据生产的数量为征税标准。如表 6-8 所示。

表 6-8　山林税与田地税⑥

山林税		田地税	
出息价值/元	税率/%	出息价值/元	税率/%
		30 以下	免征
50 以下	5	30～50	10
50～100	10	50～100	15
100～200	15	100～200	20
200～300	20	200～300	30
300～500	30	300～500	40
500 以上	另定	500 以上	另定

1933 年 10 月,中央财政部颁布《山林税暂行细则》,规定"山林税暂分竹

① 中共龙岩地委党史资料征集领导小组,龙岩地区行政公署文物管理委员会:《闽西革命史文献资料》(第 3 辑),1982 年,第 67 页。

② 中共龙岩地委党史资料征集研究委员会,龙岩地区行政公署文物管理委员会:《闽西革命史文献资料》(第 6 辑),1985 年,第 367 页。

③ 《中共闽西特委第二次扩大会议关于土地问题决议案》(1930 年 2 月 25 日)。

④ 柯华主编:《中央苏区财政金融史料选编》,中国发展出版社 2016 年版,第 139 页。

⑤ 古田会议纪念馆编:《闽西革命史文献资料》(第 8 辑),2006 年,第 66 页。

⑥ 柯华主编:《中央苏区财政金融史料选编》,中国发展出版社 2016 年版,第 310 页。

麻税、茶子税、茶叶税、果子税四种，其余暂不收税"[1]。山林税的税率根据竹麻、茶子、茶叶、果子的收获量多少划分不同等级累进征收，但不收物品，要求农民按照所分到山场的年收成折成现款征收国币。

为鼓励农民开垦荒山，闽西苏区还特别规定："农民开垦荒山者，十年内免收山林税。"[2]

2.商业税

商业税是国家财政主要收入之一。苏区时期的商业税主要有两类：一类是营业所得税，主要是对商行、商店等坐商收税；另一类是关税，是针对苏区与白区之间开展商品贸易的行商所征收的税。

(1)营业所得税

闽西苏区在1930年4月颁布的《税则条例》中就制定了营业所得税条款，提出商业累进税是依据商人（商店、纸木商、工厂、行商）营业所赚的红利数目分等级进行征收，可以是一年结算一次，也可以是每次交易结束后结算。[3] 同年9月，苏维埃政府对原来的《税则条例》进行修订，调整了营业所得税的税率。如表6-9所示。

表6-9　闽西营业所得税（商业累进税）

等次	税率[4]（1930年4月）		税率（1930年9月）[5]	
	所得红利/元	税率/%	所得红利/元	税率/%
1	200以下	免征	100以下	免征
2	201~500	3	101~200	10
3	501~1000	6	201~500	15
4	1001~2000	12	501~1000	20
5	2001~3000	20	1001~2000	30
6	3001~5000	30	2001~3000	40
7	5000以上	另订	3001~5000	50
8			5000以上	另订

---

[1] 许毅主编：《中央革命根据地财政经济史长编》(下)，人民出版社1982年版，第480页。

[2] 许毅主编：《中央革命根据地财政经济史长编》(下)，人民出版社1982年版，第481页。

[3] 柯华主编：《中央苏区财政金融史料选编》，中国发展出版社2016年版，第297页。

[4] 中共龙岩地委党史资料征集领导小组、龙岩地区行政公署文物管理委员会：《闽西革命史文献资料》(第3辑)，1982年，第194页。

[5] 柯华主编：《中央苏区财政金融史料选编》，中国发展出版社2016年版，第310页。

　　通过分析表 6-9,可以发现,修订后的税则营业所得税的起征点由 200 元下调为 100 元,且每个等次的税率都较先前提高。由此可见,商人的负担加重了,尤其是获利较少的小商人的负担更重。

　　1931 年 11 月,中华苏维埃政府颁布《暂行税则》,对商业税做了具体规定。商业税是征收商业资本的营利所得税,税则将商业资本从 200 元至 10 万元分成 13 个等次,按照等次规定的累进税率进行征收。为了促进合作社经济的发展、减轻农民及小商人的负担,税则还规定了商业税的减免办法:依法成立的消费合作社并经政府批准登记的,可免税;肩挑小贩及农民直接出卖其剩余产品的,可免税;商人遭遇意外损害的,经查验核实者,可免税;对于政府急需的日用品和军用品,可随时免税,等等。① 1932 年 3 月,福建省第一次工农兵代表大会通过的经济财政问题决议,提出要依照中央政府所颁布的暂行税则征收商业税,并取消闽西苏维埃第一次第二次工农兵代表大会所规定的摊子税,以减轻小摊贩的负担。

　　由于受王明"左"倾错误的影响,中央苏区对资本主义工商业采取了打击和削弱的策略。到 1932 年 7 月,临时中央政府重新颁布《暂行税则》,调整了商业税税率。起征点由 200 元下降到 100 元,并提高了税率,如表 6-10 所示。

表 6-10　1931—1932 年中央税率变化②

类别	资本/元	税率/%	
		1931 年	1932 年
小商贩	100～200	免征	6
	200～300	2	7
中商人	3001～5000	6.5	12
大商人	8001～100000	18.5	23

　　我们通过表 6-10 的分析,1932 年商业税税率比 1931 年的税率提高幅度大,特别是中小商人的税率增加最多,高达 2～6 倍。

　　毛泽东在 1947 年曾指出:"我们党在 1931 年至 1934 年期间所犯过的那样(过高的劳动条件,过高的所得税率,在土地改革中侵犯工商业者,不以发展

---

　　①　许毅主编:《中央革命根据地财政经济史长编》(下),人民出版社 1982 年版,第 483 页。

　　②　中国社会科学院经济研究所中国现代经济史组:《革命根据地经济史料选编》(上),江西人民出版社 1986 年版,第 425 页。

生产、繁荣经济、公私兼顾、劳资两利为目标而以近视的片面的所谓劳动者福利为目标）"①的错误，这是"对于上层小资产阶级和中等资产阶级经济成分采取过左的错误的政策"②，告诫全党不许再重复这样的错误。实践证明，过高的所得税抑制了原本发展缓慢的苏区商业。只有合理的税收起征点和适当的税率，才有助于商业经济发展。

（2）关税

关税是在苏区边境针对赤白商品流通所征收的税种，它能"调剂苏区生产品与消费品之需要与供给，增加政府财政上的收入，是争取战争全部胜利的重要条件"③。关税分为进口税、出口税和通过税三种，即"由苏区运出白区的货物抽出口税，由白区运进苏区的货物抽进口税，白区与白区通商货物经过苏区边境的抽通过税"④。

1933年3月，临时中央政府财政人民委员会颁布《关税条例》，制定关税税率表，并决定在赤白边界的15个县设立关税处。税关有大关和小关，大关人员主要有：检查3人，核算、会计、出纳、管理和调查统计各1人，伙夫挑夫各2人；小关的人员检查1～2人，核算1人，会计兼调查统计1人，出纳兼管理1人，伙夫挑夫各1人。大关税处统辖小关税处。闽西的关税处主要设立在宁化、上杭和汀州等县市，其中上杭的石圳潭关税处统辖官庄、同坑塘关税处，宁化的东门外关税处统辖店上山关税处。⑤

中央苏区时期的关税制度是"不受外国政府的干涉"，完全自主的关税。它完全不同于国民党的厘金制度，是一次结清，"只抽一次不抽二次"⑥，不像国民党的厘金是抽内地税，节节设卡，层层盘剥百姓。苏区关税制度代替国民党的厘金制度，减轻了群众的间接负担。

苏区关税是根据军民需求来确定差别化的税率。对于进口商品，苏区群众"不要的抽重些，要紧的抽轻些，一定要的就免税"⑦。比如，对食盐、洋火、

① 《毛泽东选集》（第四卷），人民出版社1991年版，第1255页。
② 《毛泽东选集》（第四卷），人民出版社1991年版，第1255页。
③ 柯华主编：《中央苏区财政金融史料选编》，中国发展出版社2016年版，第100页。
④ 柯华主编：《中央苏区财政金融史料选编》，中国发展出版社2016年版，第128页。
⑤ 柯华主编：《中央苏区财政金融史料选编》，中国发展出版社2016年版，第101页。
⑥ 柯华主编：《中央苏区财政金融史料选编》，中国发展出版社2016年版，第128页。
⑦ 柯华主编：《中央苏区财政金融史料选编》，中国发展出版社2016年版，第128页。

洋油、棉布、米谷、石灰、铁等苏区紧缺商品,免收进口税;对不是十分需要的如洋布、洋袜等商品抽低税;对于香烟、酒、绸缎等这些不必要的无益的奢侈品则抽50%重税,同时,禁止进口迷信品如神香纸银等。对于出口商品,苏区"有多的抽轻些,不够的抽重些,必要的禁止出口"。比如,黄豆是苏区盛产的,所以出口就抽低税,石灰铁器是紧缺品则抽重税,米谷缺少时禁止出口,收成后有多时可以抽税。苏区的关税不像国民党的厘金是见货抽厘,而是根据苏区具体情况实行差别化征收,见表6-11,以汀州部分进出口货物为例。

表6-11　汀州不同货物进出口税率比较[①]

汀州部分进口货物税率						汀州部分出口货物税率			
免税货物税率/%		低税货物税率/%		重税货物税率/%		低税货物税率/%		重税货物税率/%	
盐	0	中药	3	香烟	50	茶叶	3～5	煤	30
洋火	0	西药	3	酒	50	花生	3～5	钨砂	50
洋油	0	杂布	5	绸缎	50	黄豆	3～5	米谷	50
棉布	0	洋货	5～10	化妆品	50	焙子	3～5		
石灰	0	海货	10～20	洋参	100	樟脑	3～5		
铁	0			迷信品	100	樟油	3～5		
油墨蜡纸	0					家禽	3～5		

实行差别关税,不仅可以调整进出口货物的结构,以保障苏区军民的物质供给,而且还能保护苏区手工业的发展,抵制外来货物竞争。比如,以纸、木、竹、香菇、黄烟为例,同类货物的进出口税率差别很大,如表6-12所示。

表6-12　汀州同类货物进出口税率比较[②]

物品	纸	木	竹	香菇	黄烟
出口税税率/%	3	3	3	3	2
进口税税率/%	100	100	100	100	50

纸、木、竹、香菇、黄烟等都是苏区大宗出产的,苏区政府以超低的出口税鼓励其运往白区销售,以高额的进口税限制其从白区流入苏区市场。差别关

①　长汀县地方志编纂委员会编:《长汀县志》,生活·读书·新知三联书店1993年版,第515页。

②　长汀县地方志编纂委员会编:《长汀县志》,生活·读书·新知三联书店1993年版,第515页。

税避免了这些土特产品与外来同类产品的竞争,有效地保护了相关手工业的发展,增加就业,改善工人的生活。

关税在当时的苏区财政收入占比不大,如上杭石圳潭、同杭塘两处,每月关税收入分别为 2000 元和 700～800 元。[①]

3.其他财政收入

(1)公产收入

1930 年 3 月,在闽西第一次工农兵代表大会通过的《财政问题决议案》中就将公产列为财政收入,公产包括"三家以上之共有继承物及一切非私人所有物;土豪的房屋、股本、山林出产品、现金、用具、机器等;茶山、杉山、竹山、树山、矿产、祠堂庙宇、没收的耕牛、机器、用具及公场公地等"[②]。龙岩县苏最早提出,在县级财委会之下设全县公产清理委员会,对公产进行清理。福建省苏成立后,就要求各级政府财政部或财政科应组织公产管理委员会,对公产进行重新调查登记。由区苏上报县苏,县苏转报省政府处理。公产主要由政府拍卖或出租,征收其租金,纳入财政收入。

(2)公债收入

为克服苏区财政困难,支持反"围剿"战争和苏区经济建设,中央苏区于1932—1933 年发行了两期"革命战争短期公债"和一期"经济建设公债"。如表 6-13 所示。

表 6-13　中央苏区三次公债的发行情况[③]

序号	公债名称	发行时间	发行定额/万元	利率	公债面额	偿还期限	用途
1	第一期革命战争公债	1932 年7 月	60	周年1 分	5 角、1 元、5 元	半年	军事
2	第二期革命战争公债	1932 年11 月	120	周年1 分	5 角、1 元、5 元	半年	军事
3	经济建设公债	1933 年8 月	300	周年5 厘	5 角、1 元、2 元、3 元、5 元	利息 7 年本金 5 年	2/3 用于经济建设,1/3 军费

---

① 张侃,徐长春:《中央苏区财政经济史》,厦门大学出版社 1999 年版,第 295 页。

② 《闽西第二次工农兵代表大会决议案——修正财政问题决议案》(1930 年 9 月)。

③ 柯华主编:《中央苏区财政金融史料选编》,中国发展出版社 2016 年版,第 42、69、122 页。

1932年7月,中央苏区政府发行第一期革命战争公债60万元,其中,湘赣、湘鄂赣根据地承担10万元,中央苏区共发行50万元。苏区中央局制订发行分配计划,分5期发行,每期10万元,具体分配如下:红军4万元,城市商人6万元,各县合计39万元,其他党团政府共1万元,从7月1日至7月20日发行完毕。[①]

1932年10月,中央政府又发出再发行第二期革命战争公债120万元的训令,并颁布《发行第二期公债条例》。第二期公债发行120万元,同样分5期发行,规定了每期的推销计划。二期公债的分配计划是,商家共15万元,各县共98.6万元,红军共6万元,党政团体共4000元。第二期公债的5期发行计划,是从1932年11月1日起发行,历时1个月,到12月1日为止应完成所有款项的集中收缴工作。[②]

1933年7月,中央执行委员会根据瑞金、会昌、于都、胜利、博生、石城、宁化、长汀八县区以上苏维埃负责人和贫农团的建议,作出关于《发行经济建设公债的决议》,决定发行经济建设公债300万元,并颁布《发行经济建设公债条例》。[③]该条例明确将经济建设公债中的200万元用于发展合作社及农业与工业生产,发展对外贸易及调剂粮食,100万元作为军费以充实战争力量。本公债利息从1934年10月起,分7年支付,每元每年利息大洋5分;本公债本金从1936年10月起,分5年偿还,每年分别偿还全额的10%、15%、20%、25%和30%。

从表6-13我们可以看到,三次公债发行的债款一次多于一次,但每次都超额完成任务。第一期战争公债仅用20天超额完成任务,第二期战争公债原定1个月发行120万,可仅用半个月时间,发出128万元,比原定数目超过8万余元[④]。经济建设公债于1933年7月发行,到1934年1月,各地承认推销

①　中共江西省委党史研究室等编:《中央革命根据地历史资料文库:政权系统》(6),中央文献出版社、江西人民出版社2013年版,第335~336页。

②　中国社会科学院经济研究所中国现代经济史组:《革命根据地经济史料选编》(上),江西人民出版社1986年版,第441~445页。

③　柯华主编:《中央苏区财政金融史料选编》,中国发展出版社2016年版,第123页。

④　许毅主编:《中央革命根据地财政经济史长编》(下),人民出版社1982年版,第490页。

的公债早已超过 300 万。[①]

　　三次公债之所以能成功发行,关键在于中央及地方政府高度重视,周密部署。一是根据实际情况,制订详尽的公债推销计划。每次公债发行都颁布发行条例,对发行的相关事宜做了具体规定,规定公债的利率、券面价格、还本付息的时间,规定公债的发行、担保机构等。中央政府根据各地的人口、经济状况,制订每期公债的详细分配方案。比如,第二期战争公债分配给商家的是 15 万元,其中汀州商人承担 7 万元,宁化商家承担 5000 元,闽西商人共承担商家总债款的 50%。各县分配债款也是有较大差异的,同样第二期公债分配,在闽西承销最多的是长汀(达到 6 万元),最少的是武平(仅 1000 元)。可以看出,由于当时各县经济发展的不平衡性,经济发展状况好的县承销的债款数额就多,反之数量就少。从实际出发,合理安排推销计划,能最大程度地调动苏区的资金,以促进公债推销任务完成。二是重视宣传群众,调动群众认购的积极性。对于如何推销公债,中央政府认为,对富农、大中商人可以采取事前摊派方式,责令其购买,但对于广大工农群众不能用命令强迫方式,只能用宣传鼓动的方法让群众自动认购。为此,要求各级政府通过选民大会向群众宣传政府发行公债券的意义与公民的义务,尤其"要从政治上参加革命战争上来鼓动,使群众主动地购买"[②]。除了政治动员外,还开展革命竞赛的方法,"谁购买得多,缴款得快,谁就胜利",由上级政府颁发奖旗和名誉奖。

　　福建省苏维埃政府还专门组织各级公债委员会,并通过各种途径推销公债。各地群众积极响应号召,掀起认购热潮。如"宁化汀东的妇女把自己的银器首饰自动拿去买公债,一个妇女自动买五六十元"[③]。在中央政府发行的经济建设 300 万公债中,福建省要推销公债 90 万元,其中闽西承销 43.5 万元[④]。闽西苏区采取逐级分解的方式,下达到各县苏、乡苏。由于宣传到位,苏区群众购买公债踊跃。毛泽东在才溪乡调查中了解到上杭才溪区苏推销经济公债的方法,赞赏其鼓动群众自动认购的举措。新划的才溪区有 8 个乡,2188 个家庭,人口共计 8782 人,承销公债 13600 元。才溪区苏召集党团员、各团体、

----

① 陈云:《为收集粮食而斗争》,载《斗争》第 45 期。
② 中国社会科学院经济研究所中国现代经济史组:《革命根据地经济史料选编》(上),江西人民出版社 1986 年版。
③ 《为发展党与健全支部生活而斗争》(1933 年 3 月 5 日)。
④ 古田会议纪念馆编:《闽西革命史文献资料》(第 7 辑),2006 年,第 249 页。

乡苏代表大会、群众大会及选民大会宣传群众,"嗣后由代表、推销委员、宣传队按户鼓动","完全自动买,没有强迫","因为县贸易局建立,有了盐布买,群众更加认识经济公债的重要了"①。中央政府充分肯定了苏区各地公债推销工作中的成绩,指出:"经济建设公债发行以来,在短时期内已得到很大成绩……如瑞金的云集区、福建的才溪区、红坊区等都是好的榜样。"②才溪区"不过 7 天工夫,自动推销 9000 余元"③,红坊区"在五天之内就能够推销 1 万元"④。正是由于在党的领导下,深入开展推销公债的宣传动员工作,使得苏区群众即便自己节衣缩食,也要以极大的革命热情踊跃认购,从而推动公债发行工作的顺利开展。

　　三期公债的成功发行,有效地缓解了苏区财政困难的严峻形势,而"退还公债"又是苏区群众在更大的程度上对苏区财政的支持。1933 年 2 月,第四次反"围剿"战争处于紧张激烈的阶段,"中国店员手艺工会"号召会员将购买的二期公债票无偿退还政府,不领本息。同年 3 月,在中央苏区掀起了一场"退还公债"的运动,各地群众纷纷支持。比如,上杭的官庄区退回公债 1040 元,南阳区不仅退回公债 3849 元,还退回了谷票 31640 斤。上才溪、下才溪、曾坑等三个乡的群众,退回所购买的全部公债。⑤ 在中央苏区,将近有 90 多万元二期公债被退还政府,免于偿还。"退还公债"虽然从理论上讲有悖于"信用原则",但在当时严酷的战争环境中,战争经费严重不足的情况下,不失为最切合实际的选择。总之,中央苏区通过发行公债,最大限度地动员了苏区的财力和物力,缓解了严重的财政压力,为支援革命战争,促进苏区经济建设都起着重要的作用。

　　闽西苏区的财政收入,除了取之于敌的筹款、取之于民的税收、公产收入、发行公债外,还有作为国家投资的公营工商业,其生产与经营所得的利润也成

---

　　① 《毛泽东农村调查文集》,人民出版社 1982 年版,第 351~352 页。

　　② 许毅主编:《中央革命根据地财政经济史长编》(下),人民出版社 1982 年版,第 497 页。

　　③ 中共上杭县委党史工作委员会编:《上杭人民革命史》,厦门大学出版社 1989 年版,第 91 页。

　　④ 吴亮平:《经济建设的初步总结》,载《斗争》1933 年 9 月 30 日第 29 期。

　　⑤ 中共上杭县委党史工作委员会编:《上杭人民革命史》,厦门大学出版社 1989 年版,第 94 页。

为财政收入的一部分,但为数不多。据统计,1933 年 1 月至 8 月,"国营经济的收入为 107188 元,以 8 个月平均,每个月仅为 1 万元,数量是相当少的"[①]。公营工商业主要解决苏区军民的日用必需品供给,为苏区提供财政收入是有限的。

二、财政支出途径的多元化

财政支出是苏区政府支持革命战争和巩固根据地建设的重要手段。财政支出主要包括红军与战争经费的供给、政府行政经费的支出、经济建设的支出、文教卫生和社会救济等方面。

（一）战争经费的供给

中央苏区的经济是战时体制,苏区政府提出要"以战争为中心,布置财政一切工作"[②]。因此,充分保障部队的给养是苏区财政工作的首要任务,是财政支出的主要部分。由于苏区的经济条件差,红军部队的供给标准是很低的。在井冈山时期,红军"除粮食外,每人每天只有五分大洋的油盐柴菜钱,还是难乎为继"[③]。红四军转战赣南闽西后,生活虽比井冈山时期有所改善,但依然艰苦。当时驻扎在闽西的红军"每人每天半斤米,由当地政府按人数发给……至于菜钱,每天每人八分,由闽粤赣军委向政府领取统一发给,直接向政府支取"[④]。闽西苏区政府为保障军粮供给,特发出关于红军给养问题的通告,要求各县区"红军到达何址,即由该地政府很迅速地将米食付与红军"[⑤]。同时,规定当地政府可以从所收取的土地税或粮食调剂局的谷子先行支出,并将付给红军的粮食数量上报县苏,最后由闽西政府核算。1932 年 4 月,红一军团在攻打龙岩和漳州的两场战役中,对部队的经费做了调整,比如伙食费"每人

①　张侃,徐长春:《中央苏区财政经济史》,厦门大学出版社 1999 年,第 298 页。

②　江西省档案馆,中共江西省委党校党史教研室:《中央革命根据地史料选编》(下),江西人民出版社 1982 年版,第 249 页。

③　《毛泽东选集》(第一卷),人民出版社 1991 年版,第 65 页。

④　许毅主编:《中央革命根据地财政经济史长编》(下),人民出版社 1982 年版,第 501 页。

⑤　中共龙岩地委党史资料征集研究委员会,龙岩地区行政公署文物管理委员会:《闽西革命史文献资料》(第 5 辑),1984 年,第 25 页。

每日改发一角"①。

　　由于各部队的每月费用,"不是直接按照预算向上级机关领取,而是以筹得之款维持,"无统一收支,使得各级部队的各项用费均不一致。为保障红军给养,统一部队的经费开支,中央革命军事委员会于1932年正式颁布训令,详列了各项费用的支出与用途。从部队官兵的伙食、零花钱,到武器装备的保养,再到部队的办公费、杂费等,都有明细规定,如表6-14所示。

表6-14　各项军事费用的供给与标准②

序号	项目	用途	发放对象	发放标准(大洋)
1	伙食费	供造饭买油盐柴米菜及买茶叶	红军官兵	每人每天1角
2	马干费	供马匹所食买草料	各部队	每日每匹1角
3	办公费	笔墨,纸张,文具,印费,灯油,宣传费,识字运动费、列宁室用费、纪念会做旗子写标语,各部开会各部队买茶点、修理零星器具,购买杂物等	各部队	担架队、运输队每月15元;步兵连、团每月各20元、25元;团部、师政治部和军团经理部每月30元;军部、军政治部、军团总指挥部、总政治部,每月40元;中央军委每月60元;总经理部每月40元;军医处及无线电总队每月各30元;师卫生队22元
4	擦枪费	擦拭枪、炮所用买油及布的费用	各部队	山炮每尊每月3元;迫击炮每尊每月5角;机关枪每挺每月5角;步马枪、手花机关枪,每支每月5分;驳壳枪及各种手枪,每支每月3分
5	津贴费	对技术人员的生活津贴	医技工、无线电机务报务人员	医官及枪工津贴,每月不超过大洋10元;无线电队机务报务人员之津贴另定
6	杂支费	日常一切零星复杂开支之费,既不属于上项规定,又非特别费	各部队	军团一级每月1200元;军一级每月1200元;师一级每月800元(独立师同)

①　中共龙岩地委党史资料征集研究委员会,龙岩地区行政公署文物管理委员会:《闽西革命史文献资料》(第6辑),1985年,第194页。

②　中共江西省委党史研究室编:《中央革命根据地历史资料文库:军事系统》(10),中央文献出版社2015年版,第1119页。

续表

序号	项目	用途	发放对象	发放标准（大洋）
7	零用钱	发给指战员零星使用	每个红军官兵	暂不规定每月应发次数及数目
8	特别费	被服费、俘虏费、负伤费、抚恤费、新成立部队开办费、赔偿费	各部队	各级部队每月特别费数目不规定，因特别需要或经批准用者，用后报销，向上级经理机关领取

随着扩大红军，部队编制更改，1933 年 7 月，中央革命军事委员会对红军供给标准做出调整，较 1932 年的标准有所提高，而机构增加使供给项目和数量也大大增加。比如，办公费由原来的 7 项增至 18 项，其中“福建后方办事处”为新增项目，其供给标准：“总办事处每月大洋 10 元（分处不另外发给）；政治部每月大洋 10 元；材料所特务队、运输队、苦工队，每月大洋 4 元；修械所每月大洋 2 元。”[①]为支援第五次反“围剿”战争，节省开支，红军部队编制又进行改组。中央革命军事委员会于 1934 年 1 月又重新颁布命令，调整了红军的给养与标准。除伙食费外，其他供给项目的标准都有所下降，如办公费由 1933 年的 18 项合并缩减为 6 项，大大节省了部队办公经费的支出，以保障前线部队的军需与给养。

（二）政府行政费用支出

行政经费是苏维埃政府正常运转的重要物质保证。在优先保障战费支出的前提下，行政费用的开支被严格控制。行政费用主要是政府工作人员的伙食费、零用费和政府公用经费两部分。

在苏区时期，政府工作人员没有薪饷，也是实行供给制，但供给标准是很低的。闽西第一次工农兵代表大会通过的《苏维埃政府组织法案》规定了政府工作人员的待遇，每人每月伙食费不超出 4.5 元，每人每月零用钱 2 元。1933 年 9 月，中央财政人民委员部发出《伙食费发谷子办法》的通令，统一了各级政府工作人员的伙食费标准，每人每月谷子 50 斤，每人每天油盐菜钱 4 分。在有谷子的地方，伙食费就是直接发谷子另发油盐菜钱；在谷子比较短缺的地方，伙食费仍照钱支付。由于各县的粮价不同，50 斤谷子的价格有如 1.2 元、1.5 元、1.8 元、2.1 元、2.4 元、2.7 元等。因此，每人每月的伙食费有 2.4 元、2.7

---

① 中共江西省委党史研究室编：《中央革命根据地历史资料文库·军事系统》(12)，中央文献出版社 2015 年版，第 2453 页。

元、3 元、3.3 元、3.6 元、3.9 元。[1] 从以上数据不难知道,统一后的政府工作人员的伙食费标准低于 1930 年闽西苏区规定的伙食费标准,这是中央政府倡导"帮助红军发展战争,实行节俭经济运动"的结果。中央政府要求地方政府务必实行节俭运动,节省行政经费,以支援红军。

关于政府公用经费的供给与标准,从现有的资料看,"至今没有查到土地革命前期、中期和后期的有关政府财政支出的历史文献"[2]。虽然,当时中央苏区对政府公用经费的项目及数额没有确定统一标准,但闽西苏区在 1930 年就对政府的行政支出做了规定,将行政费用分为经常费、临时费和特别费等三大类,每一类中都有若干细项。同时,根据各区乡的人口数来确定费用标准,比如,大区经常费不超过 140 元(其中伙食费 54 元),小区经常费不超过 110 元(其中伙食费 45 元)。具体情况可见前文的财政预算中的相关内容,在此不再赘述。

(三)经济建设的支出

苏区政权的巩固、武装斗争的发展,都与经济建设密不可分。如果没有经济建设,无论是巩固政权还是武装斗争,都会因失去物质保障而将一事无成。因此,苏区政府高度重视发展经济,同时还从财政中划拨相当的财力支持经济建设的发展。

1.支持农业生产

农业是苏区经济的基础,苏区政府给予较多的财政补贴鼓励农民生产。(1)政府鼓励垦荒,免收土地税。苏区政府规定农民开垦荒田 6 年之内免收土地税,而开垦荒山则 10 年内免收山林税。[3] (2)开展劳动竞赛,奖励先进。如上杭、新泉、武平和代英等四县发布劳动竞赛条约,对生产好的是"一等奖耕牛,二等奖农具,三等奖种子,如特别优胜另奖"[4]。(3)帮助农民兴修水利。"修理陂圳木料,由公家供给","用费太多则可建议到上级,酌量由土地税项下津贴"。[5] (4)发展经济作物,政府给予支持。如,福建省苏维埃政府就奖励棉农并对种棉的田免征土地税。

① 柯华主编:《中央苏区财政金融史料选编》,中国发展出版社 2016 年版,第 137 页。
② 许毅主编:《中央革命根据地财政经济史长编》(下),人民出版社 1982 年版,第 513 页。
③ 许毅主编:《中央革命根据地财政经济史长编》(下),人民出版社 1982 年版,第 481 页。
④ 许毅主编:《中央革命根据地财政经济史长编》(下),人民出版社 1982 年版,第 520 页。
⑤ 《闽西苏维埃政府土地委员会及各县土地科长联席会议决议案》(1930 年 12 月 8 日)。

2.扶持合作社经济

闽西苏区政府大力倡导发展合作社组织,在《合作社条例》中明确规定"合作社免向政府缴纳所得税"。政府不仅从税收上照顾合作社,还从物力财力方面支持其发展。在耕牛短缺的苏区,犁牛合作社的耕牛主要以没收豪绅地主的耕牛为基础,闽西苏区要求打土豪"没收的耕牛首先借给合作社使用"①,"牛只耕具,可以组织犁牛经理处,轮流租借"②。中央政府为支持各区乡犁牛合作社的建立与发展,还通令各地从富农捐款中抽出一部分借给犁牛合作社购买耕牛。③ 对生产合作社的资金支持,合作社的资本除了社员集资外,还来自"苏维埃政府的帮助"④。苏区政府对消费合作社除了给予财政的帮助和税收豁免外,还将没收的部分"房屋与商店交给合作社使用"⑤。1933 年 7 月中央政府发行 300 万元经济公债,决定将公债的 1/3 用于帮助各项合作社发展,以帮助其解决资金问题。其中分配给粮食合作社和消费合作社各 30 万元,分配给生产合作社及信用合作社各 20 万元。⑥

3.支持公营经济

闽西的公营经济规模不大,其资本主要来源有苏维埃政府的财政拨款,还有没收反动军阀、官僚的财产或战争缴获。如,红军长汀被服厂就是缴获福建地方军阀郭凤鸣的服装厂建立起来的。又如,1932 年 4 月红军东征漳州消灭了"闽南王"张贞的四十九师,缴获了大量的兵工机械器材,苏区党发动农民前往漳州将军用物资运回闽西,充实和改善了兵工厂设备。⑦ 在 1933 年中央发

① 中共龙岩地委党史资料征集领导小组,龙岩地区行政公署文物管理委员会:《闽西革命史文献资料》(第 4 辑),1983 年,第 204 页。

② 中共龙岩地委党史资料征集研究委员会,龙岩地区行政公署文物管理委员会:《闽西革命史文献资料》(第 5 辑),1984 年,第 354 页。

③ 许毅主编:《中央革命根据地财政经济史长编》(下),人民出版社 1982 年版,第 519 页。

④ 中国社会科学院经济研究所中国现代经济史组:《革命根据地经济史料选编》(上),江西人民出版社 1986 年版,第 313 页。

⑤ 中国社会科学院经济研究所中国现代经济史组:《革命根据地经济史料选编》(上),江西人民出版社 1986 年版,第 83 页。

⑥ 柯华主编:《中央苏区财政金融史料选编》,中国发展出版社 2016 年版,第 442 页。

⑦ 孔永松,邱松庆著:《闽西革命根据地的经济建设》,福建人民出版社 1981 年版,第 44 页。

行的 300 万元经济建设公债中,有 100 万元是用来发展国家企业并调剂商品流通①。苏区政府以公债的方式支持公营经济的发展。

(四)文教卫生和社会救济的支出

闽西苏区政府高度重视教育事业的发展,从 1930 年起,闽西各地普遍建立了列宁小学(后改为劳动小学),每个区有高级小学,每个乡有初级小学。各校"招收男女学生读书,免收学什杂费及书籍费","除膳费外一律免费"。② 苏区实行免费义务教育,其经费来源主要是政府的财政拨款,抽取土地税收入的 20％充当教育经费。上杭县苏对教育投入更多,提出全县教育经费要占全县税收 30％③。随着教育的发展和战争的扩大,教育经费也出现紧张,因此,苏区政府还规定如果教育经费"不敷时向富农捐款"④。

为保证群众的身体健康,闽西苏区政府要求"各区乡政府要设立公共看病所,由政府聘请公共医生,不收医费"。闽西不仅区乡有医疗机构,还在各地建立了红军医院。如,有上杭的蛟洋、大洋坝、才溪,长汀的四都、南阳,永定的金砂、西溪、虎岗,宁化等地的红军医院,⑤还有一所不挂牌的"红军医院"——长汀的福音医院(后改名为中央红色医院)。各地的红军医院除医治红军伤病员外,也为当地的群众服务。红军医院的经费从军费中支出。为解决苏区药品紧缺问题,苏区群众还创办药材合作社、药店,其资金来源有群众入股的股金,还有政府的财政支持。⑥

苏区的财政还要承担社会救济的支出。一是对遭受自然灾害或战争摧残的群众实施救助。如 1931 年 12 月,闽西苏维埃政府特发出"救济边境受害群众"的通知,并派人"携带现款五百元,耕牛八头,到永定救济外,另已呈报中

① 柯华主编:《中央苏区财政金融史料选编》,中国发展出版社 2016 年版,第 442 页。

② 江西省档案馆,中共江西省委党校党史教研室编:《中央革命根据地史料选编》(下册),江西人民出版社 1982 年版,第 52 页。

③ 中共龙岩地委党史资料征集研究委员会,龙岩地区行政公署文物管理委员会:《闽西革命史文献资料》(第 4 辑),1983 年,第 457 页。

④ 中共福建省龙岩市委党史研究室:《闽西人民革命史(1919—1949 年)》,中央文献出版社 2001 年版,第 327 页。

⑤ 中共福建省龙岩市委党史研究室:《闽西人民革命史(1919—1949 年)》,中央文献出版社 2001 年版,第 337 页。

⑥ 中共上杭县委党史工作委员会编:《上杭人民革命史》,厦门大学出版社 1989 年版,第 104 页。

央,兹由红军拨来款子五千元,救济闽西各属被国民党军阀团匪摧残群众"①。
二是优待红军家属,如,政府补贴士兵家属耕作费每月大洋三元(龙岩),"或由
政府贴工,全年三十工"②。对红军伤病员的治疗、休养、抚恤等,中央政府规
定都由国家的财政负担。三是对弱势群体的帮助扶助。《保护老弱残废条例》
规定"凡无亲属之孤儿及老病残废者,由政府设法给养"③。比如,对失业工
人,闽西政府颁布的《失业工人救济条例》规定,政府没收来之反动财产或公
产,先低价出卖与失业工人,并借一部分给他做资本。④

　　总之,在严酷的战争环境下,苏区政府能在优先保证战争经费支出的前提
下,统筹政府行政开支,尽最大努力为经济建设提供财政支持,力所能及地安
排文教卫生事业和社会救济的财政支出。

第四节　闽西苏区财政建设的历史作用

　　苏区的财政建设与苏维埃政权一样,均属于史无前例的伟大创举。在国
民党的军事"围剿"和经济封锁的恶劣环境下,要建立统一的财政制度并非易
事,但中国共产党人立足于苏区实际,进行艰苦而细致的实践,成功地探索出
了一套切实可行的财政制度和管理方法,有力推动了根据地的建设。

一、在推进革命战争方面的作用

　　财政工作首先要为中心任务服务。从当时来讲,革命战争是压倒一切的
中心任务。没有革命战争的胜利,就没有一切。毛泽东同志在第二次全国工
农兵代表大会上指出:"苏维埃财政的目的,在于保证革命战争的供养与供给,

　　① 中央档案馆,福建省档案馆:《福建革命历史文件汇集》(苏维埃政府文件1931—
1933年),1985年,第219页。

　　② 中央档案馆,福建省档案馆:《福建革命历史文件汇集》(苏维埃政府文件1930
年),1985年,第149页。

　　③ 《上杭县第二届工农兵代表大会决议案》(1930年9月)。

　　④ 《闽西第二次工农兵代表大会决议案》(1930年9月)。

保证一切革命费用的支出。"①因此,闽西苏维埃政府规定,各种财政收入都应统一管理统一支出。财政支出坚持"先前方,后后方,先红军,后地方"的原则,运用财政政策手段,优先保障部队的经费供给。比如,闽西苏维埃政府规定当地可以从所收取的土地税或粮食调剂局的谷子中先行支出并付给红军部队。在财政预算方面,优先安排部队的给养经费。苏区政府特颁布通告、训令等,对部队官兵的伙食和零花钱、武器装备的保养、部队的办公费和杂费等都做了详细规定。在财政支出方面,坚持节省开支的原则。毛泽东同志指出:"财政的支出,应该根据节省的方针……节省每一个铜板为着战争和革命事业,为着我们的经济建设,是我们会计制度的原则。"闽西苏区要求"各级政府办公的费用……须尽量节省,工作人员须按规定额数"。各级政府机关工作人员积极响应号召,如闽西工农银行的工作人员,将维持暂时生活费以外的酬劳金1114.436元,全部自愿捐助为革命战争经费。② 在苏区政府的其他财政收入中,如发行公债主要用于战争,第一、第二期共计180万元的革命战争公债全部用于战争,300万元经济建设公债中三分之一也用于服务战争需要。总之,苏区政府通过财政预算、财政支出、公债发行等各种财政手段,为革命战争提供保障。

二、在促进经济建设方面的作用

经济与财政是一对矛盾关系。经济决定财政,为财政提供物质基础;财政反作用于经济,会对经济建设产生影响。苏区财政在促进经济建设方面的作用主要体现在:一是通过财税政策缓解经济困境。为打破经济封锁,解决工农产品剪刀差问题,闽西苏区政府采取差别化的税收政策。对于进口苏区群众必需的紧缺的商品采取低税或免税,对于进口苏区盛产的、苏区群众不紧要的商品,则抽重税;对于出口苏区盛产的商品,则抽轻税。这样,有力地保护了苏区手工业和商业的发展。二是合理安排财政资金,推动苏区经济发展。虽然苏区财政资金相当紧张,但政府还是千方百计支持经济的发展。从财政中划

---

① 许毅主编:《中央革命根据地财政经济史长编》(下),人民出版社 1982 年版,第449 页。

② 许毅主编:《中央革命根据地财政经济史长编》(下),人民出版社 1982 年版,第528 页。

拨相当的财力,用于工业和商业的发展,扶持合作社经济,通过财政补贴鼓励农民生产并奖励劳动先进者,以无息或低息贷款帮助农民兴修水利等。同时,还发行经济公债支持苏区的经济建设。

三、在创建廉洁政府方面的作用

诞生于封建土壤上的苏维埃政权,难免会受到各种旧思想、旧习惯的影响,官僚作风、特权思想、贪污腐败等现象必然会在一些苏维埃政府中出现,这势必破坏党群、干群关系,动摇红色政权根基。闽西苏维埃政府清醒认识到这一问题的严重性,于1930年3月的闽西第一次工农兵代表大会上就通过了《政府工作人员惩办条例》,严惩违反财政纪律的行为。之后颁布的一系列规范财政活动的条例、训令、通告等,进一步约束了各级政府工作人员用权、用钱的范围,有效制止了浪费、贪污现象。苏区各级政府工作人员清正廉洁、两袖清风,闽西歌谣"苏区干部好作风,自带饭包去办公,日着草鞋干革命,夜走山路访贫农",就是苏区干部勤政廉政的真实写照。苏区干部廉洁奉公,真心实意为人民群众谋利益。1933年11月毛泽东第三次到上杭才溪乡调查,看到一个处处关心群众生活、密切联系群众的乡苏政府,称赞道:"这样的乡政府,是真正模范的乡政府。"[1]苏区群众也由衷赞叹:"只有苏维埃政府是空前的真正的廉洁政府。"[2]廉洁政府的产生,更增进了人民群众对党和苏区政府的信任与拥护。总之,苏区财政制度建设、财经纪律的严格执行,成为打造廉洁政府的关键环节。

四、在实践和制度创新方面的作用

在实践和制度创新方面的作用,主要指闽西苏区财政的实践创新为中央苏区建立审计制度提供了经验。

闽西苏区政府创建之初,存在重军事轻财政倾向,各级政府滥行开支的流弊严重。为堵塞财政支出的漏洞,闽西第一次工农兵代表大会就要求县级政府应组织财政审查委员会清理财政。1930年9月召开的第二次工农兵代表

---

[1]　《毛泽东选集》(第一卷),人民出版社1991年版,第138页。

[2]　《关于四个月节省运动的总结》,载《红色中华》第232期,1934年9月11日。

大会则强调各级苏维埃政府都要成立财政审查委员会,不仅限于县级政府。财政审查委员会的主要任务是审查政府财政的收入与支出,比如,审查财政的预算和决算执行情况、政府经费使用是否合规等,清理、整顿财务的审查制度是闽西苏区财政的实践创新。临时中央政府成立后,将审查委员会的职能和审查委员会的产生办法写入《地方苏维埃政府的暂行组织条例》,明确了审查委员会的职能是监督各级政府的财政收支、审查预算和决算。"审查委员会这一财政监督形式首次在苏维埃政府法律法规中得到确认。"①此后,以审查委员会为主要形式的审计制度在中央苏区逐步建立起来。

---

① 朱钦胜:《中央苏区反腐倡廉史》,中国社会科学出版社 2009 年版,第 104 页。

第七章　中央苏区时期闽西经济建设的历史定位及当代启示

　　闽西苏区的经济建设,在以毛泽东同志为代表的中国共产党人的领导下,经过闽西苏区群众的艰苦奋斗,取得了巨大的成就。从土地改革政策的实践创新到农业生产恢复与发展,从合作社经济的率先实施到手工业、商业的复苏,从红色金融机构的创建到苏区财政的建立和统一,无不凝聚着老一辈革命家的胆识与心血,无不闪耀着苏区群众艰苦创业的智慧光芒。

一、中央苏区时期闽西经济建设的历史定位

　　历史实践证明,中央苏区时期的闽西经济建设,在当时极端恶劣的战争环境下,取得了巨大成绩,在革命根据地史上具有重要的历史贡献和历史意义。

　　(一)闽西苏区经济建设是毛泽东经济思想的重要实践成效

　　中央苏区时期的闽西经济建设是以毛泽东为代表的中国共产党人领导苏区人民开展的伟大实践,践行了毛泽东关于中央苏区经济建设的思想。早在井冈山革命时期,毛泽东就十分重视经济建设,但因战事频繁,无暇顾及根据地的经济建设。直至 1929 年红四军入闽,毛泽东通过指导闽西红色政权建立使闽西迅速发展经济建设。在敌人军事"围剿"的战争环境中,毛泽东认为,要以革命战争为中心,进行一切必要可能的经济建设;要正确处理好革命战争与经济建设这对关系,革命战争是矛盾的主要方面,"在现在的阶段上,经济建设必须是环绕着革命战争这个中心任务的"[1]。毛泽东指出:"我们经济建设的中心是发展农业生产,发展工业生产,发展对外贸易和发展合作社。"[2]在这个

---

　　[1]　《毛泽东选集》(第一卷),人民出版社 1991 年版,第 123 页。
　　[2]　《毛泽东选集》(第一卷),人民出版社 1991 年版,第 130~131 页。

经济建设总方针的指导下,毛泽东提出"农业生产是我们经济建设工作的第一位"①的观点;认为发展苏区经济要实行"国营事业、合作社事业和私人事业这三个方面"②同时并进;提出"苏维埃有计划地组织对外贸易,并且直接经营若干项必要的商品流通"③,要发展赤白贸易,活跃苏区市场;提出要多渠道增加财政收入,财政支出要厉行节省原则;提出发展经济要动员群众和依靠群众,切实解决群众的关切问题等等。这些经济思想,在闽西苏区的经济建设中得以贯彻与实践。闽西苏区政府从广大群众的切身利益问题出发,采取了一系列有效的措施,恢复发展农业生产;创办军需工业和民用工业,保障军需民用;拓宽商品流通渠道和建立红色金融体系,以搞活苏区经济;做好财政工作,服务根据地建设需要。总之,闽西苏区是毛泽东苏区经济建设的实践地,同时,苏区的经济建设成就也是毛泽东关于中央苏区经济建设思想的体现。

(二)闽西苏区经济建设为稳定苏区经济社会秩序发挥了重要作用

闽西苏区的经济建设,是在开展土地革命、建立红色政权的基础上进行的,对苏区经济社会秩序稳定具有重要作用。一是经济繁荣。苏区政府千方百计发展工农业生产,调剂商品流通,打破敌人经济封锁,有效地解决了苏区群众的生活供给,摆脱了经济困境。闽西苏区出现了其他苏区未曾有的经济繁荣,被称为"全国苏区之冠"的"红色小上海"汀州,其工业、商贸金融业发达,成为中央苏区的经济中心。还有被称为"小香港"的永定县峰市镇,店铺云集,每日往来商船数以千计,是闽粤两省商品的主要集散地之一。闽西各地经济呈现出比革命前更稳定的发展态势。二是群众信仰政府。中国共产党和苏维埃政府真心关心群众的生产生活问题,以为群众谋福利的初心来发展苏区经济。人民群众也用实际行动保卫苏区,发展苏区,支持"扩红"运动,积极参加苏区政权建设。苏区实行"最宽泛的民主",人民群众能够完全按自己的意志来选举最满意的代表,增强了对苏维埃政府的信仰。苏区通过民主政治建设,贪污、腐败分子无法在政府中立足,创造"空前的真正的廉洁的"苏维埃政府,从而赢得了民心,加强了党与群众的密切关系。三是各项事业蓬勃发展。在经济发展的基础上,根据地各项事业蓬勃发展,文化教育、体育卫生事业也有

---

① 《毛泽东选集》(第一卷),人民出版社 1991 年版,第 131 页。

② 《毛泽东选集》(第一卷),人民出版社 1991 年版,第 133 页。

③ 江西省档案馆,中共江西省委党校党史教研室:《中央革命根据地史料选编》(下),江西人民出版社 1982 年版,第 326 页。

长足进步,党和苏区政府还针对封建迷信、歧视妇女、不讲卫生、嫖娼赌博和吸食鸦片等陈腐落后的社会现象,坚持不懈开展移风易俗运动,与革命前相比,苏区群众的精神面貌发生了根本变化,增强了苏区群众的获得感。总之,闽西经济建设奠定了闽西革命根据地发展的基础,其稳定苏区经济社会秩序的历史作用不容小觑。

(三)闽西苏区的创新实践对中央苏区的经济建设作出独特贡献

在经济建设中,苏区人民凭着开拓创新的勇气,以"摸着石头过河"的精神,探索出了一套切实可行的、有利于经济工作开展的措施、原则和制度。在土地革命中,中共闽西党组织在毛泽东的指导下,不断探索斗争实践并予以总结,提出了"抽多补少、抽肥补瘦"的土地分配原则。这一重要原则,从闽西推广到整个中央苏区,加速了整个苏区的分田进程。不仅于此,这一原则还"在中国土地革命运动和土地改革中加以推广运用"①。闽西特委首创的粮食调剂局,为苏区调剂粮食之余缺,解决工农产品剪刀差问题提供了方案。粮食调剂局不仅在当时起着很重要的作用,而且为后来的粮食工作积累了经验。面对混乱的金融市场,闽西苏区率先成立信用合作社,创办闽西工农银行,创造性地探索了一套全新的金融体系,为中央苏区金融体系的建立与发展提供了借鉴模式。闽西财政领域比如审查委员会的建立,这一制度创新为中央苏区开展审计工作积累了经验。还有,闽西苏区较早制定了一整套独立的、较规范的工商税法,形成较完备的税制,是中央苏区工商税收制度建立并实际征收的先行者。总之,中央苏区时期的闽西经济建设的实践创新,对中央苏区的经济建设起着示范引领作用。

(四)闽西苏区经济建设为新中国的经济建设奠定了基础

中央苏区时期的闽西经济建设,一方面,培养造就了一批经济建设人才。不仅有毛泽东、陈云、刘少奇等中央领导人,而且还涌现出一批闽西籍的经济建设人才,如邓子恢、曹菊如、赖祖烈、阮山等,他们懂政治又懂经济,在具体的经济建设实践中,积极探索经济建设规律,初步学会了治国安民的艺术,为新中国的建设积累了宝贵经验。另一方面,闽西苏区在中国共产党的领导下,摧毁封建土地所有制进行土地改革,解放了农村生产力,发展各项经济建设事业,为把中国从落后的农业国变成先进的工业国奠定了社会物质基础。

---

① 《邓子恢传》编辑委员会:《邓子恢传》,人民出版社1996年版,第101页。

二、中央苏区时期闽西经济建设的当代启示

中央苏区时期的闽西经济建设是中国共产党早期局部执政的一次伟大实践，它不仅对闽西根据地的建设与发展和中国革命事业的推进具有重大的历史贡献，而且对于推进新时代中国特色社会主义经济建设事业，同样具有重大的时代价值和指导意义。

（一）坚持党对经济工作的领导不动摇

闽西苏区经济建设的成功探索，关键在于坚持中国共产党的正确领导。党对苏区经济建设的领导体现在宣传群众、发动群众，领导制定了发展苏区经济的政策、条例法令等。一是宣传发动群众。新生的苏维埃政权面临百业凋敝的破败农村，如何在战争环境中调动群众改变苏区衰落的面貌，我们党认识到宣传群众是重要一环。为此，苏区政府通过各种途径广泛宣传发动群众，引导群众参加各项经济活动。宣传方法有编写大纲，比如，专门发布《土地问题讲授大纲》《合作社讲授大纲》《设立闽西工农银行宣传大纲》等，其他形式如演讲、召开座谈会、办展览会、话剧表演等，让苏区群众充分了解各项经济活动开展的意义和作用。二是苏区政府出台相关政策。苏区政府颁布财政政策、税收政策、金融政策，支持工农业生产、合作社经济、商业贸易等发展。在苏区财政十分紧张的情况下，还拨出一定数额的款项，开展劳动竞赛，奖励先进，营造良好的生产环境。三是制定各项法令、条例，规范经济行为。党和政府根据经济建设的实践需要，适时颁布各类法令、条例，规范经济活动的权限范围，打击有损政权稳定、群众利益的行为，从法律上保证经济建设沿着健康的轨道发展。

历史经验证明，坚持和加强党对经济工作的集中统一领导，是成功推进经济建设的根本保证。"中国共产党所具有的无比坚强的领导力，是风雨来袭时中国人民最可靠的主心骨。"[①]在重大历史关头、重大考验面前，党中央的判断力、决策力、执行力具有决定性作用。当今世界正经历着百年未有之大变局，我国正处于实现中华民族伟大复兴的关键时期，形势环境变化快，国内改革发展稳定任务重。在新征程上，面对复杂多变的形势和艰巨繁重的任务，只有坚持党中央集中统一领导，加强和完善党领导经济社会发展的体制机制，把党中

---

① 2020年9月8日习近平总书记在全国抗击新冠疫情表彰大会上的讲话。

央决策部署贯彻到经济工作各方面,才能不断地深化改革、推动发展、化解矛盾、维护稳定,使经济社会发展始终沿着正确方向前进,从而顺利推进中华民族伟大复兴的历史进程。

(二)坚持人民至上,切实关注民生

闽西苏区能在短时间内推动经济建设取得重要成就,关键在于取得了人民群众的拥护和支持。要得到群众的拥护,毛泽东说"就得真心实意地为群众谋利益"[1]。在中央苏区时期,中国共产党不仅领导闽西苏区人民开展轰轰烈烈的土地革命运动,实现了"耕者有其田"的愿望,而且还密切关注农民群众的生产生活问题。切实解决农民生产中的耕牛农具短缺、资金不足、种子肥料缺乏等问题,对于农民群众的吃饭、穿衣、住房、看病、孩子上学等问题也予以关注。毛泽东指出:"我们对这些问题注意了,解决了,满足了群众的需要……群众就会真正围绕在我们的周围,热烈地拥护我们。"[2]党和苏区政府从人民立场出发,真心实意为群众谋利益,为群众解决实际困难。人民群众衷心拥戴和支持党的领导,成为苏区经济建设的依靠力量,这是"什么力量也打不破的,完全打不破的"[3]真正的"铜墙铁壁"。

中国共产党始终坚守人民至上的根本立场,把为人民群众谋利益作为永恒不变的价值追求。在不同的历史时期,由于社会主要矛盾不同,中国共产党为人民群众谋利益的内容是不同的。进入新时代,我国社会主要矛盾发生了重大变化,人民群众利益诉求比以往任何时期都更为复杂、更为多样,这对党实现好、维护好、发展好最广大人民的根本利益提出了更高的要求。我们党从人民群众的现实需求出发,将增进民生福祉作为社会发展的根本目的。一方面,要着力解决好民生的堵点、难点、痛点问题,如化解入托难、上学难、养老难、就医难等问题,千方百计保障老百姓的"菜篮子""米袋子""钱袋子",补齐民生保障短板;另一方面,要顺应人民群众对高品质生活的期待,以新发展理念推动高质量发展,促进共同富裕,更加关注人的全面发展。总之,只有坚持以人民为中心的发展思想,以增进人民福祉、促进人的全面发展、朝着共同富裕方向稳步前进作为经济发展的出发点和落脚点,从而增强人民群众的获得感、幸福感、安全感,人民群众才能迸发出改变命运、创造历史的伟大力量,推

①　《毛泽东选集》(第一卷),人民出版社1991年版,第138页。
②　《毛泽东选集》(第一卷),人民出版社1991年版,第137页。
③　《毛泽东选集》(第一卷),人民出版社1991年版,第139页。

动中华民族在伟大复兴的道路上不断阔步前进。

（三）坚持从实际出发，做到科学决策

坚持一切从实际出发，实事求是，根据实际情况决定工作方针，是马克思主义理论在实际工作中的基本要求。毛泽东曾指出"中国革命斗争的胜利要靠中国同志了解中国情况"①，认为只有了解国情才能制定正确的纲领路线、方针政策。因此，他十分重视调查研究，了解苏区最基本的情况，为制定正确的经济政策方针提供了前提。在土地分配过程中，毛泽东肯定了中共闽西一大制定的《土地问题决议案》提出的"抽多补少"的原则，但在此后不久的实践中，毛泽东、邓子恢等人认识到这一原则未解决土地平分过程中的质量不均、富农独霸肥田这一问题。他们深入调查研究，于 1930 年 6 月的南阳会议提出："于'抽多补少'之外，还加上'抽肥补瘦'一个原则，并在文件上将'不得妄想平均'改为'不得把持肥田'。"②"抽多补少"和"抽肥补瘦"原则的确立进一步丰富和完善了党的土地政策。毛泽东通过大量调查研究，分析了苏区的经济状况，明确了苏区经济建设的任务，要发展农业生产、工业生产、对外贸易和合作社。③ 由于苏区当时各种社会经济成分并存的状况，提出要执行公私兼顾的政策，"对于私人经济，只要不出于政府法律范围之外，不但不加阻止，而且加以提倡和奖励"④。根据根据地初创时期财政混乱的局面，毛泽东提出统一财政制度的主张，并出台严肃财经纪律、反对贪污浪费等现象的条例和训令。苏区政府针对经济建设中存在的问题，在深入实际调查中"了解中国情况"，制定了切实可行的经济建设方针和政策，有力推动了经济领域的各项工作的开展。

中国特色社会主义进入了新时代，仍然要靠中国同志"了解中国情况"。虽然"经过改革开放以来的快速发展，特别是党的十八大以来取得的历史性成就和发生的历史性变革，中国特色社会主义迈上一个新的大台阶"，但是我国仍然处于社会主义初级阶段。我国经济建设要始终立足初级阶段这一当代中国最大国情、最大实际，继续把发展作为第一要务。在当今的发展中，我国面

---

① 《毛泽东选集》（第一卷），人民出版社 1991 年版，第 115 页。

② 中共龙岩地委党史资料征集领导小组，龙岩地区行政公署文物管理委员会：《闽西革命史文献资料》（第 3 辑），1982 年，第 335～336 页。

③ 《毛泽东选集》（第一卷），人民出版社 1991 年版，第 130～131 页。

④ 《毛泽东选集》（第一卷），人民出版社 1991 年版，第 133 页。

临着诸多实际问题,要应对社会主要矛盾转化、经济结构深度调整、经济增速下行压力加大以及经济社会智能化、数字化快速推进等新问题新挑战。我们的党员领导干部只有深入实际了解新事物、新情况、新问题,了解社会各阶层的利益诉求,群策群力,找到解决现实问题的方法,才能为科学决策提供前提。这正是习近平总书记所强调的"调查研究是谋事之基、成事之道。没有调查,就没有发言权,更没有决策权",正确路线方针政策的制定来自对现实国情的正确把握。唯有制定出合乎中国实际、得到人民群众拥护的政策,才能凝聚人心汇聚民力,把实现中华民族伟大复兴的历史伟业推向前进。

　　总之,中国共产党领导苏区人民开展土地革命运动,变革封建土地所有制,进行经济领域的各项建设,这是一场伟大的社会变革。在这场变革中,虽然受"左"倾错误思想的干扰而出现挫折与困境,但中国共产党是"善于聆听时代声音,勇于坚持真理、修正错误"①的政党,敢于正视问题、克服缺点,不断推进各项工作的顺利实施。苏区经济建设的实践探索及其主要经验,是中国共产党人宝贵的精神财富,是马克思主义中国化的产物,对推动新时代中国特色社会主义伟大事业具有重要的启示意义和借鉴价值。

---

① 《十九大以来重要文献选编》(上),中央文献出版社 2019 年版,第 19 页。

参考文献

[1]《毛泽东农村调查文集》,人民出版社 1982 年版。

[2]《毛泽东选集》(第一卷),人民出版社 1991 年版。

[3]《毛泽东选集》(第四卷),人民出版社 1991 年版。

[4]《列宁全集》(第 36 卷),人民出版社 1985 年版。

[5]《共产国际文件》(第 2 卷),世界知识出版社 1963 年版。

[6][匈]贝拉·库恩编,中国人民大学编译室译:《共产国际文件汇编》(第 1 册),生活·读书·新知三联书店 1965 年版。

[7]《斯大林选集》(上卷),人民出版社 1979 年版。

[8]《十八大以来重要文献选编》(上),中央文献出版社 2014 年版。

[9]《十九大以来重要文献选编》(上),中央文献出版社 2019 年版。

[10]中共中央文献研究室,中央档案馆编:《建党以来重要文献选编(1921—1949)》(2),中央文献出版社 2011 年版。

[11]中共中央文献研究室,中央档案馆编:《建党以来重要文献选编(1921—1949)》(3),中央文献出版社 2011 年版。

[12]中共中央文献研究室,中央档案馆编:《建党以来重要文献选编(1921—1949)》(4),中央文献出版社 2011 年版。

[13]中共中央文献研究室,中央档案馆编:《建党以来重要文献选编(1921—1949)》(5),中央文献出版社 2011 年版。

[14]中共中央文献研究室,中央档案馆编:《建党以来重要文献选编(1921—1949)》(8),中央文献出版社 2011 年版。

[15]中共中央文献研究室,中央档案馆编:《建党以来重要文献选编(1921—1949)》(9),中央文献出版社 2011 年版。

[16]中共中央文献研究室,中央档案馆编:《建党以来重要文献选编(1921—1949)》(10),中央文献出版社 2011 年版。

[17]《习近平谈治国理政》(第二卷),外文出版社 2017 年版。

[18]《习近平谈治国理政》(第三卷),外文出版社 2020 年版。

[19]中国社会科学院经济研究所中国现代经济史组:《革命根据地经济史料选编》(上),江西人民出版社 1986 年版。

[20]本书编写组:《第二次国内革命战争时期土地革命文献选编》(1927—1937),中共中央党校出版社 1987 年版。

[21]中共江西省委党史研究室编:《中央革命根据地历史资料文库:党的系统》(2),中央文献出版社、江西人民出版社 2011 年版。

[22]中共江西省委党史研究室编:《中央革命根据地历史资料文库:政权系统》(6),中央文献出版社、江西人民出版社 2013 年版。

[23]中共江西省委党史研究室编:《中央革命根据地历史资料文库:军事系统》(9),中央文献出版社、江西人民出版社 2015 年版。

[24]江西省档案馆,中共江西省委党校党史教研室:《中央革命根据地史料选编》(上),江西人民出版社 1982 年版。

[25]江西省档案馆,中共江西省委党校党史教研室:《中央革命根据地史料选编》(中),江西人民出版社 1982 年版。

[26]江西省档案馆,中共江西省委党校党史教研室:《中央革命根据地史料选编》(下),江西人民出版社 1982 年版。

[27]中国社会科学院经济研究所中国现代经济史组:《第一、第二次国内革命战争时期土地斗争史料选编》,人民出版社 1981 年版。

[28]中共龙岩地委党史资料征集领导小组,龙岩地区行政公署文物管理委员会:《闽西革命史文献资料》(第 1 辑),1981 年。

[29]中共龙岩地委党史资料征集领导小组,龙岩地区行政公署文物管理委员会:《闽西革命史文献资料》(第 2 辑),1982 年。

[30]中共龙岩地委党史资料征集领导小组,龙岩地区行政公署文物管理委员会:《闽西革命史文献资料》(第 3 辑),1982 年。

[31]中共龙岩地委党史资料征集研究委员会,龙岩地区行政公署文物管理委员会:《闽西革命史文献资料》(第 4 辑),1983 年。

[32]中共龙岩地委党史资料征集研究委员会,龙岩地区行政公署文物管理委员会:《闽西革命史文献资料》(第 5 辑),1984 年。

[33]中共龙岩地委党史资料征集研究委员会,龙岩地区行政公署文物管理委员会:《闽西革命史文献资料》(第 6 辑),1985 年。

[34]古田会议纪念馆编:《闽西革命史文献资料》(第 7 辑),2006 年。

[35]古田会议纪念馆编:《闽西革命史文献资料》(第 8 辑),2006 年。

[36]中央档案馆,福建档案馆:《福建革命历史文件汇集》(苏维埃政府文件 1930 年),1985 年。

[37]中央档案馆,福建档案馆:《福建革命历史文件汇集》(闽西特委文件1928—1936年),1984年。

[38]中央档案馆,福建档案馆:《福建革命历史文件汇集》(苏维埃政府文件1931—1933年),1985年。

[39]中共龙岩市委宣传部,中共龙岩市委党史和地方志研究室编:《闽西中央苏区文献资料》(1928年11月—1929年12月)(第2辑),2019年。

[40]卜国华,福建省国防科工办军工史征集办公室编:《福建红军兵工史稿》,1987年。

[41]于学驷主编:《土地革命战争时期军工史料》,中国兵器总公司,1994年。

[42]福建省龙岩市双拥工作领导小组办公室等编:《闽西中央苏区双拥工作史料汇编》(上册),中共党史出版社2018年版。

[43]福建省龙岩市双拥工作领导小组办公室等编:《闽西中央苏区双拥工作史料汇编》(下册),中共党史出版社2018年版。

[44]中国人民政治协商会议永定县委员会文史资料编辑室编:《永定文史资料》(第2辑),1983年。

[45]中国人民政治协商会议福建省长汀县委员会文史资料委员会:《长汀文史资料》(第33辑),1999年。

[46]中共江西省委党史资料征集委员会,中共江西省党史研究室:《江西党史资料》第十八辑《中央苏区第二次反“围剿”》,1991年。

[47]杨德寿主编:《中国供销合作社史料选编》(第2辑),中国财政经济出版社1990年版。

[48]柯华主编:《中央苏区财政金融史料选编》,中国发展出版社2016年版。

[49]井冈山干部学院主编:《斗争(苏区版)》(第1、2、3、4辑),中国发展出版社2017年版。

[50]许毅主编:《中央革命根据地财政经济史长编》(上),人民出版社1982年版。

[51]许毅主编:《中央革命根据地财政经济史长编》(下),人民出版社1982年版。

[52]张鼎丞:《中国共产党创建闽西革命根据地》,福建人民出版社1982年版。

[53]李飞等主编:《中国金融通史》(第五卷),中国金融出版社2008年版。

[54]中共福建省龙岩市委党史研究室:《闽西人民革命史(1919—1949年)》,中央文献出版社2001年版。

[55]龙岩市委党史资料征集研究委员会编:《龙岩人民革命史》,厦门大学出版社1989年版。

[56]中共上杭县委党史工作委员会编:《上杭人民革命史》,厦门大学出版社1989年版。

[57]中共永定县委党史工作委员会编:《永定人民革命史》,厦门大学出版社1989年版。

[58]中共长汀县委党史工作委员会编:《长汀人民革命史》,厦门大学出版社 1990 年版。

[59]中共武平党史研究室:《武平人民革命史》,北京广播学院出版社 1995 年版。

[60]《连城人民革命史》编写组:《连城人民革命史》,厦门大学出版社 1989 年版。

[61]长汀县地方志编纂委员会编:《长汀县志》,生活·读书·新知三联书店 1993 年版。

[62]吴铿锵主编:《平和人民革命史》,中央文献出版社 2005 年版。

[63]中共漳平市委党史研究室:《漳平人民革命史》,北京广播学院出版社 1996 年版。

[64]中共才溪镇委员会,毛泽东才溪乡调查纪念馆编:《才溪人民革命史》,北京广播学院出版社 1997 年版。

[65]中共赣州地委党史工作办公室编著:《赣南人民革命史》,中共党史出版社 1998 年版。

[66]龙岩地区农业资源区划办公室编:《闽西农业资源与开发》,北京广播学院出版社 1996 年版。

[67]中共龙岩地委党史资料征集研究委员会:《闽西革命根据地史》,华夏出版社 1987 年版。

[68]谭克绳主编:《中国革命根据地史》(上、下卷),福建人民出版社 2007 年版。

[69]林天乙主编:《中共闽粤赣边区史》,中共党史出版社 1999 年版。

[70]《邓子恢文集》编辑委员会:《邓子恢文集》,人民出版社 1996 年版。

[71]邓子恢:《龙岩人民革命斗争回忆录》,福建人民出版社 1961 年版。

[72]福建省地方志编纂委员会,《福建省志·粮食志》,福建人民出版社 1993 年版。

[73]余伯流,凌步机著:《中央苏区史》(上、下),江西人民出版社 2017 年修订版。

[74]余伯流著:《中央苏区经济史》,江西人民出版社 1995 年版。

[75]余伯流著:《中央苏区经济建设》,中央文献出版社 2009 年版。

[76]凌步机著:《中央苏区军事史》,中国社会科学出版社 2009 年版。

[77]《邓子恢自述》,人民出版社 2007 年版。

[78]刘建业:《中国抗日战争大辞典》,北京燕山出版社 1997 年版。

[79]蒋伯英主编:《邓子恢闽西文稿(1916—1956)》,中共党史出版社 2016 年版。

[80]蒋伯英著:《闽西革命根据地史》,福建人民出版社 1987 年版。

[81]蒋伯英著:《闽西革命根据地史》,福建人民出版社 2019 年版。

[82]蒋伯英主编:《福建革命史》(上、下),福建人民出版社 1991 年版。

[83]蒋伯英著:《蒋伯英文存》,中国文史出版社 2016 年版。

[84]蒋伯英著:《邓子恢与中国农村变革》,福建人民出版社 2004 年版。

[85]孔永松,邱松庆编著:《闽粤赣边区财政经济简史》,厦门大学出版社 1988 年版。

[86]孔永松,邱松庆著:《闽西革命根据地的经济建设》,福建人民出版社 1981 年版。

[87]孔永松:《中国共产党土地政策演变史》,江西人民出版社 1987 年版。

[88]魏本权:《革命策略与合作运动》,中国社会科学出版社 2016 年版。

[89]张侃,徐长春:《中央苏区财政经济史》,厦门大学出版社 1999 年版。

[90]李小平:《中央苏区土地改革史》,厦门大学出版社 1999 年版。

[91]蒋九如:《福建革命根据地货币史》,中国金融出版社 1994 年版。

[92]裘有崇,杨期明编著:《信用合作社起源与发展》,江西人民出版社 1997 年版。

[93]中国人民银行金融研究所编:《曹菊如文稿》,中国金融出版社 1983 年版。

[94]陶德清,徐云鹏:《新编经济体制改革辞典》,湖北教育出版社 1995 年版。

[95]黄马金编:《长汀纸史》,中国轻工业出版社 1992 年版。

[96]李鸿昌,杨贵仓主编:《财政与金融》,北京邮电大学出版社 2015 年版。

[97]余伯流,凌步机:《中国共产党苏区执政的历史经验》,中共党史出版社 2010 年版。

[98]张孝芳:《革命与动员——建构“共意”的视角》,社会科学文献出版社 2011 年版。

[99]钟日兴:《乡村社会中的革命动员》,中国社会科学出版社 2015 年版。

[100]中国人民银行编:《红色中华金融史料摘编》,中国金融出版社 2016 年版。

[101][美]史沫特莱著;梅念译:《伟大的道路:朱德的生平和时代》,生活·读书·新知三联书店 1979 年版。

[102]蒋伯英:《论闽西苏区的土地政策》,载《党史研究与教学》,1993 年第 1 期。

[103]杨奎松:《共产国际为中共提供财政援助情况之考察》,载《社会科学论坛》,2004 年第 4 期。

[104]赖祖烈:《回忆土地革命时期闽西对敌经济斗争》,载《福建论坛》,1982 年第 3 期。

[105]田文君,刘宝杰:《恩格斯的农民合作社理论及其当代价值》,载《山东农业工程学院学报》2018 年第 3 期。

[106]邱子祥:《闽西工农银行:革命根据地金融创新的鲜活样本》,载《福建金融》,2019 年第 6 期。

[107]鲍智明:《客家民系在闽西形成的自然地理环境探析》,载《福建地理》2006 年第 2 期。

[108]吴锡超:《闽西苏区信用合作社历史考察》,载《龙岩学院学报》2020 年第 3 期。

[109]王盛泽,毛立红:《红色农信在闽西的诞生及其历史定位》,载《广东党史与文献研究》2019 年第 6 期。

[110]苏俊才:《革命与改良:以闽西土地问题为中心的考察》,载《龙岩学院学报》2019 年第 6 期。

[111]傅柒生:《福建苏区经济建设的历史考察与若干经验》,载《福建党史月刊》2012 年第 12 期。

[112]傅如通,邓建芬:《闽西苏区经济发展原因初探》,载《福建党史月刊》2002 年第

10 期。

[113]吴升辉:《闽西是中央苏区的半壁江山和经济中心》,载《福建党史月刊》2010 年第 22 期。

[114]王建华:《中央革命根据地的财政动员》,载《东南学术》2017 年第 5 期。

[115]王蒲华:《闽西苏区合作社运动探析》,载《福建党史月刊》1990 年第 7 期。

[116]谨言,中流:《土地革命战争时期闽西根据地消费合作社》,载《福州大学学报》1996 年第 2 期。

[117]朱钦胜,曾耀荣:《中央苏区审计制度述论》,载《中共福建省委党校学报》2011 年第 2 期。

[118]李桂芳:《刘少奇在中央苏区时期的经济建设思想及实践》,载《中国井岗山干部学院学报》2009 年第 3 期。

[119]刘维菱:《中央苏区合作制经济研究》,载《江西社会科学》2001 年第 6 期。

[120]邱华,曾岚玲,朱平:《中央苏区时期邓子恢的经济理论与实践》,载《赣南师范学院学报》2000 年第 5 期。

[121]黄惠运:《中央苏区时期邓子恢的粮食工作思想与实践活动》,载《龙岩学院学报》2016 年第 4 期。

[122]黄修荣:《土地革命战争时期一面光彩夺目的红旗——简述长汀在中央苏区时期的重大贡献》,载《福建党史月刊》2012 年第 12 期。

[123]邓运山:《土地革命时期毛泽东的农业经济建设思想及其当代价值》,载《毛泽东研究》2016 年第 4 期。

[124]李小平:《土地改革与闽西苏区社会结构的变化》,载《中国社会经济史研究》2012 年第 4 期。

[125]张鸿祥:《试论中央苏区时期长汀经济建设的成就及其启示》,载《福建党史月刊》2012 年第 24 期。

[126]肖如平,谢庐明:《近十年来中央苏区史研究述评》,载《中共党史研究》2007 年第 2 期。

[127]苏俊才:《关于闽西、赣南两个中央苏区核心区域的比较研究》,载《福建党史月刊》2012 年第 24 期。

[128]范华:《论闽西土地革命时期富农政策的演变》,载《党史研究与教学》1990 年第 2 期。

[129]蒋寒迪:《论中央苏区经济建设的创新思维》,载《中共南昌市委党校学报》2011 年第 5 期。

[130]陈世润,熊标:《试论中央苏区经济建设及其启示》,载《上饶师范学院学报》2012 年第 1 期。

[131]余伯流:《中央苏区经济建设的历史经验及其启示》,载《江西财经大学学报》

2008 年第 3 期。

[132]吴晓荣:《中央苏区时期的经济封锁与反封锁》,载《中国井冈山干部管理学院学报》2014 年第 2 期。

[133]李兴祥,张建:《论大革命期间共产国际对中国土地革命的认识》,载《黔南民族师范学院学报》2005 年第 5 期。

[134]罗重一,张楠:《共产国际与中共六大前后的富农政策》,载《中国井冈山干部管理学院学报》2015 年第 4 期。

[135]汪澎:《毛泽东对共产国际"土地革命"战略的态度析论》,载《毛泽东思想研究》2012 年第 3 期。

[136]周雪香:《共产国际与中共土地革命时期的富农政策》,载《中国高校社会科学》2018 年第 5 期。

[137]张雪英,苏俊才,王瑞:《闽西是中国土地革命的重要发源地》,载《苏区研究》2016 年第 6 期。

[138]江小华:《毛泽东与中央苏区的查田运动》,载《中国井冈山干部管理学院学报》2012 年第 2 期。

[139]王明前:《平等与效率:中央革命根据地的土地革命与查田运动》,载《党的文献》2010 年第 2 期。

[140]曾绍东:《浅论中央苏区土地法律制度》,载《农业考古》2010 年第 3 期。

[141]吴升辉:《试述闽西苏区土地法律制度的形成及其特点》,载《福建党史月刊》2009 年第 14 期。

[142]吴晓荣:《中央苏区地权农有政策确立的历史考察》,载《农业考古》2018 年第 6 期。

[143]温锐,杨丽琼:《中央苏区平分土地政策与农民权益保障的再认识》,载《中共党史研究》2010 年第 5 期。

[144]曾绍东,赖经洪:《中央苏区土地产权和流转问题论析》,载《农业考古》2011 年第 6 期。

[145]王明前:《中央革命根据地财政体系演变新探》,载《中国经济史研究》2011 年第 6 期。

[146]谢建平,肖平生:《中央苏区时期政府财政预算的超支与控制》,《赣南师范大学学报》2019 年第 1 期。

[147]刘晓泉:《中央苏区"二期公债"政策及其当代启示》,载《江西财经大学学报》2017 年第 2 期。

[148]万立明:《中央苏区的公债发行述论》,载《苏区研究》2017 年第 3 期。

[149]夏祖军:《新中国财政从这里走来——革命战争时期财政回顾》,载《中国财经报》2011 年 6 月 28 日第 004 版。

[150]李文龙：《中华苏维埃共和国国家银行的历史经验与启示》，载《金融时报》2011年6月27日第009版。

[151]俞兆鹏：《中央苏区货币流通的经验与教训》，载《南昌大学学报（人社版）》2003年第2期。

[152]宋晓红：《中央苏区纸币挤兑现金现象的原因、对策及启示》，载《福建党史月刊》2007年第5期。

[153]汤家庆：《闽西工农银行的历史概况及其经验》，载《福建党史月刊》1990年第11期。

[154]《习近平在中共中央政治局第四十次集体学习时强调金融活经济活金融稳经济稳，做好金融工作维护金融安全》，载《人民日报》2017年04月27日01版。

[155]徐祝申：《中央苏区消费合作社的创办、发展及历史意义》，载《兰台世界》2018年第5期。

[156]许南海：《中央苏区合作运动述论》，南昌大学硕士研究生论文，2008年。

[157]姜菲：《土地革命战争时期邓子恢的农村工作思想与实践研究》，华东师范大学2015年。

[158]穆清龙：《中央苏区土地革命研究》，南昌大学2013年。

[159]毋翔宇：《中央革命根据地消费合作社研究》，江西师范大学2013年。

[160]陈建军：《略论中央苏区时期的税收工作》，湘潭大学2014年。

[161]肖枫：《阶级动员的革命效用——基于中央苏区节省运动的历史考察与理论思考》，南京大学2016年。

[162]朱钦胜：《中央苏区审计制度述论》，江西师范大学2003年。

[163]王麓人：《中央苏区财政动员研究》，江西财经大学2018年。

[164]周围：《中国共产党的金融政策对苏区经济变迁的影响论析》，东北师范大学2013年。

[165]应晓燕：《封锁与反封锁：中央苏区的经济困境与对外贸易》，南昌大学2019年。

[166]邓运山：《现代化视野下中国共产党的乡村改造思想及实践研究》，湖南大学2012年。

[167]张玲：《1926—1935年共产国际对中国革命的政策及影响》，华东师范大学2002年。

[168]黄杰：《从狂乱到革命——对闽西地区共产党乡村动员的研究（1927年—1934年）》，复旦大学2010年。

[169]陈肖：《土地革命时期毛泽东土地所有权思想研究》，广西民族大学2017年。

[170]田雅：《曹菊如金融思想研究》，上海师范大学2020年。

[171]郭艳艳：《中央苏区金融工作研究（1931—1934）》，上海师范大学2018年。

[172]陈富基：《中央苏区反腐倡廉建设及其历史启示研究》，西南交通大学2013年。

后　记

　　本书系本人主持的福建省社会科学研究规划项目"中央苏区时期闽西经济建设及其历史地位研究"（FJ2017X006）的最终成果。课题于 2020 年 11 月结项，近期修改润色后交付厦门大学出版社出版。

　　本课题的立项、结项得到福建省社会科学规划办和龙岩学院的支持。课题的选题、申报论证得到党史专家中共福建省委党校蒋伯英教授的热诚帮助。在收集整理资料的过程中，得到了古田会议纪念馆、闽西革命历史博物馆、才溪乡调查纪念馆、龙岩市档案馆及龙岩市各区档案馆、党史办、方志办工作人员的鼎力相助。课题的写作过程得到课题组成员杨玉凤、马春玲、廖雅珍、赖蔚英、林金扬等的支持和帮助。课题成果出版的审读推荐得到中共龙岩市委党史和地方志研究室吴升辉主任的大力支持与帮助，中共福建省委党史研究和地方志编纂办公室副主任王盛泽研究员应邀为本书作序。本书的出版得到厦门大学出版社编辑江珏玙老师的悉心照拂。在此，一并致以衷心的感谢。

　　还应提及的是，在撰写本书的过程中，参考了许多学术前辈与同人的相关研究成果，他们的思想与见解极大丰富与深化了本人对中央苏区史的理解，在此表示万分感谢！

　　由于本人水平有限，本书一定还存在许多不足之处，敬请各位前辈学者和学界同人批评指正。

林妹珍

2023 年 10 月